Sebastian Painadath

Göttliche Seinsdynamik

Sebastian Painadath

Göttliche Seinsdynamik

Östliche Mystik und christliche Spiritualität im Dialog

Vier-Türme-Verlag

Bibliografische Information der Deutschen Nationalbibliothek
Die Deutsche Nationalbibliothek verzeichnet diese Publikation in der Deutschen Nationalbibliografie. Detaillierte bibliografische Daten sind im Internet über http://dnb.d-nb.de abrufbar.

Ohne Folie
Für unsere Umwelt

MIX
Papier aus verantwortungsvollen Quellen
FSC® C014889
FSC
www.fsc.org

in Deutschland produziert

1. Auflage 2022

Satz und Gestaltung: Matthias E. Gahr
Umschlagmotiv: JL G / Pixabay.com
Druck und Bindung: Pustet, Regensburg
ISBN 978-3-7365-0441-7

www.vier-tuerme-verlag.de

Inhalt

Dialog

Spiritualität

Das gewordene Christentum und die werdende Kirche 249

Anhang

Einführung

Die Begegnung zwischen östlicher Mystik und christlicher Spiritualität war mein Grundanliegen seit meinem Theologiestudium ab 1970. Auch in meinen Meditationskursen und Veröffentlichungen habe ich dieses Thema ständig angesprochen. Dabei hat sich immer mehr ein Kern herauskristallisiert: Es gibt die *eine* göttliche Wirklichkeit, die unbeschreibbar bleibt, und die *eine* Menschheit, in der wir gemeinsam pilgernde Schwestern und Brüder sind. In der Vielfalt, das Göttliche zu erfassen und auszudrücken, zeigt sich der Reichtum des Geistes. Vielfalt ist Schönheit, aber Einheit ist die Wahrheit.

Auf der Grundlage dieser Dialektik zwischen Vielfalt und Einheit habe ich die mystischen Klassiker – des Christentums, aber auch der anderen Religionen – gelesen und Begegnungspunkte gesucht. Durch die Beschäftigung mit den indischen Upanishaden habe ich eine gewisse Klarheit über den geistlichen Versenkungsweg gewonnen. Mit dieser Struktur versuchte ich die mystischen Texte zu deuten. Langsam kam ich zur Einsicht, dass sich Ost und West in drei Erkenntnissen treffen: 1. Das Göttliche bleibt ein unfassbares Geheimnis, 2. wir Menschen sind zu einem höheren Bewusstsein berufene Wesen, und 3. die göttliche Seinsdynamik schwingt in allen Dingen. — Die Reflexionen in diesem Buch kreisen um diese dreifache Einsicht.

Im ersten Aufsatz werden einige Wesenszüge der **Mystik** dargestellt (S. 17). Dabei wird klar, dass sich die Weltreligionen in der Tiefe der Mystik treffen.

Danach wird der Weg der **Versenkung** aufgezeigt, auf dem das Bewusstsein zum Herzensraum sinkt (S. 29). Man geht vom Verstand zur intuitiven Wahrnehmungsfähigkeit.

Mit Hilfe dieser Struktur reflektieren wir über die **Seinsdynamik** der göttlichen Gegenwart in der östlichen und christlichen Mystik (S. 43). In beiden Traditionen ist dabei die Erkenntnis zentral, dass wir zum göttlichen Bewusstsein berufene Wesen sind.

Diese Erkenntnisse werden durch die drei folgenden Studien bestätigt. Das **Johannesevangelium** und die **Bhagavad Gita** sind Heilige Schriften, die Quellliteratur für die christliche und hinduistische Mystik bilden (S. 67).

Die Predigten von **Meister Eckhart** und die Erkenntnisse der **Upanishaden** beschreiben eine Seinsmystik mit erstaunlichen Ähnlichkeiten (S. 99).

Dann fokussieren wir uns auf zwei Grundeinsichten, **Advaita** (Osten) und **Theosis** (Christentum) (S. 129). In diesen Studien geht es nicht darum, die eine Tradition mit der anderen zu vergleichen. Vielmehr wird jede Glaubenstradition für sich betrachtet, und erst danach wird die Frage gestellt: Wie empfinden wir die Konvergenzen und Divergenzen? All diese Studien helfen uns zu erkennen, wer wir eigentlich sind.

Wir betrachten zwei Grundthemen – **Gebet** (S. 151) und **Frieden** (S. 169) – in fünf Weltreligionen mit ausführlichen Gebetstexten und Friedenszitaten. Dabei wird klar, dass der eine göttliche Geist uns Menschen auf unterschiedlichen Wegen im Beten und im Friedenseinsatz verbindet.

Im Lichte dieser Studien entwerfen wir eine Theologie der inter-religiösen Harmonie im Aufsatz **Der eine Geist und die vielen Religionen** (S. 187). Die Vielfalt der Religionen respektieren und die Einheit der Spiritualität wahrnehmen – so kann Harmonie konkret gelebt werden.

Danach schauen wir einige Themen der christlichen Spiritualität genauer an. Zunächst fokussieren wir uns auf das *Spezifikum* der christlichen Gottesoffenbarung durch **Kreuz** und **Auferstehung** (S. 213). Darin erkennen wir, dass Gott in unsere Leidensgeschichte eintritt, aber auch in unserem schöpferischen Tun mitgestaltet.

Dann deuten wir die Theologie von **Paulus** im Sinne des Übergangs vom *Alten* zum *Neuen* (S. 221). Paulus zeigt, zu welcher Freiheit wir in Christus berufen sind.

Wir reflektieren auch über den Auftrag Jesu: »*Tut dies zu meinem Gedächtnis*« (S. 239). Die **Mahlgemeinschaft** Jesu bekommt einen tieferen Sinn, wenn wir ihren *Sitz im Leben* betrachten.

Zum Schluss wird die Grundspannung zwischen dem gewordenen **Christentum** und der werdenden **Kirche** angesprochen (S. 249). Diese Spannung müssen wir aushalten, so wie jede andere Religion auch.

Die Frage nach der Begegnung zwischen Ost und West, die Suche nach einer Spiritualität, die das Mystische belebt und das Prophetische wachruft, die Sehnsucht nach einer Geisteshaltung der globalen Solidarität – dies sind Elemente, die uns im geistlichen Leben immer begleiten. Mit diesen Aufsätzen möchte ich einige Einsichten, die über die Jahre in mir gewachsen sind, teilen. Sie sollen die Leser anregen, weiter zu suchen und fragen. Der göttliche Geist, der Schwingung ist, führt uns in die Tiefen des Göttlichen und in die Breite der Liebesbeziehung mit allen Menschen und mit allen Geschöpfen.

Dieses Buch ist auf der Grundlage von Vorträgen entstanden, die ich in den letzten Jahren im deutschen Sprachraum gehalten habe. Einige zentrale Gedanken tauchen deshalb in mehreren Kapiteln auf, sind aber auf das notwendige Maß beschränkt.

Dankbar denke ich an Elmar Rettelbach (Würzburg), mit dem ich fünfundvierzig Jahre befreundet war. Er hat bis zu seinem Tod 2018 meine deutschen Aufsätze und Bücher sprachlich korrigiert und druckfertig gemacht. In großer Dankbarkeit widme ich ihm dieses Buch.

Danken möchte ich auch Ingrid Blöchinger, die diese Aufgabe jetzt übernommen hat. Da sie mein Denken kennt, konnte sie mich stilistisch beim Abfassen dieses Buches gut begleiten. Ich bedanke mich beim Vier-Türme-Verlag für die Veröffentlichung des Buches.

Sebastian Painadath SJ
Sameeksha-Ashram, Kalady, Indien
19. November 2021

spainadath@gmail.com

Mystik

Die Mystik öffnet unseren Horizont

Aus meinem engen Umgang mit vielen andersglaubenden Menschen und aus meinem Studium der indischen und christlichen Klassiker der Spiritualität in den letzten fünfzig Jahren ist mir eines deutlich geworden: In der Mystik treffen sich alle Religionen. Mystik ist die Wurzeldimension der Spiritualität in den Weltreligionen. Mystik vertieft das Bewusstsein zur Einheit mit dem göttlichen Seinsgrund und erweitert es gleichzeitig zu einer Alleinheitserfahrung. Der göttliche Geist schwingt in jeder Lebenszelle, der göttliche Logos pulsiert in jedem Atom. In diesem göttlichen Seinsbereich sind alle Geschöpfe miteinander verbunden. Gott in allem sehen, alles in Gott sehen – darin treffen sich alle mystischen Traditionen.

Wesenszüge der Mystik

Das Wort Mystik stammt aus dem griechischen Verbum *muein* (= die Augen schließen, sich verbergen). Mystik ist das Grundgespür für das Verborgene, für das Geheimnis des Lebens, für das *Mysterium Dei*. Die Mystiker stehen staunend vor dem Geheimnis des Göttlichen.

Diese *Betroffenheit vom Geheimnis* ist ein Grundmerkmal der Mystik in allen Religionen. Das Gespür für das Unfassbare öffnet einen ungeheuren Horizont für die Suche nach Gotteserfahrung. In diesem Horizont stellen sie sich die Grundfragen: Wer bin ich? Was ist der Mensch? Was ist Sinn und Ziel des Lebens? Woher kommt das Leid? Was ist jenes letzte und unsagbare Geheimnis unserer Existenz, aus dem wir kommen und wohin wir gehen? (Vat. II – *Nostra Aetate*, 1). Bei keiner Teilantwort auf diese Fragen bleibt der Mystiker zufrieden stehen. Religionen bieten Einsichten über die menschliche Existenz und ergreifende Namen für den Gott, aber der Mystiker stellt ein Fragezeichen hinter jeden Namen. Religionen zeigen ein farbenreiches Spektrum von Symbolen für den Zugang zur Gotteserfahrung auf; aber der Mystiker verlangt, über jedes Symbol hinaus zu gehen.

Augustinus drückte dieses Grundanliegen der Mystik so aus: »Wenn du Gott begreifst, ist es nicht mehr Gott« (*si comprehendis, non est Deus*, PL 8,663). Ähnlich wird in den Upanishaden gesagt: »Dem Unwissenden wird es geoffenbart, dem Wissenden wird es verborgen« (*avijnātam vijānatām, vijnātam avijānatām*, Kena Up. 2.3). In diesem unendlichen Horizont der Suche treffen sich alle Religionen. Darin erkennen wir, dass »wir alle in dem einen göttlichen Lichte wandeln« (Vat. II – *Nostra Aetate*, 1).

Ein zweites Merkmal der Mystik ist die *Erfahrung der EINSwerdung*. In den Religionen herrscht eine Ich-Du-Beziehung zwischen Mensch und Gott mit all den Formen des Redens mit Gott im Gebet und über Gott in der Theologie. Das transpersonale *Göttliche* in der Mystik wird in der religiösen Wahrnehmung zum personalen *Gott*. Dies ist ein unvermeidlicher Vorgang in der Entfaltung des menschlichen Bewusstseins. Die personale Struktur des Menschen verlangt nach einer inter-personalen Beziehung mit Gott. Jeder Mensch sucht Geborgenheit in der Gegenwart eines liebenden Gottes. Mystik bejaht dieses Anliegen, aber verlangt danach, über die inter-personale Beziehung hinaus zu einer trans-personalen Erfahrung zu kommen. In der Mystik wird das Göttliche nicht einfach als Objekt betrachtet, sondern als das wahre Subjekt, als Seinsgrund.

Die Beziehung beschränkt sich nicht auf die Ich-Du-Ebene, sondern vertieft sich in die Erfahrung des Göttlichen als das wahre *Selbst.* Sie führt zu einer tiefen Verschmelzungserfahrung, in der der Mensch mit dem Göttlichen EINS wird. Thomas von Aquin sagte: »Wer Gott erkennt, wird gottförmig« (*quisque Deum intelligit, deiformis fit*, ST.I.12.5. ad 3). Ähnliches wird in den Upanishaden gesagt: »Wer Gott erkennt, wird göttlich« (*Brahmavid brahmaiva bhavati*, Mund. Up. 3.2.9). Dieses Umschalten von der vergegenständlichenden Denkart zur verinnerlichenden Einheitserfahrung ist ein Grundanliegen der Mystik überall. Auf dem Versenkungsweg dieses Verwandlungsprozesses treffen sich alle Religionen in der Tiefe. Darin erkennen wir, dass wir alle »denselben Ursprung haben und dasselbe letzte Ziel« (Vat. II – *Nostra Aetate*, 1).

Ein drittes Charakteristikum der Mystik ist die *Alleinheitserfahrung.* Mystiker betrachten den Kosmos als einen sakralen Raum, belebt vom göttlichen Geist. In diesem göttlichen Strom ist alles mit allem tief verbunden. Existenz ist Ko-existenz. Wie an einem kosmischen Baum entfalten sich alle wie Zweige *mit* einander und *durch* einander: Jeder nährt jeden anderen. Jedes kleinste Geschöpf hat einen Platz im sich entfaltenden Kosmos. Mystik schaut alles mit einem göttlichen Auge an. So wird der gesamte Kosmos als eine *Theophanie* wahrgenommen: Das göttliche Licht scheint durch alles hindurch. Die Schöpfung ist göttlicher Tanz. In jedem Atom schwingt der göttliche Logos, in jeder Lebenszelle vibriert der göttliche Geist. »Gott wirkt als *Innerster* aus dem *Innersten* auf das *Innerste* aller Dinge« (Meister Eckhart, *In novitate vitae*). »Gott arbeitet in allen Geschöpfen [...] wie die Sonne durch ihre Strahlen« (Ignatius von Loyola, *Geistliche Übungen*, 236–237). Die materielle Natur ist eigentlich Gottes

Leib und daher unser Leib. In diesem kosmischen Prozess entfaltet sich das menschliche Leben. Die ganze Schöpfung ist wie eine kosmische Symphonie. Der Einzelne wird in das Ganze eingestimmt. Das Bewusstsein des Einzelnen schwingt mit dem kosmisch-göttlichen Bewusstsein. Die Dynamik des göttlichen Geistes setzt alles in Bewegung und führt alles zur Fülle. Der Mensch realisiert diesen Heilsprozess als *Göttlichwerdung*: als Einschwingen in das göttliche Leben. Am Ende wird *Gott alles in allem sein* (1 Kor 15,28). *Holiness* ist *Wholeness.*

Ein viertes Merkmal besteht in der *Wahrnehmung der göttlichen Dynamik.* Das, worauf der Mensch angelegt ist, ist nicht eine statische Gestalt, die vor uns sitzt, sondern eine Seinsdynamik, ein sich immer erweiternder Horizont. Alle Religionen sprechen letztlich von dieser dynamischen Gegenwart des Göttlichen / Absoluten. In den Formen der Volksfrömmigkeit herrscht oft ein statisches Gottesbild, das mit anthropomorphen Vorstellungen und männlichen Gesichtszügen dargestellt wird. Ein solcher Gott wird als der Allmächtige, als der Weltenherr, als der oben Thronende dargestellt. Aber in der mystischen Wahrnehmung wird das Göttliche als Licht, Liebe und Leben erfahren. Es geht hier um die Wahrnehmung der innergöttlichen Dynamik. *Gottes Sein ist im Werden.* Das Göttliche ist wie die sprudelnde Quelle der Liebe und des Lebens, die sich ständig in die Schöpfung und in die Herzen der Menschen ausgießt. Das Göttliche ist wie das Licht, wie ein Energiestrom. »Wir befinden uns im Energiefeld des Göttlichen« (Gregor von Palamas, *Verteidigung der heiligen Hesychasten*). In dieser Erfahrung treffen sich alle Religionen. Die Hindus sprechen von *Brahman* oder *Ātman*, um das Göttliche zu benennen: *Ātma* (*an* = atmen) heißt Hauch; *Brahman* (*brh* = expandieren) heißt das Selbst-Transzendierende. Im klassischen Buddhismus wird die letzte Wirklichkeit als *Sūnya*, das heißt enorme

Dynamik (*swi*=expandieren), bezeichnet. In Taoismus wird der Kosmos als vom Strom der Urenergie (*Chi*=Lebensodem) durchdrungen betrachtet. Im Judentum wird Gott als *Jahwe* erfahren: *Ich bin der, der ich unter euch bin.* Damit wird die heilende Gegenwärtigkeit Gottes erfahrbar beschrieben (*Shekina*). Der Islam ist geprägt von der liebenden Zuwendung und Barmherzigkeit Gottes (*Rahamim*). Im christlichen Glauben wird das Dynamische im Göttlichen aufgefasst als *der Geist, der weht, wo er will*, als *der Logos, der das Leben in allem und das Licht im Menschen ist*, als die *Dreieinigkeit* mit der inneren Durchdringung (*perichorese*=zusammen tanzen). In den Religionen ist das Göttliche nicht als der *motor immobilis* konzipiert, sondern wird als *motor movens* erfahren. In der mystischen Wahrnehmung der innergöttlichen Dynamik treffen sich alle Religionen.

Ein fünfter Wesenszug der Mystik ist die *Botschaft der Barmherzigkeit.* Der Mystiker ist nicht einfach ein nach innen gewandter Mensch, sondern der Geist drängt ihn, die göttliche Liebe durch sein Tun und sein Da-sein in die Welt fließen zu lassen. Er ist nicht nach innen verfeinert und nach außen versteinert! Die mystische Innenschau führt nicht zur krankhaften Introversion! Liebe überwindet den Schmerz des Leids und verbindet die Herzen in der göttlichen Tiefe. Das Göttliche wird als die universelle Gegenwart erfahren. Der Mystiker schaut alles mit einem göttlichen Auge neu an. Dann wird der gesamte Kosmos als eine *Theophanie* wahrgenommen: Gottes Geist verwandelt alles zum neuen Sein. So wird in der Bibel vom *Reich Gottes* gesprochen und in den östlichen Schriften vom *Dharma*. Es geht letztlich um die ganzheitliche Integration zwischen dem Kosmischen und dem Menschlichen im Göttlichen. Der Mensch nimmt an diesem Prozess durch Barmherzigkeit teil. »Gott in allem erkennen, und alles in Gott betrachten« – dies ist eine

Aussage, die man in den mystischen Texten vieler Religionen findet. Wenn man Gott in anderen Menschen und in den Dingen der Natur wahrnimmt, kann man nur barmherzig mit ihnen umgehen. Alle großen Religionen vermitteln die Botschaft der Barmherzigkeit. Jesus verkündete: »Barmherzigkeit will Gott, nicht Opfergaben« (Mt 9,13). Und in der Bhagavad Gita hören wir: »Barmherzigkeit ist ein Grundmerkmal des von Gott geliebten Menschen« (Bh. Gita 12,13). Der Koran spricht von Gott »als dem Barmherzigen« (Koran 1). »Barmherzigkeit ist der Weg zum Nirvana« (Mahaparinirvanasutta, 259). »Wo Barmherzigkeit verschwindet, werden wir entfremdet« (Taoismus, Chuvanchu, 23). »Barmherzigkeit ist der Herzschlag der Ethik« (Panchastikaya des Jainismus, 137). In Barmherzigkeit treffen sich alle Religionen.

Mystik öffnet unseren Horizont in die unendliche Weite. Die Mystik vertieft unser Bewusstsein. Wenn wir den Andersglaubenden in der mystischen Tiefe begegnen, sind wir eigentlich vom Geist Gottes bewegt, der in den anderen wirkt. Wenn wir die heilige Schrift einer anderen Religion von ihrem mystischen Gehalt her betrachten, spüren wir die Schwingung des Logos Gottes, der dort pulsiert. »Die klassischen religiösen Texte können für alle Zeiten von Bedeutung sein und eine motivierende Kraft besitzen, die immer neue Horizonte öffnet, das Denken anregt, den Geist weitet und das Feingefühl erhöht« (Papst Franziskus, *Fratellit tutti*, 275). Der Geist allein erforscht die Tiefen Gottes (1 Kor 2,10). Für diesen Geist offen zu bleiben, davon betroffen und bereichert zu werden – darum geht es in einer Kultur der inter-religiösen Harmonie.

Einheit der Spiritualität

Spiritualität im eigentlichen Wortsinn ist die Erfahrung des *Spiritus*: das Ergriffensein vom göttlichen Geist, das Gespür für die Seinsdynamik, das Betroffensein von Transzendenz. In der Spiritualität erfährt man die Grundorientierung auf das Absolute, auf das *Heilige*, auf das Göttliche. Spiritualität ist die Erfahrung der Geborgenheit im tragenden Seinsgrund und das Angezogenwerden vom letzten Ziel des Lebens. Jeder Mensch möchte, dass sein Leben Sinn und Freude hat. Kein Mensch würde sagen: Ich brauche eigentlich keinen Sinn in meinem Leben. Der göttliche Geist wirkt im Herzen aller Menschen und verwandelt das Leben jedes Menschen. Diesem Geist in sich und um sich Raum zu geben – darum geht es in der Spiritualität. So gesehen ist Spiritualität eine universelle Erfahrung: Jeder Mensch hat eine Spiritualität, eine Sinnorientierung. Manche möchten sie nicht im Bezug auf die göttliche Gegenwart deuten. Für manche andere ist Religion zu eng, und *Gott* zu personifiziert.

Der eine Geist Gottes wirkt in den Herzen aller Menschen verwandelnd. Alle haben »den einen Ursprung und das eine letzte Ziel« (Vat. II – *Nostra Aetate*, 1). Die geistige Entfaltung aller Menschen geschieht im Wirkungsbereich des einen göttlichen Geistes. Alle Menschen sind nach dem Bild Gottes und auf das Gleichnis Gottes hin geschaffen. Die gesamte Menschheit bildet eine einzige geistige Familie, belebt vom einen Geist Gottes, begleitet zu einem Ziel des Heils. (Papst Johannes Paul II., *Redemptoris Missio*, 28). In diesem Sinn können wir von der Einheit der Spiritualität sprechen. Die Verdeutlichung und Verwirklichung der Spiritualität wird viele Formen annehmen. Aber Spiritualität als Wahrnehmung der verwandelnden Wirkung des einen Geistes in der einen Menschheit hat eine einzige göttliche Quelle.

Wenn wir mit den Andersglaubenden respektvoll umgehen oder die Schriften der anderen mit Offenheit lesen, spüren wir deutlich, dass es trotz der unterschiedlichen Auffassungen eine tiefere Ebene der Verbundenheit gibt. Auf dieser Ebene ahnen wir die verbindende und verwandelnde Wirkung des göttlichen Geistes. Mystik verleiht diese Ahnung mit dem Staunen, das dazugehört. So gesehen ist die Mystik der Wurzelboden der universellen Spiritualität.

Vielfalt der Religionen

Das Wort *Religion* entsteht aus dem lateinischen Verb *religare* (verbinden, zurückbinden). Jede Religion ist ein Versuch, den Menschen mit dem göttlichen Grund in Verbindung zu bringen und Menschen miteinander geistlich zu verbinden. Das, was man in der Mystik ahnt und in der Spiritualität erfährt, wird in der Religion zum Ausdruck gebracht. Das Medium, wodurch die spirituelle Erfahrung in der Religion ausgedrückt wird, ist das Symbol. Symbole sind die Sprache der Religion. Spiritualität braucht religiöse Symbole, um sich auszudrücken, sich mitzuteilen und von den anderen Erfahrungen bereichert zu werden. Ähnlich, wie der Mensch eine Sprache benötigt, um seine Gedanken und Gefühle zu artikulieren, so braucht man religiöse Symbole, Schriften, Traditionen und Strukturen, um die spirituelle Erfahrung im Umgang mit anderen zu deuten, zu vertiefen, zu entfalten und zu kommunizieren. Kein Mensch ist ein inselhaftes Wesen auf dieser Erde; wir alle sind Teile des universalen geistigen Entfaltungsprozesses. So bietet jede Religion mit dem eigenen spirituellen Erbe eine geistige Heimat, in der der Einzelne sich getragen, geborgen und geführt wissen kann.

Es gibt eine ungeheure Vielfalt in der Landschaft der Religionen, und diese Vielfalt muss respektiert werden. Die schöpferischen Kräfte der Menschen entfalten sich in vielfältiger Weise. So entstehen viele Sprachen und Kunstformen, viele Ideologien und Weltanschauungen, viele Kulturen, aber auch Religionen. Gottes Geist wirkt im Herzen jedes Menschen in einer einmaligen Weise, und der Mensch antwortet darauf in einer persönlichen Form. »Dialog setzt einen großen Respekt voraus für alles, was der Geist Gottes in Menschen bewirkt« (Papst Johannes Paul II., *Redemptoris Missio*, 56). Respekt ist hierbei zweifach ausgerichtet: auf den Geist Gottes, dessen Wirkung für Menschen letztlich unfassbar bleibt, und auf den einzelnen Menschen, dessen Freiheit geachtet werden muss. Gerade in echten inter-religiösen Begegnungen wird die Haltung des Respektes deutlich spürbar. Durch einen respektvollen Umgang mit den Andersglaubenden erkennen wir, »welche Reichtümer der großzügige Gott den Völkern verteilt hat« (Vat. II – *Ad Gentes*, 11).

Es gibt aber auch Zweideutigkeiten in der Symbolwelt. Religiöse Symbole entstehen aus den tiefen Schichten der Psyche oder aus den breiten Kreisen der Kultur. Es gibt grundsätzlich vier Bereiche der Symbolgestaltung in Religionen: Glaubensinhalte, Kulthandlungen, Verhaltensnormen und Gemeindestrukturen (*creed, cult, code, community*). Diese sind wie die Grundsäulen der religiösen Gebäude. Aber diese Gestaltungselemente sind sehr stark von der jeweiligen Kultur geprägt und geformt. Dadurch fließen unvermeidlich politische Machtinteressen, wirtschaftliche Gewinnmotive und rassistische Überheblichkeitsgefühle in die sakrale Landschaft der Religionen. Allmählich verlieren viele Symbole die ursprüngliche Durchlässigkeit und werden zu Blockaden auf dem Weg zur Erfahrung der göttlichen Dynamik. So entsteht starrer Dogmatismus in der Glaubensvermittlung, leerer Formalismus im Kultbereich, rigider Legalismus in den Verhaltensnormen und bedrückende Institutionalisierung in der Gemeindegestaltung. Diese soziologische Entwicklung lässt sich in allen Religionen durch die Jahrhunderte hindurch beobachten.

Diese Entwicklung bedeutet nicht eine totale Entgleisung der Religion. Der Geist Gottes bricht durch die Erstarrung hindurch und lässt neues Leben aufblühen. Das geschieht vor allem durch die inneren Springbrunnen der Mystik. Eigentlich ist jede große Religion durch einen mystischen Durchbruch – mit seiner prophetischen Konsequenz – entstanden. Der Mystiker erweckt im Menschen die Wachsamkeit auf die Tiefendimension der religiösen Symbole: Die Glaubenssprache soll auf das Geheimnis des Göttlichen hin offen sein, der Kult muss von der kontemplativen Stille her die heilende Gegenwart Gottes erfahrbar machen, Handlungsnormen sollen die Einzelnen innerlich zur Freiheit und Reife begleiten, und die Strukturen sind dafür da, die Gläubigen hellhörig zu machen für das, *was der Geist Gottes der Gemeinde sagt*. Es gibt eine Grundspannung zwischen dem Anliegen der Mystik und den Funktionären der vier Bereiche. Wenn diese Spannung schöpferisch ausgehalten wird, kann die Religion den Menschen eine befreiende Erfahrung vermitteln. Oft aber passiert es, dass die Amtsträger die Mystiker zum Schweigen zwingen.

In echten inter-religiösen Begegnungen wird diese Spannung deutlich spürbar. Wenn Gläubige verschiedener Religionen sich mit Offenheit begegnen, werden sie zu einer kritischen Introspektion aufgefordert; dadurch erkennen sie die Entfremdungsfaktoren der eigenen Religion, aber auch die mystischen Quellen, die darin verborgen liegen. Dem göttlichen Geist Raum geben – darum geht es letztlich im Dialog der Religionen. Wenn Gläubige verschiedener Religionen für den Geist offen bleiben, wird der inter-religiöse Dialog ein gegenseitig bereichernder, befruchtender und befreiender Prozess. Dann begegnet der Christ dem Hindu oder Muslim nicht *vor* sich, sondern *in* sich, und umgekehrt. Der Andersglaubende ruft von innen her eine verborgene Dimension der eigenen Spiritualität wach. Der *inter*-religiöse Dialog wird hier zum *intra*-religiösen

Dialog. Eine Wiederbelebung der Mystik – mit den prophetischen Handlungskonsequenzen – ist eine epochale Aufgabe in jeder Religion heute.

Der Weg der Versenkung

Eine Grundfrage, die in allen spirituellen Traditionen gestellt wird, lautet: *Wer bin ich?* Die Seher des Himalayas, die Weisen von China, die Propheten Israels, die Philosophen der Griechen, die Väter der ägyptischen Wüste sowie die christlichen Mystiker – sie haben sich wie alle suchenden Menschen diese Frage gestellt: *Wer bin ich eigentlich?* Es geht nicht um die Wahrnehmung des *Ich*, mit dem man sich in der objektiven Welt durchsetzt, sondern um die Erkenntnis des wahren *Selbst*, das im Kern das eigentliche Subjekt ausmacht. Der spirituelle Verwandlungsprozess führt den Suchenden vom *Ich* zum *Selbst*, von der Oberfläche der Wahrnehmung zur Tiefe des Bewusstseins, vom Mentalen zum Herzensraum.

Wir betrachten die Phasen dieser Versenkung. Das Bewusstsein sinkt vom Bereich der körperlichen Wahrnehmung zur Tiefe der geistlichen Erkenntnis. Die Meister der Spiritualität beschreiben diesen Weg als einen inneren Prozess, der verschiedene Bewusstseinsphasen durchläuft. Ich möchte ihn in drei Phasen beschreiben: Wachbewusstsein, Unterbewusstsein und spirituelles Bewusstsein. Es geht um eine Hinwendung zum Kernbereich des Lebens, zur göttlichen Mitte. Der Geist Gottes vertieft das menschliche Bewusstsein, damit wir tiefer wahrnehmen dürfen, wer wir eigentlich sind. Auf diesem inneren Weg fragen wir uns ständig: *Wer bin ich?*

Wachbewusstsein

Dies ist der Bewusstseinsbereich, in dem wir uns meist von morgens bis abends befinden. Darum wird es in den Upanishaden als *Wach*bewusstsein (*jāgrit*) bezeichnet (Brih. Up, 4.3.1–9). Hier wird die Aufmerksamkeit vor allem durch die fünf Sinne nach außen gerichtet. Die Eindrücke, die durch die Sinneswahrnehmungen von der Außenwelt hereinfließen, werden vom Verstand verarbeitet und gedeutet. Der Begriff *Verstand* (*mens, mind, manah*) muss hier im umfassenden Sinne gesehen werden, denn er beinhaltet Tätigkeiten wie Begreifen, Wollen, Fühlen und Entscheiden. Gedanken, Gefühle, Phantasien, Vorstellungen, Urteile und Erinnerungen sind im Verstandesbereich vorhanden. Der Verstand setzt uns in Verbindung nicht bloß mit der Außenwelt, sondern auch mit der Innenwelt, insofern wir die Vorgänge in uns zu verstehen versuchen. Der Verstand kann nur etwas verstehen, insofern es vergegenständlicht wird. Alles, was in uns und um uns vorhanden ist, wird vom Verstand verobjektiviert. Wir verstehen auf der Ebene von Ich-Du- / Ich-Es-Beziehungen. Der Mensch braucht diesen Vorgang des rationalen Analysierens und emotionalen Ergreifens, um sich und die Außenwelt zu verstehen und zu deuten, zu bewältigen und zu verwandeln. In diesem Prozess entsteht das *Ich*bewusstsein. Das *Ich* entfaltet sich durch die Begegnung mit dem *Du/Es*. Jeder Mensch braucht ein gutes *Ich*bewusstsein, damit er mit Mut und Sicherheit den anderen begegnen kann.

Was geschieht, wenn der Verstand die göttliche Gegenwart zu verstehen versucht? Das Göttliche wird zum Gegenstand des Betrachtens gemacht. Gott wird als personales *Du* angesehen, angesprochen und angebetet. Der Namenlose bekommt hier einen Namen, der Formlose erhält eine Form. Ohne Namen und Formen kann der Verstand das *Mysterium Dei* nicht auffassen oder erklären. Der Mensch als personales Wesen braucht diese Form der interpersonalen Begegnung. Der Mensch als *Ich* braucht die Erfahrung, angesprochen und angenommen zu werden vom göttlichen *Du*. Jeder Mensch sucht vom Herzen her die Erfahrung der Liebe Gottes. Erst durch das *Du* werde *ich* zum wahren *Ich*! – dieses Prinzip gilt auch für das geistliche Leben. Durch die Begegnung mit dem liebenden Gott wird es dem Menschen möglich, sich anzunehmen als jemand, der von Gott längst angenommen ist. Dadurch wird er / sie auch fähiger, die anderen Menschen als von Gott geliebte Wesen zu respektieren. Liebe heilt Wunden; Liebe Gottes verwandelt unser zerbrochenes Leben in neues Leben. Begegnung mit dem personalen Gott vermittelt eine Heilserfahrung. Jede Religion versucht diese *Heils*erfahrung spürbar zu machen. Darum gibt es in allen Religionen die Grundformen der inter-personalen Begegnung mit dem Göttlichen, mit der Transzendenz, mit dem Absoluten. Sie werden in Gebetspraxis und in Riten ausgedrückt. Der Mensch als leibhaftes Wesen braucht solche Formen, um leibhaft die heilende Nähe Gottes zu erfahren. Und der Mensch als soziales Wesen benötigt solche Momente der inter-personalen Begegnung, um mit anderen Menschen die Heilserfahrung zu teilen und von den anderen bereichert und begleitet zu werden. Solche Formen kommen aus der kollektiven Erfahrung einer Religionsgemeinschaft, und daher setzen sie die Gläubigen in Verbindung mit dem geistlichen Erbe der Menschheit.

Aber der Suchende darf nicht in diesem oberen Bereich stehenbleiben. Weil das Göttliche ein unfassbares Geheimnis ist, soll man über alle Namen und Formen hinausschauen, über die inter-personale Begegnung hinaus sich auf eine trans-personale Erfahrung einlassen. Die Warnung des Augustinus ist hier am Platz: »Wenn du Gott begreifst, ist es nicht mehr Gott!« (PL 8,663). Gott ist wahrlich nicht *eine* Person, die wir mit dem Verstand festhalten und definieren können, aber *personal*: Geist, der aus der unergründlichen Tiefe wirkt (1 Kor 2,10). Dies ist ein Grundansatz der Mystiker in allen Religionen. Mystik ist die Tiefendimension der Spiritualität.

Die Frau am Jakobusbrunnen fragte Jesus: Wo soll ich Gott anbeten, im Tempel der Juden in Jerusalem oder auf dem heiligen Berg der Samariter in Sychar? Es war deutlich eine Frage der Religiosität. Die Antwort Jesu kam aus Spiritualität, nicht an eine Religion gebunden: »Gott ist Geist, und alle, die ihn anbeten, müssen ihn im Geist und in der Wahrheit anbeten« (Joh 4,20–24). Die Zeit ist gekommen, da wahre Anbetung im Geist und in der Wahrheit (aletheia = Offenheit) geschieht. Das ist eine deutliche Einladung, sich auf eine tiefere Erfahrungsebene einzulassen. Hier wird die interpersonale Begegnung in eine trans-personale Erfahrung verwandelt, das Gebet durch Kontemplation vertieft. Es ist ein innerer, vom Geist Gottes getragener Vorgang.

Unterbewusstsein

Der innere Vorgang führt durch den dunklen Bereich des Unterbewusstseins hindurch. Es ist wie ein Gang durch den Dschungel. Wir wissen, dass unser Umgehen mit Menschen und Dingen ständig von unterbewussten Faktoren gesteuert ist. Sie entstehen aus den unerkannten Schichten des Unterbewusstseins. Man könnte vom personalen Unterbewusstsein und kollektiven Unbewussten sprechen. Das personale Unterbewusstsein ist durch die eigene Biographie, vor allem durch die Erfahrungen der ersten drei Lebensjahre sowie der vorgeburtlichen Phase geformt. In der Gebärmutter des personalen Unterbewusstseins sind die Erinnerungen und Erwartungen, die unausgesprochenen Gedanken und unterdrückten Gefühle vorhanden. In den tieferen Schichten des kollektiven Unbewussten sind die

Archetypen der Entwicklungsgeschichte der gesamten Menschheit gespeichert. All diese Elemente melden sich in vielfältigen Weisen in den Träumen. Das Sanskrit-Wort *swapna* (Traum) bedeutet wortwörtlich: sich erreichen (*swam apnōti iti*). Durch die Träume erreichen wir die tieferen Schichten unseres Seins. Die Traumbilder verdeutlichen das, was tief in uns geschieht. Ich träume nicht, es träumt! Es gibt eigentlich kein *Ich* als Subjekt, wenn wir schlafen oder träumen. Hier sind wir in einem tieferen Bewusstseinszustand.

Die Mythen und Märchen der Völker entstehen aus dem kollektiven Unbewussten. Darum üben die archaischen Erzählungen und archetypischen Bilder der Mythen eine universale Faszination aus. Sie harmonisieren inner-psychische Strömungen und heilen psychische Störungen. Eine Kultur, die Mythen verdrängt, neigt dazu, aggressive Verhaltensweisen zu entwickeln oder in die Leere der Sinnlosigkeit zu verfallen. Eine Religion, die ihre Mythen ausschaltet, verliert die verwandelnde Kraft der Symbole und die Menschen verbindende Wirkung der Sprache.

Mythen und Traumbilder können auch eine Sprache Gottes werden. Der innewohnende Geist spricht den Menschen durch sie immer wieder an. Wenn wir die Traumbilder achten, erleben wir die inneren Bewegungen des göttlichen Geistes. Und wenn wir die Mythen deuten, spüren wir die verwandelnde Gegenwart des Geistes in allen Kulturen und Religionen. Juden, Christen und Muslime legen viel Wert auf die geschichtlichen Ereignisse der Gottesoffenbarung. Die östlichen Religionen wie Hinduismus, Taoismus und Schintoismus haben ein tiefes Gespür für die Sprache der Mythen, die auch eine gültige Sprache der Selbstmitteilung des Göttlichen ist. Eine Begegnung zwischen den Wahrnehmungsstrukturen beider Hemisphären wäre ein fruchtbarer Prozess im Blick auf die Zukunft der gesamten Menschheit. Geschichtsbewusstsein gestaltet die Gesellschaft um, Sensibilität für das Mythische heilt den Einzelnen.

Der Gang durch den Dschungel des Unterbewusstseins könnte eine beängstigende Erfahrung werden. Man ist hier mit den Schatten der Psyche konfrontiert, von den Verletzungen der Vergangenheit beunruhigt und mit Ängsten belastet. Sie wirken wie Blockaden auf dem spirituellen Weg nach innen. Um weiterzukommen, empfehlen die geistlichen Meister vier Hilfsmittel:

1. Atem

Es wird empfohlen, bewusst ein- und auszuatmen. Durch das bewusste Beobachten des Atemvorgangs kommt der Verstand zu Ruhe. Eigentlich atmen nicht *wir*: *Es* atmet. Atemkraft *(prānah, chi)* ist ein raumfüllender kosmischer Energiestrom, der durch alle Lebewesen fließt. Wir atmen durch alle Wesen; alle Wesen atmen durch uns. Im kosmischen Strom der Prānah-Energie gibt es eine dynamische, wechselseitige Verbundenheit von allem. Atem hat einen göttlichen Ursprung; dies ist eine Einsicht aller Weltreligionen. Der göttliche Atem atmet durch uns (Gen 2,7; Hiob 33,4; 27,3; 34,14–15; Jes 42,5; Ps 104,29–30; Weish 15,16; Apg 17,25.28). »Atem ist göttliche Kraft« (*prānō brahmah*, Chand. Up. 4,10,4). Wir sind von Gott beatmete Wesen. Durch die Achtsamkeit auf den Atem sinkt das Bewusstsein vom Verstand zum Herzensraum.

2. Symbole der Verwandlung

Begriffe und Gedanken halten uns im Verstandesbereich fest. Symbole aber begleiten uns auf einem tieferen Gang. Ausgewählte Symbole werden mit aktiver Imagination vergegenwärtigt und meditativ verinnerlicht. Man identifiziert sich mit dem Symbol und nimmt die inneren Bewegungen des Geistes bewusst wahr. Man kann zum Beispiel das archetypische Bild des Baumes aufnehmen. Der Übende identifiziert sich mit einem Zweig des Baumes und erlebt die Verbindung mit dem Stamm, die Verwurzelung in der Mutter Erde und den belebenden Strom des Saftes. Durch diese Art des assimilierenden Umganges mit dem Baumsymbol werden die verschiedenen Elemente des Unterbewusstseins ein Stück harmonisiert, und so wird der Weg nach innen freigemacht.

3. Namensgebet

Niemand hat den Mut, allein durch einen Dschungel zu gehen. Man vertraut sich einem erfahrenen Wegbegleiter an. Auf dem inneren Versenkungsweg ist es ratsam, sich durch das Namensgebet dem göttlichen Meister ganz anzuvertrauen. Dies ist eine weit verbreitete Praxis in allen Religionen. Die Hindus verwenden eine Formel wie *Om namah Śivāya* (*Ich verehre den Shiva*), die Buddhisten wiederholen *Buddham śaranam gacchāmi* (*Ich nehme in Buddha Zuflucht*), und die Muslime beten mit den 99 Namen Allahs. Oft wird der heilige Name mit einer Gebetskette andachtsvoll wiederholt. Der Name, durch den der Einzelne die Gegenwart des Göttlichen wahrnimmt, ist für ihn heilig, weil der Name mit göttlichen Energien beladen ist. Die Wiederholung des Namens Gottes erzeugt heilsame Schwingungen im innerpsychischen Bereich. Dadurch werden Blockaden zum Teil beseitigt und die Ängste überwunden. Gottes Name verleiht dem Meditierenden Vertrauen und Geborgenheit. Für uns Christen ist der Name *Jesus* heilig, weil dieser Name uns die heilende Gegenwart Gottes vermittelt. Jesus ist uns auf dem Weg unseres Leidens vorangegangen und hat uns durch seine Hingabe den Heilsweg eröffnet (Hebr 5,8). Darum ist er für uns der göttliche Meister und innere Wegweiser, Zugang zur Heilsquelle und Aufgang des inneren Lichtes. In seinem Licht wandern wir ins Licht. In der achtsamen Wiederholung des Namens Jesu begegnet er uns nicht als eine geschichtliche Person von außen, sondern als der Heiland von innen her, aus den tiefen, lichtvollen, göttlichen Schichten des Seins. Er führt uns von den dunklen Wegen zum Licht, von der beängstigenden Vereinsamung zur beglückenden Vereinigung mit Gott. Christus ist Gottes Gegenwart hier und jetzt: *Gott mit uns, Gott in uns.* Es wird empfohlen, den Namen Jesu mit jedem Atemzug zu wiederholen, und zwar mit einem inneren Rhythmus, damit der Übende die geistlichen Schwingungen erleben kann. In einem begnadeten Vorgang erwacht man zum Christusbewusstsein.

4. Mantra

Mantra ist kein Wort, sondern ein Laut, der eine innere Harmonie herstellt. Durch die meditative Wiederholung des Mantras entstehen heilsame Schwingungen in den tieferen Bereichen des Unterbewusstseins. Langsam verändert sich die ver*gegenständ*lichende Denkart zu einer verinnerlichenden Wahrnehmung. Der Ausdruck *mantra* heißt »das, wodurch der Verstand transzendiert wird«. Normalerweise erhält der Schüler im Osten ein Mantra persönlich von einem erfahrenen Meister. Das Urmantra ist der Laut *OM.* Es entfaltet sich aus der Zusammenstellung von drei Lautelementen: A, U und M. A ist der allererste Laut, M der letzte und U der mittlere Laut; sie bezeichnen den Anfang, die Mitte und das Ende von allem. Daher ist AUM (ausgesprochen als OM) das Lautsymbol für die schwingende Gegenwart des alles Durchdringenden, alles Umfassenden, alles Einigenden, des All-Ganzen, des Göttlichen (Pras. Up. 5,5).

Durch die meditative Wiederholung des Mantras OM kommt man in Einklang mit der göttlichen Schwingung in den tiefen Schichten des Bewusstseins. Man spürt die Versenkung vom Wachbewusstsein (A) durch das Unterbewusstsein hindurch (U) ins spirituelle Bewusstsein (M). Es wird empfohlen, den Namen Jesu mit

OM zu summen, zum Beispiel mit einer Formel wie *Jesu ... OM ... Jesu*, oder *OM Jesu Christāya*. Die Kraft des Geistes, die im Namen Jesu verborgen ist, schwingt dabei im Herzensraum. Man kommt in Einklang mit dem wortlosen Seufzen des Geistes. Dies könnte zu einer tiefen und wachen Herzensstille führen, in der man die mystische Einheit mit Christus erfährt. [Siehe hierzu auch: Sebastian Painadath / Rose Pudukadan: *Das Herz in Schwingung bringen. Jesus-Gebet mit Mantras und Melodien*, Münsterschwarzach, 2. Aufl. 2019]

Spirituelles Bewusstsein

Tiefer als das Unbewusste liegt ein Bereich, den wir als spirituelles Bewusstsein bezeichnen können. Es ist der Bereich der intuitiven Wahrnehmung, der Transzendenzerfahrung, des mystischen Einheitsbewusstseins. Hier befindet sich der Mensch an der Grenze seines existenziellen Seins und erwacht zu den unbegrenzten Horizonten des essenziellen Seins. Das Gespür für das unfassbare Geheimnis des Göttlichen entsteht hier. Man erspürt das Angewiesensein auf das Absolute: Die menschliche Seele erfährt ihre Grundausrichtung auf den göttlichen Geist. In diesem Tiefenbewusstsein treffen sich die spirituellen Wege aller Religionen.

Der Zugang zu diesem mystischen Bereich wird durch die intuitive Wahrnehmungsfähigkeit ermöglicht. Die Mystiker des Ostens und des Westens sprechen von einem geistigen Organ der Innenschau. Im Osten heißt es *buddhi*: Um die Funktion des buddhi deutlich zu machen, verwenden die östlichen Meister Bilder wie »das göttliche Auge«, »das dritte Auge«, »Herzenslotos«, »Seelenflamme« oder »Herzenstür«. All diese Bilder weisen darauf hin, dass der Mensch vom Geist Gottes ergriffen und dadurch zu einem tieferen Einheitsbewusstsein geführt wird. Es ist letztlich eine Erfahrung der Göttlichwerdung des Menschen (*Brahmabhūyāya*). Dies ist die Grundlage der östlichen Mystik.

Im Westen wird das intuitive Organ als *nous* bezeichnet. Es ist wie eine spirituelle Antenne, mit der man mit der unsichtbaren Welt in Kontakt kommt. Nous ist einerseits das göttliche Schöpfungsprinzip, das in allem waltet und den Kosmos in Ordnung hält; andererseits ist der nous das geistige Organ, durch das der Mensch mit der göttlich-kosmischen Ordnung in Einklang kommt. »Der *nous*, der sich gereinigt und über alles Materielle erhoben hat, um Gott klar zu schauen, wird durch das Geschaute vergöttlicht« (Origenes, PG 14,817a). Basilius und Gregor von Nyssa sagen, dass der Mensch die Eben*bild*haftigkeit Gottes besitzt, aber auf die *Gleichnis*haftigkeit hin wächst; durch den nous erkennt man diesen Verwandlungsvorgang (PG 45,21d). Um den *nous* zu beschreiben, verwenden die christlichen Mystiker eindrucksvolle Bilder: »Auge des Glaubens« (*oculus fidei*, Augustinus), »das göttliche Licht« (Irenäus), »Organ der Theosis-Erfahrung« (Athanasios), »Herzensauge« (Johannes Klimakos), »inneres Auge der mystischen Schau« (Dionysios der Areopagit), »das göttliche Feuer« (Symeon der neue Theologe), »das göttliche Licht« (Gregor von Nazianz), »Taborlicht in der Seele« (Gregor von Palamas), »inneres Feuer« (Bonaventura), »Seelenfünklein« (Meister Eckhart), »geistiges Auge« (Wolke des Nichtwissens), »Herzensflamme« (Johannes von Kreuz) und »Tür zur inneren Burg« (Teresa von Ávila). All diese Bilder zeigen, dass der Mensch, ergriffen durch den Geist Gottes, zu einem tieferen Einheitsbewusstsein geführt wird: zur Erfahrung der Göttlichwerdung des Menschen (*Theosis*). Dies ist die Grundlage der christlichen Mystik.

Durch den erleuchteten nous schaut man nach innen, in den sakralen Kernbereich des Seins. Ein universales Symbol für diesen göttlichen Raum ist das *Herz*. Was sieht man darin? Zunächst – aber auch zuletzt – muss man sagen: Ich sehe nichts! Es geht hier um eine unbeschreibbare mystische Erfahrung. Jeder Versuch, sie in Namen und Formen auszudrücken, bleibt erfolglos. Das Wissen, dass man davon nichts weiß, ist die tiefste Weisheit. Aber es geht hier nicht um einen Agnostizismus, sondern um eine echte mystische Betroffenheit vom unfassbaren göttlichen Geheimnis. Es geht hier nicht um einen Nihilismus, sondern um die Erfahrung der ungeheuren Dynamik des göttlichen Lebens. Der buddhistische Ausdruck *śūnya* – oft übersetzt als *Leere* – heißt eigentlich so viel wie Dynamik der Transzendenz (Sprachwurzel *swi* = expandieren, sich transzendieren). Im Vedanta Hinduismus sprechen die Meister von Seinsfülle (*poorna*). Die christliche Wahrnehmung ist die der Dreifaltigkeit mit dem dynamischen *Durch*-Einandersein (*perichorese*). In allen spirituellen Schulen gibt es die Grundeinsicht: Der Seinsgrund ist keine in sich ruhende, sondern sich aus sich heraus ergießende Wirklichkeit. *Gott ist Geist* (Joh 4,24).

In der Erfahrung dieser innergöttlichen Dynamik, die als Liebe bezeichnet werden kann, erkennt man, was das eigene wahre Wesen ist: Ich erkenne mein Selbst im göttlichen Selbst, und das göttliche Selbst in meinem Selbst; ich erkenne die beiden als EINS. Dabei handelt es sich nicht um eine vergegenständlichende Denkart, sondern eine verinnerlichende Erfahrung im EINSwerden. Hier begegnet man dem Göttlichen nicht als *Du*, sondern man erfährt es als das wahre *Selbst*; es wird nicht als Objekt, sondern als Subjekt wahrgenommen. Es ist eine All-einheits-erfahrung: das innere Erwachen zur Dynamik des Seins. Letztlich ist es eine Erfahrung der Göttlichwerdung (*theosis*). »Wer Gott erkennt, wird göttlich« (*quisque Deum intelligit, Deus fit*, Thomas von Aquin, ST.I.12.5. ad 3). »Wer Brahman kennt, wird Brahman« (*Brahmavid brahmaiva bhavati*, Mand. Up. 3.2.7).

Mit diesem von Gnade erleuchteten Auge schaut man nach außen. Nun sieht man Gott in allem und alles in Gott, man erkennt die

Schwingungen des göttlichen Selbst im gesamten Kosmos. In dieser Erfahrung der universellen Theophanie treffen sich alle spirituellen Wege. Diese Weltsicht macht den Menschen vor allem barmherzig. In den Freuden und Leiden aller Wesen erlebt man die Gegenwart Gottes. In der schöpferischen Entfaltung des menschlichen Geistes sowie in der Evolution der Natur erkennt man die Dynamik des Göttlichen. Dann wird der Einsatz für Gerechtigkeit, Frieden und Bewahrung der Schöpfung zur Teilnahme an der alles verwandelnden Wirkung des göttlichen Geistes. Das Säkulare bekommt hier einen sakralen Sinn. Im Herzen der Materie erspürt man die Vibration des Geistes. Der Leib ist der Tempel des Geistes, die Erde ist der Leib Gottes, die Welt ist der Raum des Göttlichen. Die Fleischwerdung des Wortes, auf der die christliche Spiritualität beruht, ist die Bestätigung dieser integrierenden Weltsicht.

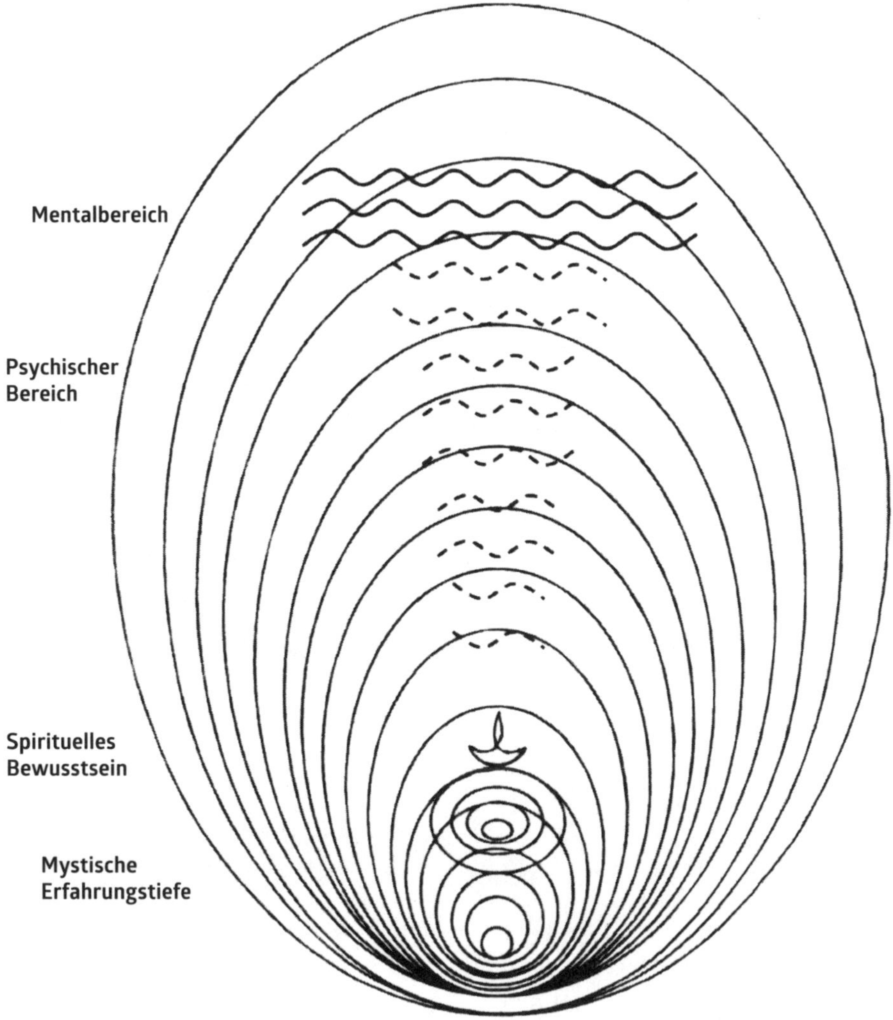
Mentalbereich
Psychischer Bereich
Spirituelles Bewusstsein
Mystische Erfahrungstiefe

Die Seinsdynamik des Göttlichen

Alles ist Schwingung. Materie ist Energie. Der Kosmos ist ein sich ständig ausdehnender Prozess. Wir befinden uns in einem fortlaufenden Werdegang. Die uns umgebende Natur ist in ständigem Wandel. Unser Leib ist ein werdendes Wesen, das sich mit jedem Atemzug verändert. Alles ist in Wandlung, alles ist Schwingung. Nichts steht – dies sind entscheidende Einsichten der heutigen Physik. Sie haben die naturwissenschaftliche Forschung gewaltig vorangetrieben und damit unsere Wahrnehmung der Wirklichkeit tief verändert. Die Entdeckung der Dynamik der Seinsstruktur hat vor allem die Kommunikationsmethoden stark geprägt: Die ganze Welt schrumpft zusammen wie ein globales Dorf, in dem fast jeder jeden anderen kennt. In dieser dynamischen Weltsicht dürfen, ja müssen wir die Frage nach Gotteserfahrung und Spiritualität neu stellen. Viele Gottesbilder, die die Weltreligionen aufstellen, kommen aus einer statischen Weltsicht. Die personifizierten Formen und Namen Gottes entstehen aus dem Erbe eines Anthropomorphismus, den der Verstand unvermeidlich entwickelt. Gibt es eine Wahrnehmungsfähigkeit, die uns tiefer als die Logik des Verstandes führt? Wie sieht Spiritualität aus, wenn sie mit der Dynamik der Seinsstruktur zusammentrifft?

Zu diesen Fragen möchte ich im ersten Teil einige Erkenntnisse der östlichen Mystik vorstellen und danach im zweiten Teil fragen, inwieweit wir zu einer dynamischen christlichen Spiritualität gelangen können. Es geht hier also um einen Dialog zwischen Ost und West in der mystischen Wahrnehmung.

Östliche Mystik

Buddhi, das intuitive Wahrnehmungsorgan

»*Manasastu parā buddhih*, Buddhi erwacht jenseits des Verstandes« – dies ist ein grundlegendes erkenntnistheoretisches Prinzip bei den Meistern im Hinduismus und Buddhismus. Östliche Meister machen durchgehend einen Unterschied zwischen zwei Schichten der Wahrnehmung: zwischen Verstand (*manah*) und Intuition (*buddhi*). Die durch die fünf Sinne vermittelten Eindrücke werden im Verstand verarbeitet und in Begriffe verwandelt. Damit der Verstand etwas verstehen kann, muss er es als Objekt betrachten. Dadurch schafft der Verstand eine Ich-Du- beziehungsweise Ich-Es-Struktur, innerhalb derer er agiert. Auch das Göttliche wird vom Verstand vergegenständlicht. Die alles durchdringende göttliche Gegenwart wird als personales *Du* angesprochen und angebetet. Daher wird die göttliche Gegenwart auf der mentalen Ebene als *Gegenüber* angesehen und mit personhaften Namen und Formen angesprochen. Solange wir Verstandesmenschen sind, brauchen wir solche Symbole, die in den Religionen vermittelt werden. Hier entfalten sich Namen und Formen, Gegenstände und Gestalten, Riten und Dogmen, Normen und Strukturen, die eine Religion ausmachen.

Aber der Verstand zusammen mit den Sinnen erreicht nur ein kleines Spektrum der Wirklichkeit. Der Verstand kann die Dinge nur als statische Gegenstände betrachten. Die dynamische Natur der Realität erfahren wir durch eine tiefere Wahrnehmungsfähigkeit: durch *buddhi*. »Buddhi erwacht jenseits des Verstandes« (Katha Up.

3,10). Diese Einsicht der upanishadischen Meister (800–400 v. Chr.) verweist auf den Stellenwert der intuitiven Wahrnehmung. »Man denkt mit dem Verstand, aber meditiert mit buddhi« (Garbha Up. 1). Durch *buddhi* schaut man in die Tiefe der Wirklichkeit, auch in das Geheimnis des Göttlichen. Buddhi ist eine im Menschen angelegte Wahrnehmungsfähigkeit, aber sie muss von innen erleuchtet werden. Darum betet man täglich im berühmten vedischen Gayatri-mantra: *dhiyō yō nah prachōdayāt*, das göttliche Licht soll meinen buddhi erleuchten. In der Bhagavad Gita wird gesagt, dass man die alles durchdringende Gegenwart des Göttlichen nur mit einem *göttlichen Auge* erkennen kann, das sich im *buddhi* begnadet öffnet (11,8). Daher wird die tiefe Einigung mit dem innewohnenden Göttlichen *buddhi-yōgam* genannt (10,10).

Die Herzenshöhle

Wenn das innere Licht erstrahlt und Buddhi erleuchtet wird, schaut man in den Innenraum hinein, den man in allen Religionen als *Herz* bezeichnet. Das Herz ist die sakrale Sphäre in uns, der göttliche Raum. Die upanishadischen Meister bezeichnen es als »Herzenshöhle« (Mund. Up. 2.2.1), »göttliche Burg« (Chand. Up. 8.1.1), »göttlichen Raum« (Brih. Up. 4.4.22). Das Herz ist der Raum, »in dem das Göttliche wohnt« (Tait. Up. 2.1.1.). Es ist wie das »innere Nest« (Hamsa Up. 13), wie »der innere Lotus« (Dhyan. Up. 33–35, 93). Wenn gefragt wird, wie groß der Herzensraum ist, wird der Meister antworten: kleiner als das kleinste Atom und größer als der gesamte Kosmos! (Swet. Up. 3,20). Mit dem Herzenssymbol sprechen die Meister nicht von einem anatomisch feststellbaren Ort, sondern sie bezeichnen damit einen mystischen Bewusstseinszustand, in dem man »über die Formen hinaus das Formlose erkennt, jenseits der Dualität die Alleinheit wahrnimmt« (Chand. Up. 8.1.2–

3, 8.3.1–2). Hier erwacht man zur dynamischen Natur des Seins: *Alles ist Schwingung.*

Auch im Buddhismus ist von *buddhi* die Rede, der wie eine Tür das Bewusstsein zum Herzen öffnet. Der in *buddhi* Erwachte wird *Buddha* genannt. In Siddharta Gautama ist im *buddhi* das Seinslicht erstrahlt, und daher wurde er Buddha, der Erleuchtete. Eigentlich soll dieser Durchbruch in jedem Menschen geschehen. Mit dem erleuchteten *Herzensauge* nimmt man die dynamische Natur der Wirklichkeit wahr. Dies ist präzis ausgedrückt im Herz-Sutra: »Form ist im Werden, das Werden ist die Form; alles ist Schwingung; seid wach!« Wenn das Bewusstsein in den Herzensraum sinkt, dann ist man vom Festhalten an das *Ich* befreit, und man sieht alles anders als mit der Logik des Verstandes. Dann erkennt man die Dynamik des Seins sowie die tiefe gegenseitige Verbundenheit von allem: Alles ist mit allem in der Seinsdynamik vernetzt.

Sein als Schwingung

Was nimmt man im Herzensraum wahr? Wie entfaltet sich das Bewusstsein im Intuitionsbereich? Das, was man in der Tiefe der Wirklichkeit erfährt, kann man kaum in Worten ausdrücken. »Dorthin reicht das Auge nicht, noch das Wort, noch der Gedanke. Wir wissen nicht, wie man dieses Geheimnis lehren kann! Es ist anders als das Gewusste und auch jenseits des Ungewussten« (Kena Up. 1.1.3–4). »Hierher kehren die Worte zurück, der Verstand erreicht es gar nicht« (Tait. Up. 2.4.1). Es geht darum, vom Geheimnis des Seins betroffen, von der Dynamik des Seins ergriffen zu sein. »Erkenne es als Sein-und-Nichtsein, jenseits von allem Erkennen« (Mund. Up. 2.2.2). Im Verstandesbereich hat man alles als statische Gegenstände betrachtet; diese Sicherheit geht verloren, wenn das Bewusstsein in den Herzensraum gelangt. Es ist ein Zustand des Erschreckens *(tremen-*

dum) und gleichzeitig eine Befreiung *(fascinosum)*: eine Erfahrung des *Nichts*, die eigentlich *Fülle* ist.

In der kontemplativen Wahrnehmung erwacht man zur dynamischen Struktur des Seins. Im Herzensraum nimmt man mit dem buddhi alles als Schwingung wahr. Wenn die Wirklichkeit eine enorme Schwingung ist, dann können wir das Göttliche als die Urschwingung erahnen, als den Primärantrieb. Die upanishadischen Meister unterscheiden durchgehend zwischen Gott und dem Göttlichen: *Gott (īśwara)* ist das in personifizierten Formen aufgefasste und mit personalen Namen angesprochene *Du (saguna)*. Das *Göttliche (brahman)* ist dagegen die transpersonale Wirklichkeit, der Urgrund und die unfassbare Dynamik des Seins *(nirguna)*. Die beiden sind nicht zwei Realitäten, sondern zwei Dimensionen unserer Wahrnehmung des Absoluten. Solange wir Verstandesmenschen sind, brauchen wir Namen und Formen, um in die göttliche Gegenwart zu erwachen und die Gotteserfahrung mit den anderen zu teilen. Daher entwickeln die Weltreligionen eine farbenreiche Sprache der Symbole, wodurch das unfassbare göttliche Geheimnis ein Stück fassbar gemacht wird. Symbole sind die Sprache der Gottesoffenbarung und Gotteserfahrung. Aber die östlichen Mystiker laden uns ständig ein, über die Verstandeswahrnehmung hinaus in die eigentliche Tiefe zu schauen, über die Symbole hinaus das unfassbare Geheimnis zu erahnen. »Was durch das Wort nicht aussprechbar ist, wodurch das Wort ausgesprochen wird, erkenne das als das Göttliche – doch nicht das, was man hier verehrt« (Kena Up. 1.5). Nur durch den begnadeten Buddhi können wir ahnen, was das Göttliche eigentlich ist. »Nicht verstanden von den Wissenden, verstanden aber von den Nichtwissenden!« (Kena Up. 2.3).

Aus dieser mystischen Ergriffenheit heraus entfalten sich manche Symbole und Bezeichnungen, die die Urdynamik des Göttlichen auszudrücken versuchen. Das grundlegende Wort für das Göttliche in der hinduistischen Tradition ist *Brahman*. Dieses Sanskrit-Wort stammt aus der Wurzel *brh*, die bedeutet *sich transzendieren, ausweiten*. Brahman ist also kein Name Gottes, sondern eine Bezeichnung für die Seinsdynamik, die das Göttliche von innen antreibt: Das Sein des Göttlichen ist Schwingung. Ein anderes Wort ist *Ātman*, das aus der Wurzelform *an* abgeleitet wird, die wiederum blasen, wehen, sich bewegen bedeutet. Ātman heißt also göttlicher Hauch, göttliche Bewegung: *Gott als Geist*. In der urvedischen Zeit haben die Seher *(rishi)* die alles harmonisierende Kraft im Kosmos als *Rta* wahrgenommen. *Rta* ist die Seinsdynamik, die alles in der Laufbahn hält. Um diese göttliche Seinsdynamik erfahrbar zu machen, entfaltete sich in späterer Ikonographie zum Beispiel die Darstellung des tanzenden *Śiva*. Der Kosmos ist göttlicher Tanz. Brahman / Ātman ist der göttliche Antrieb. »Das, woraus alles entsteht, das, wodurch alles besteht, und das, wohin alles fließt – das ist Brahman« (Tait. Up. 3,1). Hier wird das Göttliche als die dynamische Seinsquelle aufgefasst: der Anfang, die Mitte und das Ende von allem. Der Anfangsvers eines berühmten Upanishads sagt: »Vom Göttlichen wird alles angetrieben, alles, was in diesem bewegenden Kosmos sich bewegt« (Isa Up. 1).

In der buddhistischen Tradition spricht man nicht selbstverständlich über Gott und über das Göttliche. Der große Buddha hatte einen lichtvollen Durchbruch des absoluten Seins erfahren. Er war davon so überwältigt, dass er darüber kaum reden konnte. Das Schweigen von Buddha *(mu)* ist bezeichnend: Eigentlich kann man gar nichts über die letzte Wirklichkeit sagen. Jede sprachliche Behauptung ist eine Beschreibung des statischen Seins mit einer Einengung; das Sein aber ist eine enorme Bewegung, eine alles durchdringende Schwingung. Daher wird das Sein als *Śūnyata* bezeichnet. Dieses Wort stammt aus der Sprachwurzel *swi*, die *anschwellen, sich weiten, bewegen* bedeutet. *Śūnyata* bedeutet also ungeheure Seinsdynamik: Alles ist im Fließen – dies war die tiefste Erkenntnis des Buddha bei seiner Erleuchtung. Es gibt nichts, was steht. Alles ist im Werden. Sein ist im Prozess. Dinge als statische Einzelheiten zu betrachten beruht letztlich auf einer Täuschung des Sinneseindrucks und der Verstandeswahrnehmung. In der Seinsdynamik ist alles mit allem tief verbunden. Alles, was wir als getrennte Realitäten betrachten, ist eigentlich in einem fortlaufenden Werdegang, in dem jedes jedem Ursache und Wirkung zugleich ist *(pratīta-samudpāda)*. Die Einsicht in die Vergänglichkeit der Dinge *(kshanika)* ist eine mystische Erkenntnis des Buddhismus. Jeder Versuch, sie zu übersehen und an Dingen krampfhaft festzuhalten *(kāma)*, verursacht Leid in der Welt. Daher lehrt der Buddhismus den achtfachen Weg, um *kāma* zu überwinden.

Ich bin göttlich *(Advaita)*

Was geschieht in der tiefen mystischen Einheitserfahrung? Letztlich ist es nicht eine Erfahrung der statischen Innewohnung Gottes im Herzensraum, sondern ein dynamisches Einschwingen in das Göttliche. Die menschliche Seele schwingt mit dem göttlichen Geist. Im mystischen Bewusstsein kommt man in Resonanz mit dem göttlichen Rhythmus. Die upanishadischen Meister bezeichnen dies als eine dynamische Alleinheitserfahrung. Sie wird in den vier Grundaussagen *(mahāvākya)* der Vedanta verdeutlicht: 1. In der tiefen Versenkung erfährt man: »Ich bin göttlich« *(aham brahmāsmi)*, 2. Mit dieser Einsicht schaut man auf jeden und sagt: »Das bist du« *(tat tvam asi)*. Das, was man im Herzensraum drinnen erfährt, erkennt man im Kosmos draußen. 3. Diese Alleinheitserfahrung führt zur dritten Feststellung: »Das Selbst in mir ist das Selbst in allem« *(ayam ātmā brahma)*. 4. Dies alles besagt letztlich: »Bewusstsein ist göttlich« *(prajnānam brahma)* (Brih. Up. 1.4.10, Chand. Up. 6.9.1, Brih. Up. 2.5.1, Ait. Up. 3.1.3).

Das Bewusstsein des Einzelnen schwingt ein in das universelle göttliche Bewusstsein, das alles durchdringt. Um mit der kosmischen Gegenwart des Göttlichen in Einklang zu kommen, empfehlen die östlichen Meister das Summen von Mantras, vor allem das meditative Summen von OM. OM ist das Lautsymbol der alles durchdringenden, alles verwandelnden göttlichen Gegenwart. Durch das Summen von OM kommt man in Einklang mit der göttlichen Schwingung, die alles in Bewegung setzt. In der Bhagavad Gita wird die Heilserfahrung zugesagt: »Wenn du von dem Ich-und-mein-Gefühl befreit bist, dann wirst du der Vergöttlichung *(brahma-bhūyāya)* würdig« (18,53–54). Man erreicht den göttlichen Seinszustand (8,5; 14,19). Das Bewusstsein erweitert sich und umfasst die gesamte Wirklichkeit: »Mein Selbst ist das Selbst von allem geworden« (*sarvabhūtātma bhūtātma*, 5,7).

Im Buddhismus wird der Durchbruch der Seinsdynamik als das Erwachen zur Buddhanatur bezeichnet. Dies ist ein Verwandlungsprozess. Man schwingt mit allem. Das Bewusstsein des Einzelwesens schwingt mit dem Ganzen. Man erwacht zum Zustand der tiefen Vernetzung mit allem. Allmählich erreicht man den dynamischen Zustand des *Nirwana*.

Barmherzigkeit als Frucht

Seit der alten vedischen Zeit wurde in der Hindu-Tradition Barmherzigkeit als der höchste ethische Wert angesehen. »Wer Speise besitzt, und sie doch nicht mit den Hungernden teilt, verhärtet sein Herz. Der innerlich freie Mensch ist der, der dem Bedürftigen hilft, den Hungernden speist, den Heimatlosen aufnimmt. Das Essen nur für sich zu behalten, ist eine menschenunwürdige Haltung; sie führt zum Tod. Wer nur für sich kocht, ist in Sünde verhaftet. Der Reiche soll seinen Besitz mit den Armen teilen« (Rigveda, 10,117,1–6). Nach den upanishadischen Meistern gibt es drei Eigenschaften, die dem Leben Sinnqualität verleihen: »Verzicht, Großzügigkeit und Barmherzigkeit« (*Damyata, Datta* und *Daya*, Brih. Up. 5.2.2). In der Bhagavad Gita wird Barmherzigkeit als das erste Merkmal eines spirituellen Menschen erwähnt (12, 13).

Im Buddhismus wird Buddha als die Gestalt der Barmherzigkeit (*karuna)* angesehen. Er ist der Ausdruck der in allem vorhandenen Buddha-Natur, die eigentlich Barmherzigkeit ist (Mahaparinirvānasūtta, 259). Darum das Heilsgelübde: »Ich werde zu einer Zufluchtsstätte für alle Lebewesen, damit sie vom Leiden befreit werden. Ich werde jedes Leiden eines Lebewesens auf mich nehmen, damit es nicht im Leiden verharrt. Ich bin bereit, für die Lebewesen zu leiden, damit sie nicht im Kreislauf des Leidens verharren. Ich lege das Gelübde ab, alle Lebewesen zu schützen, damit sie den Weg der Befreiung erreichen« (Garland Sutta, 23). »Wer in Barmherzigkeit lebt, erreicht Nirvana, den letzten Zustand des Friedens und der Seligkeit. Wer liebevoll mit allem umgeht, fröhlich und selbst-beherrscht lebt, der überwindet das Leiden« (Dhammapada, 368,376).

Von der östlichen Mystik haben wir fünf Grunderkenntnisse gewonnen: 1. Es gibt eine tiefere intuitive Wahrnehmungsfähigkeit in uns. Sie öffnet 2. das Bewusstsein zum Herzensraum, dort erkennt man 3. das Göttliche als Schwingung. So kommen wir 4. zu einer dynamischen Alleinheitserfahrung, die sich 5. in Barmherzigkeit manifestiert.

Christliche Mystik

Jetzt wollen wir schauen, inwieweit ähnliche Einsichten in der christlichen Mystik vorhanden sind, und wie wir eine dynamische Spiritualität für den Alltag entwickeln können:

Nous, die geistige Antenne

Im Westen haben die Philosophen und Mystiker die intuitive Wahrnehmungsfähigkeit *nous* genannt. Anaxagoras (5. Jh. v. Chr.) bezeichnete den nous als das innere Auge, mit dem der Mensch die Seinseinheit der Wirklichkeit erkennen kann. Für Platon ist nous die geistige Antenne, durch die wir mit der Ideenwelt in Kontakt kommen (*Anamnesis*, Leg. 10, 897b, 1). Nach Aristoteles kommt der Mensch zur Wesensschau durch nous (Art. Nous, in: Sandkühler, Enzyklopädie der Philosophie, Hamburg, 2010). Plotin bezeichnet nous als »den transzendenten Intellekt, der das EINE *(to hen)* in der Vielfalt wahrnimmt« (Enneaden, 7,32 / 24–25). Sein Freund Origenes sagt: »Der nous, der sich gereinigt und über alles Materielle erhoben hat, um Gott klar zu schauen, wird durch das Geschaute vergöttlicht« (PG 14,817a). Athanasius bezeichnet den nous als das Medium, durch welches wir »an Gott angehaftet werden *(synaphe)*« (PG 26,296b). Nach Irenaeus gibt es tief in uns eine Seelenfähigkeit, die vom göttlichen Licht durchlichtet wird, damit wir »die Teilhabe an der Herrlichkeit Gottes« erblicken können (Adv. Haer. 4.14.1). Nach Augustinus wird uns die geistige Wahrnehmung durch das »Auge des Glaubens« *(oculus fidei)* zuteil (PL 35, 1929). Maximus Confessor nennt nous ein »göttliches Organ«, weil es auf das göttliche Wesen angelegt ist (*Ambiguorum Liber*, 7, PG 91,1077ab). Johannes Klimakos spricht vom »Auge des Herzens, mit dem man die göttliche Sonne anschaut« (*Die Leiter*, 27, PG 88,1112c). Dionysios Areopagita redet vom »inneren Auge der mystischen Schau«; Thomas von Aquin spricht vom »Intellectus« und Meister Eckhart erwähnt das »Seelenfünklein«, um die intuitive Wahrnehmungsfähigkeit zu bezeichnen. Gregor von Palamas redet vom »Taborlicht der göttlichen Gnade, das nous erleuchtet«, um Göttlichwerdung wahrzunehmen (*Triaden* 3.1.31). Für Teresa von Ávila ist nous die »Tür zur Seelenburg« und für Johannes vom Kreuz es »das innere Auge«. Nous ist das eigentliche Organ der mystischen Erkenntnis. Wir erfahren das Göttliche mit nous; wir reflektieren darüber mit dem Verstand. So gesehen ist Mystik die Tiefendimension der Theologie.

Die Herzenskammer

Wenn das innere Licht erstrahlt, wenn das innere Auge durch das göttliche Licht geöffnet wird, schaut man in den Herzensraum. Das *Herz* ist das Symbol für den sakralen Raum in uns, den göttlichen Raum. Über das rechte Beten sagt Jesus: »Geh in deine innere Kammer« (Mt 6,19), die ein anderes Bild für den sakralen Raum in uns ist. Paulus spricht vom Geist Gottes, »der in unsere Herzen ausgegossen ist« (Röm 5,5) und der »aus unserem Herzen ruft« (Gal 4,6). Die Kirchenväter bezeichnen das Herz als die sakrale Mitte der Person: »Das Herz ist das Heiligtum des göttlichen Geistes« (Gregor von Sinai, Philokalie). »Das Herz in dir ist eigentlich die Schatzkammer des Himmels, die Leiter, die dich zum Gottesreich führt« (Isaak der Syrer). »Das Herz ist die Heimat von *nous*, der Schrein der Intuition, der Wohnort des Heiligen Geistes, die Mitte, aus der der Geist ruft *Abba*, Vater« (Gregor von Palamas, *Triaden*, I.ii.3). Man kann aber nur ins Herz gelangen, wenn man sich von Ichhaftigkeit befreit. »Soll das Herz Bereitschaft haben zum Allerhöchsten, so muss es auf einem reinen Nichts stehen, und darin liegt auch die größte Möglichkeit, die sein kann« (Meister Eckhart, *Von Abgeschiedenheit*, zit. nach Mieth, *Einheit im Sein und Wirken*, München 1986, 93). Teresa von Ávila beschreibt den inneren Raum als »die Seelenburg« (Innere Burg).

Sein als Selbst-Transzendenz

Das Bewusstsein sinkt vom Verstand zum Herzensraum. Der Verstand vermittelt nur eine begrenzte Kenntnis; durch *nous* aber erhält man eine ganzheitliche Erkenntnis. Im Verstandesbereich tritt man in eine Ich-Du-Beziehung mit dem personal aufgefassten Gott. Im Herzensraum geht man über alle Symbole und Gestalten, über alle Namen und Formen hinaus. Das Göttliche ist personal, aber nicht einfach *eine* Person vor uns. Der Verstand braucht personale Namen und Formen, um mit Gott in Beziehung zu treten. Das intuitive Wahrnehmungsorgan nous aber spürt die transpersonale Gegenwart des Göttlichen als pure Präsenz, als eine enorme Seinsdynamik. Mystiker und Meister des Christentums begleiten die Suchenden zu einer tieferen mystischen Wahrnehmung. Gregor von Nyssa, der Vater der abendländischen Mystik, verlangt: »Nie beim Begriffenen stehen bleiben, sondern ruhelos immerdar nach dem Mehr-als-Begriffenen suchen. Nicht im Begreifen wird die Größe der göttlichen Natur einsichtig, sondern im Entgleiten aus jedem zugreifenden Vorstellungsbild und jedem Vermögen. Wie könnte auch gefunden werden, was kein Erkennbares offen legen kann, keine Gestalt, keine Farbe, kein Umriss, keine Vielheit, keine Form, keine Vermutung, kein Gleichnis, keine Analogie, was immer je äußerlicher jedem begreifenden Zugang erfunden, was ganz und gar dem Zugriff des Fassenden entgleitet?« (*Kommentar zum Hohelied*, 5,6–11. zit. nach: Ruhbach/Sudbrack, *Christliche Mystik*, München, 1989, 64–65). Dyonisius Areopagita (6. Jh.) sagte: »Du sollst erkenntnislos streben zum Geeint-werden mit dem, der alles Sein und Erkennen übersteigt, [...] zur strahlenden Finsternis des Göttlichen. Erkenne, dass du nicht erkennen kannst« *(Mystische Theologie).* Meister Eckhart macht den Unterschied zwischen dem *Gott* und der *Gottheit*: »Gott und Gottheit sind so weit voneinander verschieden wie Himmel und Erde [...], wie Wirken und Nicht-wirken. Gott *wird* und *entwird* [...] Gott wird, wo alle Geschöpfe Gott aussprechen: Da wird *Gott.* Warum reden wir nicht von der *Gottheit*? Weil alles das, was in der *Gottheit* ist, *Eins* ist, und davon kann man nicht reden« (*Nolite timere eos*, zit. nach Mieth, *Einheit im Sein und Wirken*, München 1986, 191–193). Ein Theologe wie Thomas von Aquin scheute sich nicht zu behaupten, dass die tiefste Erkenntnis darin besteht, dass du Gott nicht erkennst (*quod homo sciat, se Deum nescire*, De Pot. 7.5. ad 14). Einerseits verteidigt die Theologie die Begriffssprache, andererseits sprengt die Mystik jede sprachliche Formulierung und weist darauf hin: *Deus semper major!* Hier meldet sich die Warnung von Augustinus: »Wenn du Gott begreifst, ist es nicht mehr Gott (*si comprehendis non est Deus*, Sermones 52). »Wir sprechen Gott mit vielen Namen an, obwohl das Geheimnis des Göttlichen unsere Worte übertrifft« (Papst Johannes Paul II., Senegal, 20.02.1992).

Das Göttliche als Geist

Betrachten wir einige Grundbezeichnungen für die verwandelnde Gegenwart des Göttlichen. In der christlichen Erfahrung wird das Göttliche als Geist bezeichnet. »Gott ist Geist« (Joh 4,24). Das Wort Geist / *ruach* (hebräisch) / *pneuma* (griechisch) / *spiritus* (lateinisch) bedeutet *Atem, Hauch.* Daher weist dieses Symbol auf die Seinsdynamik der göttlichen Gegenwart. Das göttliche Sein ist Bewegung, Schwingung. Zu einem Menschen, der sich in der religiösen Welt der Gottesnamen und Gesetze sicher fühlte, sagte Jesus: »Du sollst von

Neuem geboren werden« (Joh 3,3). Damit lud Jesus Nikodemus zu einem tieferen Bewusstsein, zu einer mystischen Spiritualität ein, bei der er die Neugeburt durch den Geist erlebt. »Der Wind weht, wo er will; du hörst sein Brausen, weißt aber nicht, woher er kommt, und wohin er geht. So ist es mit jedem, der aus dem Geist geboren ist« (Joh 3,8). Es geht um einen Verwandlungsprozess, um ein Mitschwingen mit dem Geist, um das Einschwingen in das Göttliche. Zu der Frage einer einfachen Dorffrau, wo sie Gott anbeten solle, antwortete Jesus: »Gott ist Geist, und alle, die ihn anbeten, müssen im Geist und in der Wahrheit anbeten« (Joh 4,24), (*aletheia*, Wahrheit, bedeutet Offenheit). Die Frage kommt aus der Religiosität, die Antwort Jesu bezieht sich auf Spiritualität. Die Frau fragte nach der inter-personalen Form der Gottesbeziehung, Jesus aber führt sie zur trans-personalen Erfahrung des Geistes. Kontemplatives Gebet besteht im achtsamen Lauschen auf die Schwingung des göttlichen Geistes. Insofern das Symbol *Geist* auf die Seinsdynamik hinweist, dürfen wir das Göttliche vor allem als Schwingung, als Vibration, als pure Präsenz wahrnehmen. Der *Geist* weist auf das tiefste Geheimnis des Göttlichen, denn »der Geist ergründet die Tiefen Gottes« (1 Kor 2,10). Das Göttliche als Geist ist die Fülle des Seins *(esse ipsum)*, die sich wie eine sprudelnde Quelle ausgießt: *Bonum est diffusivum sui* (Bonaventura).

Auch die Beschreibung des göttlichen Geheimnisses als Dreifaltigkeit verweist auf die innere Seinsdynamik. Vater, Sohn und Geist sind in einer Bewegung wechselseitiger Durchdringung *(circumincessio)*, in einem ewigen Tanz *(perichorese)*. Längst bevor das Konzil von Nicäa die Trinität mit dem Drei-Personen-Begriff zu deuten versuchte, hatten Kirchenväter wie Origenes, Tertullian, Hippolyt und Ambrosius mit poetischen Bildern das unfassbare Geheimnis der Dreifaltigkeit beschrieben. Das Göttliche ist wie eine unsichtbare Quelle *(Vater)*, die sich ganz ausgießt in den Brunnen *(Sohn)*, kraft des inneren Stroms *(Geist)*. Das Göttliche ist wie die verborgene Wurzel

(Vater), die sich öffnet als Stamm *(Sohn)* im Fluss des Saftes *(Geist)*. Das Göttliche ist wie die ewige Stille *(Vater)*, die sich artikuliert als Wort *(Sohn)* kraft des Gehaltes, der Wahrheit (Geist). Das Göttliche als Dreifaltigkeit ist ein ständiges Ausfließen, und in diesem Vorgang entfaltet sich die Schöpfung. Der Kosmos ist der Liebestanz Gottes. Unser Leben entfaltet sich nicht so sehr *vor* Gott, sondern eigentlich *im* Göttlichen, in der göttlichen Seinsdynamik, in der Dreifaltigkeit. Jesus erfuhr sich als göttlicher Brunnen, als göttlicher Weinstock (Joh 4,14; 7,37; 15,5).

Die göttliche Seinsdynamik erleben wir als allumfassende Liebe. »Gott ist Liebe« (1 Joh 4,16). Es ist nicht genug zu sagen, Gott liebt uns, vielmehr muss es heißen: Gott *ist* Liebe selbst. Wenn Gott Liebe ist, dann ist echte Liebe eine göttliche Energie (1 Joh 4,7). Liebe ist also viel mehr als eine Emotion: Wir können sie nicht erzeugen, sondern nur empfangen und unsere Beziehungen dadurch beseelen (Röm 5,5). Auch die Bezeichnung »Gott ist Licht« weist auf das Dynamische hin: Licht ist keine statische Realität, sondern ein Energiestrom, der das Leben ermöglicht. So ist es auch mit der Bezeichnung »Gott ist Leben«, die als ein Hinweis auf die göttliche Dynamik zu verstehen ist.

All diese Symbole der christlichen Gotteserfahrung weisen darauf hin, dass das Göttliche eine Seinsdynamik ist: mehr eine Präsenz als Person, mehr eine Gegenwart als Gestalt. Diese Seinsdynamik erfahren wir nicht mit dem Verstand, sondern mit dem nous. Mit dem nous sinkt das Bewusstsein in den Herzensraum, wo jede Dualität aufhört. Dort meldet sich kein Name, keine Form, kein Personenbild, überhaupt kein Gegenstand. »Die göttliche Natur ist Eins [...] Eins muss der werden, der Gott finden soll [...] Eines mit Einem, Eines von Einem, Eines in Einem und in Einem Eines ewiglich« (Meister Eckhart, *Vom edlen Menschen,* zit. nach Mieth, *Einheit im Sein und Wirken*, München 1986, 105, 110).

Da das alles tragende, alles belebende, alles durchdringende *EINE* Seinsdynamik ist, ist diese mystische Einheitserfahrung eigentlich ein dynamischer Vorgang. Es geht nicht einfach um eine statische Innewohnung Gottes im Menschen, sondern um eine dynamische Durchdringung, eine *Perichorese*, ein Hineinwachsen, ein Ausfließen, ein Durchlichtetwerden. Mystikerinnen / Mystiker verwenden eindrucksvolle Bilder, um diese dynamische *unio mystica* zu bezeichnen: Sie ist wie Regentropfen, die in den Fluss fallen (Teresa von Ávila), oder wie ein Kristall, der vom Sonnenlicht durchlichtet wird (Johannes vom Kreuz), oder wie ein Eisenstück, das im Schmelztopf zum Glühen kommt (Origenes), oder wie Rinnsale, die ins Meer fließen (Teresa von Ávila). Es geht nicht um die Vernichtung der Seele, sondern um eine Verwandlung des Seins, nicht um die Aufhebung der Freiheit, sondern um eine Vertiefung des Bewusstseins zur Alleinheitserfahrung.

Mit der göttlichen Seinsdynamik in Einklang kommen, für die Schwingungen des göttlichen Geistes resonanzfähig werden – darum geht es im geistlichen Leben. Nicht durch unsere Leistung kommen wir dorthin, sondern durch die göttliche Gnade; es ist nicht ein Zustand, den wir schaffen können, sondern ein Prozess, auf den wir uns einlassen dürfen. »Gott können wir nur im göttlichen Licht erkennen« (Thomas von Aquin).

Wenn wir in begnadeten Momenten mit dem nous in den Herzensraum schauen, dann erfahren wir, wie das wahre Selbst mit dem göttlichen Selbst in Einklang kommt, wie die Seele in das Göttliche einschwingt. Es ist ein dynamischer Verwandlungsvorgang, durch den der Mensch in das göttliche Leben einbezogen wird. Es ist eine tiefe Einheitserfahrung, bei der wir mit der inner-trinitarischen Liebes- und Lebensdynamik in Resonanz kommen. In der christlichen

Mystik wird sie als »Göttlichwerdung des Menschen« (*theosis*) bezeichnet: »Theosis heißt Anteilnahme durch die Gnade an dem, was in Gottes Natur vorhanden ist« (Johannes Damascenus, Exp. Fidei, 88, 18). »Das Wort Gottes wurde zu dem, was wir sind, damit wir vollendet werden zu dem, was er ist« (Irenäus, PG 7,1120). »Christus nimmt Gestalt in uns durch den Heiligen Geist, der die Göttlichkeit in uns wiederherstellt« (Cyrill von Alexandrien, PG 75,1088). »Gott ist Mensch geworden, damit der Mensch göttlich wird« (Augustinus, PL 38,1997). »Wer Gott erkennt, wird gottförmig *(deiformis)*« (Thomas von Aquin, ST.I.12.5. ad 3). Theosis-Erfahrung ist eigentlich der Herzschlag der christlichen Mystik.

Wenn die Wirkung des göttlichen Geistes Schwingung ist, wenn die Verwandlung durch den Geist ein In-Resonanz-Kommen mit dem Göttlichen ist, dann ist *Theosis* das Mitschwingen im göttlichen Energiefeld.

[Siehe dazu: Sebastian Painadath, *Erkenne deine göttliche Natur, 55 Meditationen*, Münsterschwarzach 2016; Sebastian Painadath, *Einschwingen in das Göttliche, 100 Meditationen*, Münsterschwarzach, 2021]

Gregor Palamas (14. Jh.), der größte Meister der Göttlichwerdungslehre in der Ostkirche, spricht vom Energiefeld der göttlichen Sonne, in dem wir »an Gott teilhabend, lebendig und ingöttig werden« *(Hesychasmus)*. In begnadeten Augenblicken erwacht in uns das Bewusstsein, dass wir in der göttlichen Natur EINS sind. Jesus lebte aus dem ständigen Bewusstsein dieser dynamischen Einheit, und er lädt uns ein, in diese Einheitserfahrung hineinzuwachsen. »Wie ich durch den Vater lebe, so werdet ihr durch mich leben« (Joh 6,57). »Wie der Vater in mir ist, und ich im Vater bin, so seid ihr in mir, und ich in euch« (Joh 14,20; 17,21). »Wie der Vater und ich eins sind, so sollt ihr in uns eins sein« (Joh 17,21–23). Es geht hier nicht um einen statischen Zustand, sondern um einen dynamischen Prozess der Göttlichwerdung. Um diesen Vergöttlichungsvorgang in uns und um uns wahrzunehmen, müssen wir in kontemplativer Stille nach innen horchen. Stille ist eine Gnade, aber auch ein Auftrag zu Disziplin und Askese. Die Gegenwart Christi erwacht im Herzensraum, wie Paulus sagt: »Nicht mehr ich lebe, sondern Christus lebt in mir« (Gal 2,20). In unserem Innern wachsen wir auf Christus hin (Eph 3,16), damit wir Christus in seiner vollendeten Gestalt darstellen können (Eph 4,13). Der auferstandene Christus ist »der lebendigmachende Geist geworden« (1 Kor 15,45). Unser Leben entfaltet sich nicht einfach *vor* Gott, sondern eigentlich *im* Göttlichen, unser Sein kommt zum Blühen in der inner-trinitarischen Seinsdynamik; wir sind ein Tanz Gottes.

In den begnadeten Momenten der Theosis-Erfahrung dürfen wir sagen:

Ich bin eine Rebe des göttlichen Weinstocks. **(Johannesevangelium)**
Ich bin ein Zweig am göttlichen Baum. **(Johannesevangelium)**
Ich bin ein Strom des göttlichen Quellbrunnens. **(Johannesevangelium)**
Ich bin ein Glied des göttlichen Leibes. **(Paulus)**
Ich bin ein Mitglied der göttlichen Familie. **(Paulus)**
Ich bin eine geliebte Tochter/ein geliebter Sohn Gottes. **(Paulus)**
Ich gehöre zu den Erben Gottes; ich bin ein Miterbe Christi. **(Paulus)**
Ich bin ein Rinnsal, das ins göttliche Meer fließt. **(Teresa von Ávila)**
Ich bin ein Regentropfen, der in den Fluss fällt. **(Teresa von Ávila)**
Ich bin ein Strahl der göttlichen Sonne. **(Gregor von Palamas)**
Ich bin eine Flamme des göttlichen Feuers. **(Johannes von Kreuz)**
Ich bin EINS mit dem Göttlichen. Ich bin göttlich.

Diese Bilder der klassischen Meister der christlichen Spiritualität verleihen uns ein tiefes Selbstwertgefühl. Ein Grundproblem für viele Menschen heute ist der Verlust des Selbstwerts: Ich bin nichts wert! Eigentlich verleiht uns der Glaube ein tiefes Bewusstsein: Ich bin wert, ich bin geliebt, ich bin im Göttlichen geborgen; tiefer kann ich nicht fallen als in den göttlichen Grund, aus dem ich lebe. Gottes Geist verwandelt unser Leben ständig in das göttliche Leben, das wir im auferstandenen Christus erkennen. Glaube ist nicht etwas, das von außen her auf uns zukommt, sondern Glaube entfaltet sich von innen her, wie eine ausströmende Quelle. Gott begegnet uns, speist uns aus unseren tiefen Schichten, wie die tragende, belebende, befruchtende Wurzel des Baumes. Die innere Gegenwart Christi belebt uns, wie der Weinstock die Reben belebt. Der Geist verwandelt unser Leben ständig in das göttliche Leben. Sich dieser inneren Vergöttlichung bewusst zu werden, davon betroffen und be*geist*ert zu werden – das macht unser Leben frei und freudig.

Christus-Bewusstsein

Christus-Bewusstsein steht in der Mitte der christlichen Mystik. Beziehung mit Christus kann nicht auf der Ebene der Ich-Du-Struktur des Verstandes stehenbleiben. Dies ist die Grenze der Theologie, der Liturgie und der Frömmigkeit. Christus ist nicht einfach ein Objekt vor uns, sondern vielmehr das göttliche *Subjekt* in uns. Die christliche Mystik entfaltet sich, wenn wir spüren, dass Christus in uns Gestalt nimmt (2 Kor 3,18), dass wir in Christus hineinwachsen (Eph 3,16), denn Christus ist das göttliche Leben in uns (Phil 1,20), das göttliche Licht (2 Kor 4,6). Wir realisieren, dass wir mit Christus der göttlichen Familie angehören, weil »wir Erben Gottes und Miterben Christi« sind, »Töchter und Söhne Gottes« (Röm 8,17). Wir sind am Leib Christi wie Glieder miteinander verbunden (1 Kor 12,27). Die ganze Spiritualität des Paulus könnte man in einem Wort zusammenfassen: *in Christo.* 144-mal greift Paulus zu dieser Formulierung!

Ein klassischer Kontemplationsweg zum Christus-Bewusstsein ist das Jesus-Gebet. Innerlich gesammelt, wiederholt man andächtig auf längere Zeit den Namen Jesu. Dadurch sinkt das Bewusstsein vom Verstandesbereich zum Herzensraum, von der Ich-Du-Begegnung zur Erfahrung Christi als Subjekt, von der Christus-Beziehung zum Christus-Bewusstsein. Die Gegenwart Christi erwacht im Herzensraum. In unserem Innern wachsen wir auf Christus hin (Eph 3,16), damit wir Christus in seiner vollendeten Gestalt darstellen können (Eph 4,13). Man kommt in Einklang mit dem wortlosen Seufzen des Geistes in der Schöpfung, in Erwartung der Herrlichkeit Gottes (Röm 8,22–26) »Wer sich an den Herrn bindet, ist ein Geist mit ihm«, sagt Paulus (1 Kor 6,17).

[Siehe hierzu: Sebastian Painadath/Rose Pudukadan: *Das Herz in Schwingung bringen. Jesus-Gebet mit Mantras und Melodien*, Münsterschwarzach, 2. Aufl. 2019]

Barmherzigkeit als Gnade

Wie sieht das Leben aus, wenn wir es aus dieser dynamischen Einheitserfahrung gestalten? Wir werden resonanzfähiger für die Schwingung des Geistes, durchlässiger für die gestaltende Gegenwart des Geistes, achtsamer für die Bewegungen des Geistes. Mit uns und durch uns gestaltet der Geist eine neue Schöpfung. Das zeigt sich vor allem in Barmherzigkeit. Darum hat Jesus Barmherzigkeit immer höher gestellt als Riten und Gesetze: »Barmherzigkeit will Gott, nicht Opfer« (Mt 9,13). »Der Sabbat ist für den Menschen da, nicht der Mensch für den Sabbat« (Mk 2,27). Beispielhaft stellt Jesus den barmherzigen Samariter vor (Lk 10,30–37).

Barmherzigkeit ist nicht etwas, das wir erzeugen, sondern empfangen und weiterströmen lassen. Es geht nicht um eine Leistung von unserer Seite, sondern um eine Gnade, die wir in uns und um uns zulassen dürfen. Aus den göttlichen Quellen strömt Barmherzigkeit als spirituelle Energie hervor und durch-strömt die Herzen der Menschen. Barmherzigkeit ist ein Geburtsprozess im Zuge der Göttlichwerdung. Das hebräische Wort für Barmherzigkeit ist *rachamim*, verwandt mit *racham* (Mutterschoß), und bezeichnet die zarte Liebe, die von der Mutter zum Baby fließt. Barmherzigkeit ist das Ausfließen der mütterlichen Liebe Gottes zu den Menschen und zum Kosmos. Durch Barmherzigkeit *gebären wir Gottes Gegenwart im Leben des anderen* (Origenes, Gregor von Nyssa, Augustinus). Als Reben am göttlichen Weinstock sind wir gleichzeitig von Gott Geborene und Gott Gebärende. Barmherzigkeit bedeutet, dass sich Gott und Mensch gegenseitig befruchten. Durch Barmherzigkeit erkennen wir, dass wir nicht nur Kinder Gottes sind, sondern auch Mütter Gottes. »Ich gebäre den, von dem ich geboren bin« (Meister Eckhart, *Ave gratia plena*, zit. nach Mieth, *Einheit im Sein und Wirken*, München 1986, 137).

Mystikerinnen, Mystiker und Meister der östlichen Mystik und des Christentums treffen sich in der Feststellung der intuitiven Wahrnehmungsfähigkeit und in der Erfahrung, dass die göttliche Gegenwart eine enorme Schwingung ist, die sich in Liebesenergie ausdrückt und als Barmherzigkeit durch uns fließt.

Dialog

Das Johannesevangelium und die Bhagavad Gita

Man darf Menschen nicht miteinander vergleichen; jeder Mensch hat seine eigene Biographie und einen unersetzbaren Wert. Man darf Religionen nicht miteinander vergleichen; jede Religion hat ihre einmalige Botschaft und eine eigene kulturelle Prägung. Man darf auch nicht zwei Heilige Schriften miteinander vergleichen; jede Schrift hat ihre eigene Offenbarungsqualität und übt einen tiefen Einfluss im Leben der Gläubigen aus. Jede Heilige Schrift soll entsprechend ihrem *Sitz im Leben* gelesen und interpretiert werden. Daher wollen wir das Johannesevangelium und die Bhagavad Gita nicht miteinander vergleichen, sondern jedes Buch im eigenen Glaubens- und Kulturkontext deuten. Sie aber gehören zum Offenbarungsprozess des göttlichen Mysteriums im Laufe der Universalgeschichte. Daher dürfen wir, nach der Lektüre der beiden Bücher, tief in uns schauen und die innere Resonanz wahrnehmen. Letztlich schwingt der eine Geist in den beiden und pulsiert der eine Logos in beiden Schriften. Es ist die Gnade des heutigen dialogischen Zeitalters, dass wir die Heiligen Schriften der Weltreligionen über den eigenen Glaubenshorizont hinaus lesen und verinnerlichen können. Dann erkennen wir, dass das Göttliche größer ist als alle Heiligen Schriften, größer als unsere Erkenntnisse und Glaubenswahrnehmungen.

Mit dieser Offenheit lassen wir zunächst das Johannesevangelium der Christen und danach die Bhagavad Gita der Hindus auf uns wirken. Wir werden die beiden Schriften von der Mystik her deuten, das heißt mit der Frage, welche Tiefenerfahrung jeweils beschrieben wird.

Die mystische Erfahrung des Johannesevangeliums

Das Johannesevangelium (90–100 n. Chr.) ist die Urquelle der christlichen Mystik. In diesem Buch erkennen wir den Mystiker in Jesus. Jesus lebte und wirkte aus einer tiefen Erfahrung der Einheit mit dem göttlichen Grund, den er *Vater* nannte. Und diese Einheitserfahrung wollte Jesus den Menschen zugänglich machen. Daher können wir zunächst schauen, wie Jesus die göttliche Gegenwart erfahren hat, und danach fragen, was er uns ermöglichen will.

Die Tiefenerfahrung Jesu

Das Johannesevangelium ist eigentlich ein Gedicht, verfasst in symbolreicher Sprache. Dieses Evangelium stellt uns einen Jesus vor, der seine Tiefenerfahrung mit archetypischen Symbolen zu verdeutlichen versucht. Wir nehmen drei Symbole zur Betrachtung:

Der Baum: Jesus stellt sich selbst wie einen Baum vor, zum Beispiel als Weinstock in Joh 15. Jesus vergleicht sich mit dem Baumstamm. Kein Stamm steht für sich, er ist von der verborgenen Wurzel getragen. Es gibt eine innige Beziehung zwischen dem Stamm und der Wurzel. Wie der Stamm von der nährenden Wurzel spricht, so sagt Jesus:

Vom Vater bin ich ausgegangen. **(Joh 16,28)**
Ich lebe durch den Vater. **(Joh 6,57)**
Der Vater hat mich ausgesandt. **(Joh 7,28)**
Ich bin im Vater, der Vater ist in mir. **(Joh 10,38)**
Ich und der Vater sind eins. **(Joh 10,30)**

Der Gott, den Jesus *Vater* nannte, ist nicht eine oben über den Himmelsgewölben thronende, patriarchalische Gottesfigur, sondern der gebärende, nährende und tragende Mutterboden des Göttlichen: das, *woraus* er lebte. Und Jesus verstand sich als Stamm, als Heraustreten und Sichtbarwerden des Wurzelbodens. Da der Stamm ständig aus der Wurzel geboren wird, könnte man sagen: Der Stamm ist Sohn / Tochter der Wurzel.

Aus der verborgenen Tiefe des Wurzelstocks fließt der Saft des Baumes durch den Stamm. Dies ist das Symbol des Geistes, der den Vater mit dem Sohn in einer Wesenseinheit hält. Wasser als Symbol des Geistes ist an vielen verschiedenen Stellen in der Bibel zu finden. Der Geist als Saft entsteht aus der Wurzel des Vaters und fließt durch den Stamm, den Sohn. Sie sind EINS, doch drei.

Der Brunnen: Zweimal im Johannesevangelium vergleicht sich Jesus mit einem Brunnen: im Gespräch mit der Frau am Jakobusbrunnen (Joh 4,7–18) und beim Laubhüttenfest (Joh 7,37–39). Der Brunnen ist die Öffnung der verborgenen Quellen. Im Sinne des Brunnensymbols sagte Jesus:

Vom Vater bin ich ausgegangen. **(Joh 16,28)**
Ich lebe durch den Vater. **(Joh 6,57)**
Wie der Vater das Leben in sich hat, so hat er auch dem Sohn gegeben, Leben in sich zu haben. **(Joh 5,26)**
Ich bin im Vater, der Vater ist in mir. **(Joh 10,38)**
Ich und der Vater sind eins. **(Joh 10,30)**

Der Gott, den Jesus *Vater* nannte, ist der Quellgrund, aus dem er als Sohn herausfließt. Der Brunnen ist ständig von der Erdquelle gespeist. Eigentlich ist das Wasser im Brunnen fließendes Wasser. Dies wird deutlich spürbar, wenn wir uns einen Fluss vorstellen. Der Fluss wird ständig von Bergquellen genährt und getrieben. Da der Fluss aus der Bergquelle geboren wird, könnte man sagen: Der Fluss ist Tochter / Sohn der Quelle.

Aus der Quelle entsteht der Strom, der Druck, die Kraft, die den Brunnen / Fluss belebt. Dies ist das Symbol des Geistes. Geist ist die Kraft des Göttlichen (*dynamis tou theou*, Apg 10,38), die Seinsdynamik, das Lebensprinzip. An verschiedenen Stellen der Bibel ist fließendes Wasser das Symbol des Geistes (Jer 2,13; Ps 36,10; Röm 5,5; Joh 3,5). Der Geist als Strom entfaltet sich aus der Quelle des Vaters und wird vermittelt durch den Sohn. Sie sind EINS, doch drei.

Das Wort: Jesus verstand sich als die Artikulation des Wortes Gottes (Joh 1,1.2.14). Ein Wort entsteht aus der Stille; das Wort öffnet die tiefe Stille. In diesem Sinne sagte Jesus:

Ich spreche nicht aus eigenem Antrieb,
sondern der Vater hat mir aufgetragen, was ich sagen soll. (Joh 2,49)
Die Worte, die ich euch sage,
rede ich nicht von mir aus. (Joh 14,10)
Das Wort, das ihr hört, ist nicht mein Wort,
sondern das des Vaters. (Joh 14,24)
Meine Lehre stammt nicht von mir,
sondern von dem, der mich gesandt hat. (Joh 7,16)

Der Gott, den Jesus *Vater* nannte, ist die tragende Stille in ihm. »Ihr habt nie seine Stimme gehört, nie seine Gestalt gesehen« (Joh 5,37). Da das Wort aus der Stille geboren wird, kann man es als Sohn / Tochter der Stille bezeichnen.

Was aus der Stille durch das Wort vermittelt wird, ist der Gedanke, der Gehalt, die Wahrheit. Dies ist das Symbol des Geistes. Darum sprach Jesus vom Geist der Wahrheit, Geist als Wahrheit, Beten *im Geist und in der Wahrheit* (Joh 14,17; 15,26; 16,13; 4,23). Geist als Wahrheit entsteht aus der Stille des Vaters und wird durch das Wort des Sohns vermittelt. Sie sind EINS, doch drei.

Betrachten wir die drei Bilder näher: Wurzel – Stamm – Saft, Quelle – Brunnen – Strom, Stille – Wort – Wahrheit. Sie geben eine mystische Einsicht in die Dreifaltigkeit:

Das Erste in all den Symbolen – Wurzel, Quelle, Stille – verweist auf den verborgenen Ursprung. Der göttliche Seingrund, den Jesus *Vater* nannte, ist das Verborgene im Göttlichen, das *Mysterium Dei*. Gleichzeitig weisen diese drei Elemente auf den gebärenden Mutterboden des Göttlichen. Obwohl die Sprache Jesu von der patriarchalischen Kultur und männlich geprägten Bildern bestimmt war, können wir in der Erfahrungstiefe Jesu viele mütterliche Züge erkennen. Der *Vater* Jesu ist eigentlich *Mutter*! Ambrosius hatte es erkannt: »Der Sohn ist geboren aus der Gebärmutter des Vaters« (*Filius natus vel genitus est de utero patris*, PL 16,642). Der Johannesprolog endet mit einer eindrucksvollen Bildrede: Der Sohn schmiegt sich an die stillende Brust des Vaters (*eis ton kolpon*, Joh 1,18). Die Aussagen Jesu »Ich bin im Vater, der Vater ist in mir«, »Ich und der Vater sind eins« drücken die Empfindung des Babys im Bezug auf die Mutter aus.

Der zweite Aspekt in diesen Symbolen – Stamm, Brunnen, Wort – verdeutlicht das Heraustreten. Die verborgene Wurzel öffnet sich als Stamm, die unsichtbare Quelle gießt sich aus als Brunnen / Fluss, die geheimisvolle Stille artikuliert sich im Wort. So öffnet sich der Vater im Sohn. Jesus erfuhr in seinem Wesen und Leben dieses göttliche Sich-Verströmen. Darum konnte er sagen:

Wer mich sieht, sieht den Vater. (Joh 12,45)
Wer mich hört, hört den, der mich gesandt hat. (Joh 14,24)
Wer mich erkennt, erkennt den Vater. (Joh 14,7)
Wer an mich glaubt, glaubt an den, der mich gesandt hat. (Joh 12,44)
Wer mich gesehen hat, hat den Vater gesehen. (Joh 14,9)
Wer mich aufnimmt, nimmt den auf, der mich gesandt hat. (Joh 13,20)

Der *Sohn* ist ein kulturbedingtes Symbol für die ganzheitliche göttliche Selbst-hingabe, Selbstausgießung. Es geht hier nicht um ein zweites Individuum im Göttlichen.

Der dritte Aspekt in diesen Symbolen – Saft, Strom, Wahrheit – weist auf die Kraft des Göttlichen, auf Liebe, Leben, Licht. Aus der Wurzel fließt der Saft in den Stamm und zurück in die Wurzel; der Brunnen ist vom Strom belebt, die Stille und das Wort sind von der Wahrheit getragen. Der Geist als göttliche Energie ermöglicht dem Vater, sich im Sohn zu gebären. Als Kraft im Göttlichen wird der Geist oft als das *weibliche Prinzip* verstanden. Geist ist die vereinigende, liebende und belebende Kraft des Göttlichen.

Wie können wir hier von *Drei-einig*keit sprechen? Vater, Sohn und Geist sind drei Personen *(per-sona)*, aber nicht drei Individuen. Im heutigen Sinne der Person-werdung können wir kaum von drei Personen in der Dreifaltigkeit sprechen. Individualität steht für Getrenntheit, Personalität für Beziehung. Die Individualität wird bestätigt, wenn man sagt: *Ich bin ich, weil ich nicht du bin*. Die Personalität wird bejaht, wenn man sagt: *Ich bin ich, weil es dich gibt*. Individualität ist statisch, Personalität ist dynamisch. Individualität ist mit einem abtrennenden *Ich-Sinn* verbunden, Personalität drückt sich in einem verbindenden *Wir-Gefühl* aus.

»Person besagt eine Beziehung« (Augustinus, De Trinitate 7.6.11). Im Sinne von inniger Relationalität dürfen wir von drei *Personen* in der Dreifaltigkeit sprechen *(Persona est relatio subsistens)*. Es geht hier eigentlich um eine dynamische Beziehung, um eine ganzheitliche Selbstergießung. Es gibt keinen Vater ohne Sohn und Geist, keinen Sohn ohne Vater und Geist, keinen Geist ohne Vater und Sohn. Jeder in jedem, jeder in allem, alle in jedem, alle in allem, alle in EINEM Dies wird deutlich, wenn wir die drei betrachteten Symbole näher anschauen. Drei, doch EINS; EINS, doch drei – dies ist das Geheimnis der inner-trinitarischen Seinsdynamik. Die EINzahl in der Dreifaltigkeit ist nicht nummerisch *(unus)* aufzufassen, sondern kumulativ *(unum)* und gibt der unendlichen Dynamik Raum. Vater, Sohn und Geist: »Eines mit Einem, Eines von Einem, Eines in Einem und in Einem Eines ewiglich« (Meister Eckhart, *Vom edlen Menschen*).

Um die gegenseitige Beziehung von Vater – Sohn – Geist zu bezeichnen, haben die alten Kirchenväter von *Perichorese* gesprochen. Das griechische Wort bedeutet zusammen tanzen (*choro* = tanzen). Vater-Sohn-Geist bewegen sich in einem ewigen Tanz, der zur gegenseitigen Durchdringung *(circumincessio)* führt. Die beiden Begriffe weisen auf eine Seinsdynamik hin. Dreifaltigkeit bedeutet, dass das Göttliche Schwingung ist: Schwingung der Liebe, des Lebens, des Lichtes.

Betrachten wir noch einmal die drei Symbole: Der Baum steht vor uns mit einer bestimmten Größe und Farbe; aber in Wirklichkeit ist der Baum kein statisches Wesen vor uns, sondern ein fließendes Wesen. In jedem Augenblick verändert sich der Baum. Er ist ein werdendes, wachsendes Wesen. Das Wasser im Brunnen sieht statisch aus, aber darin ist ein belebendes Fließen vorhanden, das das Wasser erfrischt. In der Selbstmitteilung durch das Wort geschieht eine ständige Zuwendung zu den anderen. Alle Symbole weisen auf die Seinsdynamik hin. Das Wesen der Natur ist im Werden: Nichts steht! Alles ist im Prozess. Die heutige Physik bestätigt es: Materie ist Energie. Wenn alles Schwingung ist, dürfen wir das Göttliche als den Urantrieb wahrnehmen, nicht *motor immobilis*, sondern *motor movens*. Die Erkenntnis des Göttlichen als Dreifaltigkeit weist darauf hin.

Bevor das Konzil von Nizäa die Trinitätslehre in Wesen-Person-Kategorie festhielt, haben die Kirchenväter dichterische Symbole verwendet, um über die Dreifaltigkeit zu sprechen:

Gott hat den Logos hervorgebracht,
wie die Wurzel den Sprössling hervorbringt,
wie die Quelle den Strom hervorbringt,
wie die Sonne den Lichtstrahl hervorbringt.
All diese Ausdrucksformen sind eigentlich
das Ausfließen des Wesens aus ihren jeweiligen Ursprüngen.
Denn der Sprössling ist der Sohn der Wurzel,
der Strom ist der Sohn der Quelle,
der Lichtstrahl ist der Sohn der Sonne.
Jeder Ursprung ist der Mutterboden.
Und jedes Herausgebrachte ist das Geborene aus dem Ursprung.
(Tertullian, Adversus Praxean 4)

Der Vater ist die verborgene Quelle und die Wurzel des Seins des Sohnes.
(Ambrosius, PL 16,642)

Der Sohn ist geboren aus der Quelle, die der Vater ist.
(Origenes, Johanneskommentar)

Der Sohn ist geboren wie der Fluss aus der Quelle.
(Hippolyt, PG 10,817)

Der Sohn ist wesenseins mit dem Vater wie Glanz und Licht,
wie Bach und Quelle. **(Athanasios, PG 26,328)**

In dieser Symbolsprache kommt eine Einsicht deutlich durch: Das Göttliche als dreifaltig wahrzunehmen bedeutet, dass das Göttliche kein in sich ruhendes statisches Wesen ist, sondern die aus sich heraustretende Seinsdynamik: ein ständiges Ausfließen der Liebesschwingung, die alles in Bewegung hält, das in allem pulsierende »Leben und Licht« (Joh 1,4). Das Göttliche *ist dreifaltig* ist gleichzusetzen mit: Gott *ist Liebe*. Wir könnten wagen, uns der Dreifaltigkeit mit den folgenden Aussagen anzunähern:

Gott *in sich* (Vater),
Gott *außer sich* (Sohn),
Gott *zu sich* (Geist).
Das *Ich* im Göttlichen (Vater),
das *Du* im Göttlichen (Sohn),
das *Wir* im Göttlichen (Geist).
Gott *über* allem (Vater),
Gott *durch* alles (Sohn),
Gott *in* allem (Geist) (nach Eph 4,6).
Der ursprungslose *Ursprung* (Vater),
die *Selbstmitteilung* (Sohn),
die heilende *Gnade* (Geist).
Transzendenz des Göttlichen (Vater),
Immanenz des Göttlichen (Sohn),
Transparenz im Göttlichen (Geist).
Die göttliche *Stille* (Vater),
der göttliche *Logos* (Sohn),
die göttliche *Sophia* (Geist).

Jesus hat die Jünger und alle Menschen eingeladen, an seiner Gotteserfahrung teilzuhaben. Das, was ich erlebt habe, das sollt auch ihr erleben – das war sein Anliegen. Dies wird deutlich, wenn wir noch einmal die drei Symbole betrachten:

Der Baum: »Ich bin der Weinstock, ihr seid die Rebzweige« (Joh 15,5). Wenn Christus der Stamm ist, sind wir wie die Zweige. Es gibt eine innige Beziehung zwischen dem Stamm und den Zweigen. Eigentlich sind sie EINS, doch unterschiedlich. Der belebende Baumsaft fließt durch den Stamm in die Zweige, und dadurch wachsen die Äste, entfalten sich die Blätter, entstehen die Blüten und trägt der Baum Früchte. Keine zwei Blätter sind genau gleich, keine zwei Äste wachsen in die gleiche Richtung. Trotzdem ist der ganze Baum EINS. Vielfalt ist Schönheit am Baum, doch Einheit ist die Realität. Diese Einheitserfahrung wünscht uns Jesus mit den Worten: »Bleibt in mir, dann bleibe ich in euch« (Joh 15,4).

Der Brunnen: Auch mit dem Brunnenbild lädt Jesus zur Teilhabe an seiner Erfahrung ein. Das Wasser, das aus ihm fließt, wird zur Quelle des ewigen Lebens in den Gläubigen werden (Joh 4,14). »Aus seinem Innern werden Ströme des lebendigen Wassers hervorfließen« (Joh 7,38). Die beiden Aussagen deuten darauf hin, dass, wer Christus in sich sprudeln lässt, zum Quellbrunn des göttlichen Lebens wird. Die Kirchenväter und Mystiker wie Origenes, Gregor von Nyssa, Augustinus und Meister Eckhart deuten es als einen Geburtsprozess: Wer aus Christus trinkt, wird vom göttlichen Geist (Joh 7,39) befruchtet und gebiert Gott in die Welt durch Werke der Barmherzigkeit.

Das Wort: Das Johannesevangelium beginnt mit der Erwähnung des *Logos*, oft übersetzt als »Wort«. Jesus verstand sich als das Wort, das die göttliche Stille öffnet. Wenn wir Träger der Worte Christi werden, setzt sich das Wort durch uns fort. Darum konnte Jesus sagen: »Wer euch hört, hört mich« (Lk 10,16). »Ihr werdet die Werke tun, die ich tue« (Joh 14,12). Unser Leben entfaltet sich nicht vor Christus, sondern *in Christo.* »Christus spricht in uns, betet in uns, leidet in uns, lebt in uns: wir sind ER *(nos ipse sumus)*« (Augustinus, Johanneskommentar, 21.8. PL 35,1929).

Dass Jesus uns an seiner Gotteserfahrung teilhaben lässt, wird deutlich, wenn wir die folgenden Aussagen meditativ lesen:

Wie *du, Vater, mich in die Welt gesandt hast,*
so sende ich sie in die Welt. **(Joh 17,18)**
Wie *mich der lebendige Vater gesandt hat, [so sende ich euch].* **(Joh 6,57)**
Wie *ich durch den Vater lebe, so werdet ihr durch mich leben.* **(Joh 6,57)**
Wie *mich der Vater geliebt hat, so habe ich euch geliebt.* **(Joh 15,9)**
Du, Vater, hast die Meinen ebenso geliebt ***wie*** *mich.* **(Joh 17,23.26)**
Wie *ich in der Liebe des Vaters bleibe,*
werdet ihr in meiner Liebe bleiben. **(Joh 15,10)**
Wie *du, Vater, in mir bist, und ich in dir bin,*
sollen auch sie in uns sein. **(Joh 17,21)**
Wie *wir eins sind, so sollen sie eins sein, ich in ihnen und du in mir;*
so sollen sie vollkommen eins sein. **(Joh 17,23)**

Wir können die wiederholte Anwendung des Vergleichwortes *wie (kathos)* nicht ernst genug nehmen. Sie weist auf die tiefste Einheit mit Gott hin. Es geht hier nicht einfach um eine Ähnlichkeit mit Jesus, sondern um eine wirkliche Teilnahme an seinem Gottesbewusstsein. Das verdeutlicht Jesus:

Ich will, dass alle, die du, Vater, mir gegeben hast,
dort bei mir sind, wo ich bin. **(Joh 17,24)**
Die Herrlichkeit, die du mir gegeben hast, habe ich ihnen gegeben,
damit sie eins sind, wie wir eins sind. **(Joh 17,22)**
... damit die Liebe, mit der du mich geliebt hast,
in ihnen ist und damit ich in ihnen bin. **(Joh 17,26)**

In diesem Zusammenhang spricht Augustinus von »Christuswerdung« *(Christificatio).* Wir sind berufen Christus zu werden, *in Christo* die Göttlichwerdung in uns zu erkennen. Das Göttliche, das tief in jedem Menschen schlummert, hat in Jesus Gestalt angenommen, und in ihm erkennen wir, dass wir zum göttlichen Bewusstsein berufene Wesen sind. Die alten Kirchenväter bezeichneten diesen Prozess als Göttlichwerdung *(theosis).* »Gott wurde Mensch, damit der Mensch göttlich werde« (Athanasios, Cyril von Alexandrien, Augustinus).

[Näheres dazu: Sebastian Painadath, *Einschwingen in das Göttliche. 100 Meditationen*, Münsterschwarzach 2021]

Das Johannesevangelium vertritt nicht nur eine in die Tiefe gewandte Spiritualität, sondern es führt uns in die Weite und erwähnt die ethischen Konsequenzen, durch die die Erfahrung der Göttlichwerdung beglaubigt wird. Jesus erwähnt vor allem Liebe als Kennzeichen seiner Jünger (Joh 13,35). Liebe ist keine Emotion, die wir erzeugen können, sondern eine kosmische Energie, die wir empfangen dürfen und in unseren Beziehungen zulassen können. Die göttliche Gegenwart ist die eigentliche Quelle der Liebe, denn »Gott ist Liebe« (1 Joh 4,8). Darum sagte Jesus: »*Wie* ich euch geliebt habe, so sollt auch ihr einander lieben« (Joh 13,34). Es geht hier nicht um eine Nachahmung Jesu, sondern um eine Teilhabe am göttlichen Verwandlungswerk. »Die Liebe Gottes ist ausgegossen in unsere Herzen durch den heiligen Geist« (Röm 5,5). Gottes Geist erneuert die gesamte Schöpfung zu neuem Sein, und in Liebe haben wir Anteil daran. Darum hat sich Jesus aus einer tiefen Einheitserfahrung mit dem Vater den Menschen zugewandt, besonders den Armen und den Ausgestoßenen. Der prophetische Einsatz für Gerechtigkeit ist getragen von der mystischen Erfahrung der Barmherzigkeit.

Wir schließen diese Reflexionen mit einer Bildmeditation im Sinne der Tradition der Kirchenväter: Stellen wir uns zwei Seen auf einem Berg vor. Der erste See hat ringsum mächtige Felsen. Er ist ein in sich ruhender See. Auf derselben Berghöhe gibt es einen zweiten See, der auch ringsum Felsen hat. Dieser See aber hat eine Öffnung, aus der das Wasser abfließt, sodass ein Fluss entsteht. Der zweite See ist ein ständig aus sich herausfließender See. Das Göttliche als Dreifaltigkeit gleicht mehr dem zweiten See: nicht eine in sich ruhende Wirklichkeit, sondern aus sich herausfließende Liebesdynamik. Der *Vater* ist wie die verborgene Bergquelle; der *Sohn* ist wie der See, der die Quelle öffnet; der *Geist* ist wie der immanente Strom, der die Quelle und den See belebt. Das Ausfließen des göttlichen Wassers ins Tal der Welt haben wir Christen in Jesus Christus erkannt. Andersglaubende erfahren es mit anderen Heilssymbolen, die wir achten und schätzen sollen. So ist Christus für uns der lebenspendende Fluss, woraus wir uns als Kanäle oder Bäche entfalten und die Welt befruchten. Der Strom des göttlichen Geistes macht uns EINS mit der Quelle, dem See und dem Fluss. Wir Menschen sind Träger des göttlichen Lebens in der Welt.

Die mystische Erfahrung der Bhagavad Gita

Die Bhagavad Gita gehört zu den angesehensten und am weitesten verbreiteten Texten der indischen Spiritualität. Sie bietet eine integrierte Lebenseinstellung an, die die kontemplative Wahrnehmung *(jnāna)* der göttlichen Tiefe der Wirklichkeit mit einer liebevollen Hingabe an Gott *(bhakti)* und mit einem verwandelten Wirken in der Welt *(karma)* in Einklang zu bringen versucht. Die Gnadenlehre und die Liebesmystik der Bhagavad Gita (im Folgenden abgekürzt mit Bh. Gita) öffnen uns einen echten Zugang zur östlichen Mystik.

Zusammen mit den vier Veden und den über hundert Upanishaden gehört die Bhagavad Gita zum kanonischen Korpus der Heiligen Schriften des Hinduismus. Gegen Ende des vedischen Zeitalters (1200–900 v. Chr.) entwickelte sich eine Dominanz der kultischen Religiosität, die versuchte, mit Hilfe von Tempelriten und Zeremonien Gott festzuhalten. Gegen diese rituelle Veräußerlichung der Religion meldete sich der Protest des Geistes in den Upanishaden (900–400 v. Chr.), die in der meditativen Versenkung und in philosophischen Diskussionen den Zugang zur Gotteserfahrung suchten. Allmählich tendierten die Upanishaden allerdings dahin, eine elitäre Art der Spiritualität zu entwickeln, die das allgemeine Volk kaum ansprach. Um dem Volk einen einfachen Zugang zur Spiritualität zu ermöglichen, wurde (gegen 300 v. Chr.) die Bhagavad Gita verfasst. Dieses Buch mit 700 Versen ist in einem einfacheren Sanskrit und in einer verständlicheren Denkart verfasst.

Die Bhagavad Gita vertritt eine Spiritualität der Integration zwischen Hingabe, Kontemplation und Aktion. Sie vertritt eine positive Einstellung zum Leib, zu den Aufgaben in der Gesellschaft, zum Einsatz für das »Wohlergehen aller Wesen« (12,4). »Sei vereinigt mit dem Göttlichen in dir und tue deine Werke mit innerer Freiheit« (*Yōgastah kuru karmāni*, 2,47) – das ist die Grundbotschaft der Bhagavad Gita. So gesehen ist die Bhagavad Gita ein Handbuch der praktischen Spiritualität, ein geistiger Wegweiser für Menschen, die mit beiden Füßen fest auf dem konfliktreichen Boden des Lebens stehen. Das Heil erreicht man nicht am aktiven Leben vorbei, sondern gerade durch das aktive Engagement im Leben.

Die Bhagavad Gita ist ein mystisches Lied. Es ist in der Form des Gesprächs zwischen einem heils-bedürftigen Menschen und dem menschen-liebenden Gott verfasst. Dieses Gespräch findet auf einem Kriegswagen statt, weil uns das Buch als Teil des großen Epos Mahābhāratha erreicht hat. Aber in der östlichen Bilderwelt ist der Kriegswagen nur ein Symbol des menschlichen Leibes (Kath. Up. 3,3–4), und der Wagenführer ist das Bild der Seele im Leib. Der Text spricht eigentlich nicht über einen äußeren Krieg, sondern über den inneren Kampf der Seele mit dem anhaftenden Ego. Der Innenraum des Menschen ist wie ein Kampffeld. »Überwinde die Habgier, diesen schrecklichen Feind in dir, der alles zunichte macht!« (3,41–43). »Die Bhagavad Gita ist kein geschichtliches Buch; der Kampf, von dem der Text spricht, bezieht sich nicht auf irgendeinen Krieg, sondern auf den Kampf, der in jedem von uns lebenslang anhält« (Mahatma Gandhi, *Einführung zum Gitakommentar*). Die Bhagavad Gita zeigt also einen integrierenden Weg der Spiritualität auf, der die Menschen befähigt, mitten in den konfliktreichen Lebensumständen das Heil zu verwirklichen.

Der Gott, der in diesem Buch den suchenden Menschen anspricht und sich offenbart, ist nicht ein Gott, der von außen her dem Menschen begegnet, auch nicht ein Gott, der in einer konkreten Göttergestalt (wie hier *Krishna*) erscheint, sondern die universelle göttliche Gegenwart, die sich vom Herzensraum her manifestiert. *Bhagavān* ist sein Name, der bedeutet »der sich mitteilende, menschenliebende

Gott« (aus *bhaj* = teilen, lieben). So können wir die Gottesworte dieses Buches von unserem Herzensraum her hören und aufnehmen. Dann werden sie die Tiefendimension unseres Bewusstseins öffnen, und dort in der Tiefe erkennen wir Gott als den liebenden, menschenheilenden, rettenden Gott. Wir sollen den Text mit dem Verstand lesen, aber mit dem Herzen deuten. Der Mensch (hier *Arjuna*), der sich hier zu Wort meldet, ist eigentlich jeder von uns, egal, aus welcher Religion oder Kultur wir kommen. So gesehen ist die Bhagavad Gita eine universelle Offenbarungsschrift, eine Perle in der geistigen Evolution der Menschheit. Nach der Bibel ist die Bhagavad Gita die Heilige Schrift, die in die meisten Sprachen der Welt übersetzt wurde und zu der es die meisten Kommentare gibt.

Die Bhagavad Gita ist nicht ein philosophisches Lehrbuch, sondern ein Wegweiser zum geistlichen Leben, eine Art *Exerzitienbüchlein*. Das Buch beschreibt einen verwandelnden geistlichen Prozess, durch den der Übende von der Anhaftung an das kleine Ich *(ahamkāra)* befreit wird und zum wahren Selbst-Bewusstsein *(ātma-bōdha)* gelangt. Aus dieser Erkenntnis des Selbst handelt der Mensch in der Welt: Aus der kontemplativen Wahrnehmung entfaltet sich der aktive Einsatz. »Die Unwissenden tun ihre Werke aus innerer Anhaftung; die Wissenden aber setzen sich ein mit innerer Freiheit« (3,25). Was dem aktiven Leben Qualität verleiht, ist diese innere Freiheit. Der geistige Prozess der Bhagavad Gita ist ein spiritueller Weg zur Freiheit *(nishkāma)*.

Dieser Verwandlungsprozess entfaltet sich auf einem dreifachen Weg, den die Bhagavad Gita als den Weg der liebenden Hingabe *(bhakti)*, den Weg der kontemplativen Erkenntnis *(jnāna)* und den Weg des aktiven Einsatzes *(karma)* bezeichnet. Auf jedem dieser Wege gibt es eine Initialphase, eine Wachstumsphase und eine Integrationsphase. Die Initialphase bezieht sich auf den mentalen Bereich; das Wachstum geschieht durch das meditative Erwachen, durch *buddhi* im Herzensraum; in der Integrationsphase wirkt man aus der göttlichen Mitte heraus in der Welt.

Wir betrachten diesen dreifachen Weg mit den jeweils drei Phasen. Die Übersetzungen der Gita-Texte sind zitiert nach: Martin Kämpchen, *Endlos ist die Zeit in deinen Händen*, Kevelaer 1978 (K), die übrigen Gita-Texte ohne Angabe sind eigene Übersetzungen.

1. Bhakti (liebende Hingabe)

Der Mensch begibt sich auf den Weg der liebenden Hingabe als Antwort auf die Erfahrung der Liebe Gottes:

Hör noch einmal mein göttliches Wort, das tiefste aller Geheimnisse.
So sehr liebe ich dich, dass ich dir diese Worte der Rettung gebe.
Schenke mir alle Gedanken. Verehre mich, opfere mir, beuge dein Haupt.
Das ist mein Versprechen: Du wirst zu mir eingehen, denn ich liebe dich!
Lass alles hinter dir zurück und nimm Zuflucht in mir.
Ich werde dich von allem Übel befreien; fürchte dich nicht!
(18,64-66 / K 176-177)

Dies ist die Heilsbotschaft, die die Menschen vom innewohnenden Gott hören dürfen: Ich bin bei dir, ich bin in dir, du bist mir lieb; sei nicht betrübt, sei nicht verzweifelt. Das höchste Wort über das Göttliche, das allerletzte Wort über Gott heißt: Gott liebt uns. Der gesamte Dialog in der Bhagavad Gita geschieht auf der Basis der liebenden, befreienden Zuwendung Gottes. Auf dem Weg der Hingabe zeigen sich drei Phasen:

1.1 Initialphase: Der Bhakti-Weg beginnt in einer Ich-Du-Begegnung mit dem personalen Gott. Die Hingabe-Haltung wird durch kleine symbolische Handlungen zum Ausdruck gebracht.

Ein Blatt nur, eine Blume, eine Frucht oder Wasser,
mir geopfert mit Händen der Liebe, genügt mir;
die Liebe, die opfert, gilt allein.
Was immer du tust, was immer du isst,
alles, was du opferst und wegschenkst, jedes Bußwerk:
Weihe es mir. (9,26-27 / K 141)

Gott nimmt den Menschen an, so wie er kommt: »Wie mir sich die Menschen nähern, so nehme ich sie liebevoll auf. Auf vielen eigenen Wegen folgen sie meinem Pfad« (4,11). Gott schaut nicht nach der religiösen Gestalt der Verehrung, sondern auf die Echtheit der Hingabehaltung (7,21). Liebe rechtfertigt den Menschen:

Sein Leben sei noch so schlecht: Wer mich liebend verehrt, einzig mich,
der gilt vor mir als gut, denn seine Vorsätze sind ehrlich. (9,30 / K 142)

1.2 Wachstumsphase: Die anfängliche Ich-Du-Beziehung wird durch innere Hingabe bis zu einer mystischen Einheitserfahrung vertieft. Man hört die innere Einladung des gnädigen Gottes: Weihe mir all deine Handlungen (9,27), lass deinen Verstand in mir verankert bleiben (12,2), lass deine Psyche auf mich fokussiert sein (18,58), lass dein buddhi sich auf mich hin öffnen (12,14), und erkenne mich in deinem Herzen (13,18).

Nimm Zuflucht in ihm, Geliebter, aus ganzem Herzen Zuflucht.
Seine Gnade wird dir Himmelsfrieden, wird dir die ewige Wohnung
bescheren. (18,62 / K 139)

Im Geist opfere mir alle Taten auf;
in mir erkenne die Erfüllung deines Lebens.

Die liebebrennende Kontemplation deines Herzens finde in mir ihr ewiges Ziel. (18,57 / K 139)

Dieser meditative Vorgang führt zur Erfahrung, dass Gott im Menschen wohnt: »Wer mich in Liebe verehrt, der wohnt in mir, und ich in ihm« (9,29). Es gibt aber begnadete Augenblicke der mystischen Einheitserfahrung, in denen der Mensch »die göttliche Natur erlangt« (4,10), in »die göttliche Seins-weise gelangt« (8,6), »das göttliche Sein erreicht« (13,19).

1.3 Integrationsphase: Am Anfang ist man Gott als Du im Tempel begegnet; dann erfährt man das eigene Herz als Tempel Gottes; schließlich erkennt man den ganzen Kosmos als göttlichen Raum:

Wer mich im Weltall erblickt, und auch das All in mir erkennt,
der wird nimmermehr von mir getrennt, und ich trenn mich
nimmermehr von ihm. (6,30 / K 91)

Die nach innen gerichtete Hingabehaltung öffnet das Auge des Herzens, um die Liebe Gottes in allen Dingen zu erfahren: »Die Andächtigen verehren mich als den Ursprung aller Dinge, als den Geist, aus dem heraus sich alles entfaltet« (10,8).

Wenn die Welt als sakraler Raum erkannt wird, bekommt der Umgang mit den Menschen und den Dingen eine neue Qualität, vor allem Barmherzigkeit:

Wen liebt Gott über alles? –
Den Menschen, der kein Geschöpf hasst,
freundlich und barmherzig ist zu allen,
dessen Seele frei von Ichsucht und Besitzgier ist;
der gleichmütig ist in Schmerz und Freude,

geduldig, stets zufrieden, tief in mich versenkt,
selbstbeherrscht, in seiner Überzeugung fest,
der Denken und Empfinden auf mich richtet;
der Mensch, der nicht Verwirrung stiftet in der Welt
und nicht verwirrt wird von der Welt,
der frei ist von Übermut, Neid, Furcht und Sorgen –
der ist mir wahrhaft lieb. (12,13-14 / K 146)

2. Jnāna (kontemplative Erkenntnis)

Die liebende Hingabe an Gott *(bhakti)* ist von der kontemplativen Erkenntnis *(jnāna)* getragen, dass das wahre Selbst von göttlicher Natur ist. Auf der Ebene der mentalen Wahrnehmung erlebt man sich im Unterschied zu Gott; aber mit dem buddhi, dem intuitiven Erkenntnisorgan, erkennt man sich in Einheit mit dem Göttlichen. Für diese Einsicht muss der buddhi vom göttlichen Licht erleuchtet werden. Am Anfang von Kapitel 11 der Bhagavad Gita fordert Arjuna vom göttlichen Meister: »Herr, ich will deine göttliche Gestalt sehen« (11,3). Darauf lautet die Antwort Gottes:

Mit diesem deinem natürlichen Auge kannst du mich nicht sehen.
Ich verleihe dir ein göttliches Auge;
jetzt schau meine göttlich-herrliche Seinsweise. (11,8)

Arjuna erblickt mit dem begnadeten Auge die alles durchdringende Gegenwart des Göttlichen. Aber auf diese Erleuchtung muss man sich vorbereiten, und dies ist der Erkenntnisweg. Auf diesem Weg können wir drei Phasen wahrnehmen:

2.1 Initialphase: Der Erkenntnisweg beginnt mit Impulsen von außen, und zwar aus zwei Quellen. Erstens soll man bei erfahrenen Meistern diszipliniert üben:

Sitze zu den Füßen der Meister,
führe geistige Gespräche mit ihnen in Respekt und Liebe;
sie werden dich in Erkenntnis unterweisen,
denn sie sind mit Erkenntnis begabte Menschen. **(4,34)**

Zweitens soll man sich ständig den Lehrschriften zuwenden:

Wer die Unterweisungen der Schriften beiseitelässt
und mit Habsucht handelt,
erreicht nicht die Freiheit, erlangt nicht das letzte Ziel
noch wahres Glück.
Darum lass die Schrift dir deine Richtschnur sein
bei der Unterscheidung dessen,
was zu tun ist, was zu lassen ist.
Im Wissen um das, was die Schriften lehren,
sollst du dein Werk verrichten. **(16,23-24)**

2.2 Wachstumsphase: Das, was man von den Meistern und Schriften lernt, wird allmählich meditativ verinnerlicht. Die Bhagavad Gita beschreibt an vielen Stellen, besonders in Kap. 6, den Prozess der Meditation *(dhyāna)*. Es geht hauptsächlich um die Vertiefung des Bewusstseins vom Mentalen *(manah)* durch das Intuitive *(buddhi)* in den Herzensraum.

Man soll zunächst alle Begierden aufgeben,
die im Wunsch-Willen ihren Ursprung haben,
und dann die Sinne durch den Verstand zügeln.

Langsam kommt der Verstand zur Ruhe
und er wird durch den buddhi im Selbst fokussiert. **(6,24-25)**

Wenn durch die Praxis der Meditation
die Bewegungen der Psyche zur Ruhe gelangen,
dann sieht man das Selbst im Selbst durch das Selbst.
Es ist eine tief beglückende Erkenntnis, die höchste Seligkeit,
die nur durch buddhi zu erfassen ist, nicht durch die Sinne erkennbar;
wenn die Seele dorthin gelangt, wird sie von diesem Seinszustand nicht abfallen. **(6,20-21)**

Das eigene Selbst im göttlichen Selbst, im begnadeten Licht des göttlichen Selbst zu erkennen – dies ist eine kontemplative Erfahrung. Sie vertieft sich weiter in eine Art Göttlichwerdungserfahrung hinein:

Wenn das Selbst durch einen geläuterten buddhi integriert
und von allen negativen Kräften befreit ist,
dann ist die Seele zur Göttlichwerdung [brahmabhūyāya] bestimmt.
Wenn göttlich geworden, bleibt sie innerlich frei von Leid und Begehren
und allen Wesen gegenüber gleichgesinnt. **(18,51-54)**

In der tiefsten mystischen Erfahrung erkennen wir, dass wir zu einem höheren Bewusstsein, ja zum göttlichen Bewusstsein, berufen sind.

2.3 Integrationsphase: Wenn man nach innen geschaut und die verwandelnde Gegenwart des Göttlichen erfahren hat, dann schaut man nach außen und erkennt die alles durchdringende Gegenwart des Göttlichen in der Welt. Man erlebt den ganzen Kosmos als eine universelle Theophanie.

Ich bin das Selbst im Herzen aller Wesen.
Ich bin der Anfang, die Mitte und das Ende der Wesen. (10,20)

Die Wurzel aller Lebewesen bin ich;
kein Wesen, sei es bewegt oder unbewegt,
hat Leben außerhalb von mir. (10,39 / K 75)

Ich bin der Vater dieser Welt,
bin Mutter, Schöpfergott und Weltenherr,
und alles Wissen, das notwendig ist;
Kelch der Reinheit, die heilige Silbe OM
und die Heiligen Schriften insgesamt.
Ich bin der Weg, der Erhalter, Gott und Zeuge,
Heimat und Zufluchtsort und Freund,
ich bin Ursprung, Auflösung und Entfaltung der Welt,
bin die Schatzkammer allen Seins,
das ewig fruchtbare Samenkorn. (9,17-18 / K 74-75)

Der ganze Kosmos ist von der göttlichen Energie durchdrungen (9,4); die gesamte Wirklichkeit ist von der göttlichen Gegenwart belebt (7,7–11). In jedem Atom schwingt der göttliche Geist. Alles wird beleuchtet durch das göttliche Licht; alles wird belebt durch die göttliche Grünkraft *(sōma)*:

Er ist außerhalb und innerhalb der Dinge,
er ist belebt und unbelebt,
wegen seiner Feinheit ist er nicht erkennbar,
er ist fern und doch ganz nah. (13,15)

*Er wird das Licht aller Lichter, jenseits der Dunkelheit genannt;
als Erkenntnis, Erkenntnisgegenstand und das Ziel der Erkenntnis
wohnt er im Herzen aller Dinge.* (13,17)

*Den Glanz der Sonne, der die ganze Welt erhellt,
der auch im Mond und im Feuer ist,
diesen Glanz erkenne als den meinigen.
Indem ich in die Erde eingehe,
erhalte ich alle Lebewesen mit meiner Kraft.
Ich ernähre alle Pflanzen und Bäume durch den Lebenssaft,
der aus mir hervorströmt.* (15,12-13)

Wenn die Welt als göttlicher Raum erkannt wird, entwickelt man eine sakrale Haltung allem gegenüber. Die Gita nennt sie Gleichschau *(samadarśanah)*, die Haltung des Gleichgesinntseins, das aus innerer Freiheit wächst.

*Wer das Selbst in allem sieht, und alles im Selbst,
der bleibt innerlich integriert
und sieht das Gleiche, das heißt das Selbst, in allem.* (6,29)

Ein solcher Mensch ist »dem Feind und dem Freund gleichgesinnt« (12,18), »dem Sünder wie dem Heiligen gegenüber gleich respektvoll« (6,9), »im Gelingen und Misslingen gleichmütig« (18,26) und »in Leid und Freude ausgeglichen« (2,15).

3. Karma (integrierende Aktion)

Die mystische Erkenntnis der Gegenwart des Göttlichen in der Welt verleiht eine integrale Motivation zum Handeln. Man erlebt sein Handeln als Teilnahme am göttlichen Wirken. Gott wirkt in der Welt, »um die Guten zu erretten, die Ursachen der Übel zu beseitigen und die rechte Ordnung *(dharma)* herzustellen« (4,8). Gott ist am Werk, »um Integration *(yoga)* und Wohl *(kshēmam)* aller Wesen hervorzubringen« (9,22). Menschen sind herausgefordert, daran mitzugestalten. »Sei vereint mit dem göttlichen Grund *(yōgastah)* und tue deine Werke *(kuru karmāni)*« – so lautet der Ruf des Geistes (2,48). Dies ist die Gita-Version des klassischen Axioms »*sei kontemplativus in actione*«.

Auf diesem Weg des aktiven Einsatzes können wir wieder drei Phasen feststellen:

3.1 Initialphase: Am Anfang braucht der Mensch eine gewisse Orientierung zum Handeln, die aus äußeren gesellschaftlichen Strukturen entsteht, wie zum Beispiel Familie, Politik, Zivilgesellschaft, Religion oder Kastenstruktur. Entsprechend den angeborenen Talenten und Begabungen *(guna)* wird jedem eine bestimmte Aufgabe zuteil.

Der Mensch, der mit Freude das seiner eigenen Fähigkeit
entsprechende Werk erfüllt, erlangt Vollkommenheit.
Durch sein eigenes Wirken verehrt er Gott,
der der eigentliche Ursprung aller Wesens ist,
und alles durchwaltet. **(18,45-46)**

Darum soll jeder mit Pflichtbewusstsein »das vorbestimmte Werk gut erfüllen« (3,8). »Verzicht auf vorgeschriebene Handlungen ist nicht angemessen« (18,7).

3.2 Wachstumsphase: Auf dem inneren geistlichen Weg soll man über die Aufgaben nachdenken und die eigene Motivation überprüfen. Die Gita spricht von zwei Arten von Motivation: »Die Unwissenden tun ihre Werke aus innerer Anhaftung; die Wissenden aber setzen sich ein mit innerer Freiheit« (3,25). »Wer aus Anhaftung an das habgierige Ich handelt, bleibt an das Werk gebunden« (3,9); er wird nie zufrieden und glücklich, weil die Habgier *(kāma)* wie ein unersättliches Feuer ist (3,39). Wer aber aus einer begnadeten Einheit *(yōga)* mit dem göttlichen Grund handelt, bleibt innerlich frei: Er handelt aus der Überzeugung, dass Gott das eigentliche Subjekt des Handelns ist *(karthā)*, sowie der eigentliche Genießer *(bhōktā)* des Handelns.

Wer all sein Handeln auf Gott hin ausrichtet
und ohne Anhaftung handelt,
an den haftet sich die Sünde nicht,
wie das Lotusblatt vom schmutzigen Wasser
nicht beschmutzt wird. (5,10)

Er lebt und wirkt ohne den Anspruch des »Ich tue für mich« (2,71), sondern setzt sich mit Eifer (2,47), mit Freude (18,45) und mit Geschicklichkeit (*kauśalam*, 2,50) ein, weil sein Werk eine sakrale Aufgabe ist (17,11). Letztlich hat er nichts zu gewinnen, nichts zu verlieren; dies ist die wahre innere Freiheit (*nish-kāma*, 2,38).

3.3 Integrationsphase: Wenn Gottes Gegenwart als eine alles zur Integration *(dharma)* führende Präsenz erlebt und das Handeln als Teilnahme an Gottes Werk angesehen wird, dann entsteht eine erfreuliche Motivation zum Handeln:

So wie die Unwissenden ihre Werke aus innerer Anhaftung tun,
tun die Wissenden ihre Werke mit innerer Freiheit,
doch mit einer Faszination für das Wohl der Welt. (3,25)

Lōkasamgraha (3,25) ist ein Schlüsselwort der Spiritualität der Gita. Es bedeutet Zusammenhalt *(sam-graha)* der Menschheit, Wohlergehen der Welt, und es bietet das motivierende Prinzip für das Handeln. Hier wird die Aktion von innerer Freiheit getragen und auf das Wohl der Welt hin ausgerichtet. Die aus Bhakti kommende Barmherzigkeit, die aus Jnana entstehende Gleichschau und der aus Karma resultierende Einsatz für das Wohl der Welt zusammen bilden eine integrale Motivation für das Handeln aus Kontemplation. Es geht aber hier nicht bloß um das Wohl der Menschen, sondern aller Wesen (12,4). *Yajna* ist die Grundhaltung des Handelns in Harmonie mit dem Lebenszyklus des Kosmos (3,15); *yajna* bedeutet Selbsthingabe.

Jedes Werk, das nicht im Sinne von yajna getan wird,
führt zur Anhaftung an das Werk: Man ist dabei gebunden.
Als yajna vollziehe dein Wirken
und werde so frei von jeglicher Haftung. (3,9)

Der Schöpfer-Gott schuf die Dinge mit den Worten: Mit yajna sollt ihr euch vermehren. Die Yajna-Haltung wird alle eure Wünsche erfüllen. Ihr sollt die lebenspendenden Kräfte der Natur [dēva] schützen, und dann werden sie euch am Leben halten. Gegenseitig ernährend sollt ihr gemeinsam das Wohl erreichen. Wenn ihr aber aus der Natur herausholt, ohne zurückzugeben, seid ihr Diebe. Ihr habt das Recht nur, das zu essen, was von yajna übrig bleibt. Wer nur für sich kocht, isst Frevel. (3,10-13)

Yajna bedeutet objektiv den Zustand der Harmonie mit allem, weil Gottes verwandelnde Gegenwart die Grundlage des *yajna* ist (3,15); und subjektiv bedeutet es für den Menschen, sich mitzuteilen und mit den anderen Menschen zu teilen, denn »nur das Handeln im Sinne von *yajna* führt zum Wohl aller Wesen« (4,23). So gesehen könnte man *yajna* als Einsatz für Frieden, Gerechtigkeit und Bewahrung der Schöpfung übersetzen. *Yajna* ist die allumfassende Motivation für Aktion aus Kontemplation.

Obwohl die mystische Einheitserfahrung sehr tiefgreifend sein kann, nimmt sie dem Menschen nicht die Freiheit. Vielmehr vertieft sie das Bewusstsein und verwandelt die innere Freiheit. Am Ende des Offenbarungsgesprächs sagt Gott:

Dir habe ich Worte der Weisheit gesagt,
tiefer als alle tiefen Mysterien.
Bewege sie in deinem Herzen,
dann tu nach deinem Willen. (18,63 / K 140)

Die drei Wege, die die Bhagavad Gita beschreibt, sind nicht Parallelwege, sondern jeder entfaltet sich durch den anderen. Sie drücken die drei Grunddimensionen einer integrierenden Spiritualität aus: liebende Hingabe, kontemplative Erkenntnis und verwandelndes Handeln. Sie bilden eine dynamische Einheit, die das spirituelle Leben zur reifen Freiheit begleiten.

Gib mir alle deine Handlungen [karma],
sei mir völlig hingegeben [bhakti],
meditiere über mich allein [jnāna];
richte dein Denken auf mich,

lass deine Psyche in mir ruhen,
lass dein buddhi sich zu mir öffnen;
du wirst bestimmt in mir wohnen. (12,6,8-9)

Wenn du alle Taten stets im Vertrauen auf mich vollziehst,
erlangst du durch meine Gnade
die ewige, unvergängliche Seinsweise. (18,56)

Obwohl alle drei Dimensionen des spirituellen Weges wichtig sind, kann es sein, dass die eine oder andere Dimension bei einem Menschen prägend ist. Die Gita spricht davon, dass Menschen von verschiedenen angeborenen Qualitäten *(guna)* geprägt sind (14,5) und auf verschiedenen Wegen *(varma)* Gott suchen (4,11). Es kann sein, dass einer mehr von *bhakti* (liebende Hingabe) getragen ist oder eine andere mit *jnana* (kontemplative Erkenntnis) begabt ist oder ein Dritter von *karma* (integrierende Aktion) begeistert ist. Jeder soll die eigene geistige Substanz entdecken und fördern, und dennoch die anderen Dimensionen, soweit es geht, mit integrieren. Dann kommt das Leben zum Blühen mit einem befreienden *karma*, beleuchtet von *jnana* und belebt von *bhakti*.

Johannesevangelium und Bhagavad Gita

Wie ich am Anfang erwähnt habe, wollen wir nicht Johannesevangelium und Bhagavad Gita vergleichen. Wenn wir aber mit echter Offenheit gegenüber dem göttlichen Geist die beiden Offenbarungsschriften lesen und auf unsere tiefen Schichten wirken lassen, dann spüren wir die inneren Schwingungen des göttlichen Geistes im Herzensraum. Trotz der Differenzen zwischen den Texten spüren wir Konvergenzspuren in der mystischen Deutung der beiden Schriften. Viele von diesen Empfindungen können wir nicht in Worte fassen oder mental wegdiskutieren. Trozdem möchte ich fünf Themen der gegenseitigen Ergänzung erwähnen:

1. Das Gita-Modell des dreifachen Weges von Erkenntnis – Hingabe – Handlung *(jnāna – bhakti – karma)* bietet den Christen ein Paradigma für eine integrierte Spiritualität, während die christliche Botschaft des Reiches Gottes den Hindus helfen würde, die Entfaltung der neuen Schöpfung in der Welt als Gnade und Auftrag wahrzunehmen.
2. Die kosmische Lebenseinstellung der Gita könnte den Christen helfen, die tiefe, seinsmäßige Verbundenheit mit allen Wesen zu erfahren. Die im Bezug auf das Heilereignis in Christus entwickelte geschichtliche Weltanschauung der Christen könnte die Hindus anregen, das Menschen befreiende Potenzial der Religiosität neu zu erkennen.
3. Der mystische Ansatz der Gita könnte den Christen die tiefere Bedeutung der *Theosis* deutlich machen. Die prophetische Kritik

der biblischen Propheten hingegen könnte die Hindus zur sozialen Gerechtigkeit motivieren.

4. Der theo*sophische* Kommunikationsstil der Gita auf der Grundlage der universalen Erfahrung des Geistes *(Ātman)* kann die christliche Sprache der Glaubensreflexion erweitern. Die theo*logische* Vermittlung des christlichen Glaubens mit dem Fokus auf das fleisch-gewordene Wort *(Logos)* kann den Hindus helfen, in der *Selbstentäußerung* Gottes Heil zu erkennen.
5. Das Gespür von Gita für das unergründliche Geheimnis des Göttlichen öffnet für die Christen eine große Weite des spirituellen Suchens. Die christliche Erfahrung des konkreten Heilereignisses zeigt den Hindus das Gesicht des mit den Menschen leidenden Gottes.

Wir ahnen, dass sich die beiden Schriften in der Tiefe der mystischen All-einheitserfahrung treffen. Letztlich soll jeder die Frage stellen: Wie wirkt sich eine meditative Lektüre der beiden Schriften in meinem Leben aus? Diese Sichtweise ist die Gnade des heutigen dialogischen Zeitalters. Jeseits der Grenzen der *Religionen* und Heiligen Schriften bringt uns der göttliche Geist auf der Ebene der *Spiritualität* zusammen. Mit dem Johannesevangelium und der Bhagavad Gita befinden wir uns auf einer inter-religiösen geistlichen Pilgerfahrt.

Meister Eckhart und die Upanishaden

Wir leben in einem neuen Zeitalter der geistigen Entwicklung der Menschheit. Ein wachsendes Bewusstsein für globale Vernetzung ist kennzeichnend dafür. Der Prozess der Globalisierung betrifft nicht bloß Wirtschaft und Politik, sondern auch die Landschaft der Religionen. Die Frage nach der Begegnung zwischen den geistigen Hemisphären von West und Ost können wir in diesen großen Zusammenhang stellen. Damit unsere Reflexionen einen Fokus haben, wählen wir je eine repräsentative spirituelle Tradition von West und Ost, nämlich Meister Eckhart (13. Jh. nach Christus) und die upanishadischen Meister des Hinduismus (8. bis 4. Jh. vor Christus). Zwischen den beiden liegen etwa 2000 Jahre, zwei Kontinente, zwei religiöse Hintergründe, zwei Sprachräume, zwei verschiedene Weltanschauungen. Trotzdem erkennen wir tiefe Konvergenzspuren in der Seinsmystik, die wir nur mit Staunen wahrnehmen und auf uns wirken lassen können.

Wir dürfen Meister Eckhart und die upanishadischen Meister nicht miteinander vergleichen. Jeder hat seinen eigenen Sitz im Leben und einen eigenen, je anderen Erfahrungszugang. Um den mystischen Weg der beiden näher zu betrachten, können wir zunächst schauen, wie der Versenkungsweg sich entfaltet. Mystiker aller Religionen sprechen von einer Bewusstseinsvertiefung, die zu einer Alleinheitserfahrung führt: eine tiefe Einheit mit dem göttlichen Seinsgrund und mit allen Dingen und Lebewesen im Kosmos. Der

Versenkungsweg führt das Bewusstsein von mentaler Betrachtung zu mystischer Wahrnehmung. Dieser Prozess vollzieht sich in drei Phasen (siehe dazu das Kapitel: Der Weg der Versenkung). Kurz zusammengefasst:

1. Im *Mentalbereich* herrscht die Denkart des Verstandes, die alles vergegenständlicht. Der Verstand kann etwas nur dann verstehen, indem er es zum Gegenstand macht. Begriffe und Gefühle, Phantasien und Vorstellungen, Entschlüsse und Erwartungen entstehen auf dieser oberen Ebene des Verstehens und Wollens. Der Verstand entwickelt auch Namen und Formen Gottes, um mit Gott in Beziehung zu treten. Das Beten mit Worten in einer Ich-Du-Beziehung geschieht vor allem auf dieser Ebene.

2. Das Voranschreiten zu den tieferen Schichten des Bewusstseins ist ständig von Faktoren des *Unterbewusstseins* beeinflusst. Im Verlauf der Versenkung tauchen aus dem psychischen Bereich Bilder und Erinnerungen auf, die den Prozess fördern oder hemmen. Der Gang durch diesen inneren Dschungel kann manchmal sehr mühsam werden. Man geht durch die innere Wüste und erlebt gelegentlich die dunkle Nacht der Seele. Da braucht man viel Vertrauen auf den göttlichen Meister und die Zuversicht, dass man nicht ins Bodenlose sinkt. Meditationssymbole und Glaubensbilder können dabei helfen.

3. Langsam kommen wir kraft der Gnade zum *spirituellen Bewusstsein*. Mystiker und Meister aller Religionen sprechen von einem intuitiven Erkenntnisvermögen, das tief in uns vorhanden ist. Im Osten heißt es buddhi, im Westen nous; im Gegensatz zum Verstand ist dieses mystische Organ auf die Einheitswahrnehmung angelegt, die weit über eine Begegnung mit dem personalen Gott hinausgeht. Mit diesem mystischen Erkenntnisorgan schaut man

in die innere Kammer, in den sakralen Raum in sich. In allen Religionen wird es als Herz bezeichnet. Dies ist der eigentliche Ort, in dem die göttliche Gegenwart erfahren wird. Im Herzensraum begegnet man keinem personalen Gegenüber, sondern erfährt die transpersonale Dynamik: das Göttliche als Geist, als Schwingung. Hier erkennt man das eigene wahre Selbst als total durchlässig für das göttliche Selbst, die eigene Seele schwingt im Einklang mit dem göttlichen Geist. Der Versenkungsweg führt letztlich zu dieser *unio mystica*, die mit verschiedensten Symbolen ausgedrückt wird.

Aus dieser inneren Einheitserfahrung heraus lebt man in der Welt. Dann sieht man alles anders; man erlebt eine Art universelle Theophanie. Alles schwingt mit der göttlichen Dynamik, mit dem göttlichen Geist. Der Umgang mit Menschen und Dingen wird vor allem von Barmherzigkeit geprägt.

Mit diesem Schema der mystischen Versenkung wollen wir den spirituellen Weg von Meister Eckhart und den upanishadischen Meistern betrachten.

Der geistliche Verwandlungsweg bei Meister Eckhart

Meister Eckhart (1260–1328) lebte in einer Zeit des geistigen Umbruchs. In seinen Predigten hat er suchende Menschen ermutigt, auf eigenen Wegen zu gehen und das geistliche Leben mystisch zu gestalten. Über den Gott die Gottheit suchen – dies ist der Hauptansatz in der Mystik Eckharts.

In diesem Prozess geschieht eine tiefgreifende Verwandlung,

- die mit *Abgeschiedenheit* beginnt,
- im Herzensraum zur dynamischen Einheit mit der *Trinität* führt,

- die *Gottesgeburt* in der Seele erfahren lässt und
- letztlich zu einer integrierten *Weltsicht* leitet.

Wir betrachten diesen Wandlungsvorgang in neun Schritten mit den Aussagen von Meister Eckhart (zitiert nach: Dietmar Mieth, *Meister Eckhart. Einheit mit Gott* [M]; Josef Quint, *Meister Eckhart. Deutsche Predigten und Traktate* [Q]).

1. Der Weg nach innen

1. Ich will sitzen und will schweigen und will hören, was Gott in mir spreche. (Q 423)
2. Der Mensch sollte allen Sinnen entweichen und all seine Kräfte nach innen kehren und in ein Vergessen aller Dinge und seiner selbst gelangen [...] Entziehe dich der Unruhe äußerer Werke! Fliehe weiterhin und verbirg dich vor dem Gestürm innerer Gedanken, denn sie schaffen Unfrieden! [...] Dann spricht er sein Wort und sich selbst in der Seele. (Q 420)
3. Soviel die Seele in Gott ruht, so viel ruht Gott in ihr. Ruht sie ganz und gar in ihm, so ruht (auch) er ganz und gar in ihr. (Q 233)
4. Sollen deine Werke *leben*, so muss Gott dich *inwendig* im Innersten der Seele anstoßen, wenn sie (wirklich) leben sollen: *Da* ist dein Leben, und da allein lebst du. (Q 268)
5. Wer sitzt, der ist bereiter, klare Dinge hervorzubringen, als wer geht oder steht. Sitzen bedeutet Ruhe; darum soll der Mensch sitzen, das ist in Demut sich niederbeugend unter alle Geschöpfe. Das Licht wird ihm dann gegeben in einer Stille, darin sitzt er und wohnt. (Strauch, *Paradisus animae intelligentis*, Berlin 1919, S. 37).
6. [...] Du musst alle »Menge« lassen, und du musst in den »Ursprung« und in den Grund zurückkehren, aus dem du gekommen bist. Alle Seelenkräfte und alle ihre Werke, das alles ist »Menge«: Gedächtnis, Vernunft und Wille, all dies macht dich zur »Menge«. Darum musst du sie alle lassen:

Sinnlichkeit, Phantasie und alles, worin du dich selbst findest oder zum Ziel setzt. Erst dann kannst du diese Geburt finden, anders geht es gewiss nicht. (M 170)

7. Zu dem äußeren Menschen gehört alles, was der Seele anhaftet [...] Dies alles nennt die Schrift den alten Menschen, den irdischen Menschen, den äußeren Menschen, den feindlichen Menschen, einen knechtischen Menschen. Der andere Mensch, der in uns steckt, das ist der innere Mensch; den heißt die Schrift einen neuen Menschen, einen himmlischen Menschen, einen jungen Menschen, einen Freund und einen edlen Menschen [...] Für diesen inneren, edlen Menschen, in den Gottes Same und Gottes Bild eingedrückt und eingesät ist, [...] dafür trägt der große Meister Origenes ein Gleichnis vor: Gottes Bild, Gottes Sohn, sei in der Seele Grund wie ein lebendiger Brunnen. (M 99–100, 103)

8. [...] nimmt den Rost weg, und dann erglänzt, was darunter verborgen lag. Dies ist der Schatz, der verborgen lag im Acker, wie unser Herr im Evangelium spricht (Mt 13,44). (M 103)

9. Wenn einer in ein reines Gefäß, das völlig lauter und rein wäre, reines Wasser gösse, und es still hielte und dann ein Mensch sein Antlitz darüber beugte, so sähe er es am Boden ganz so, wie es an sich selbst ist. Das kommt daher, weil das Wasser lauter und rein und still ist. Ebenso ist es mit allen den Menschen, die da stehen in Freiheit und in Einheit in sich selbst. (Q 292)

10. Nun sollst du wissen, dass der äußere Mensch sich in Betätigung befinden kann und doch der innere Mensch davon gänzlich frei und unbewegt bleibt [...] Wenn dieser Mensch sich etwas Hohem und Edlem zuwendet, dann zieht die Seele alle Kräfte an sich [...] Nun gibt es etliche Menschen, die verbrauchen die Kräfte der Seele ganz und gar im äußeren Menschen. (M 92)

11. Ein Meister sagt ein schönes Wort: Etwas ist in der Seele, das ist recht heimlich und verborgen und weit oberhalb dessen, wo die Kräfte Vernunft und Wille ausbrechen [...] Was die Seele in ihrem Grund ist, davon weiß niemand etwas. Was man davon wissen kann, das muss übernatürlich sein, es muss *aus Gnade* sein. (M 131–132)

12. [...] Du befindest dich nicht besser, als wenn du dich ganz ins Finstere und ins Unwissen setzt. [...] Was ist aber diese Finsternis, wie heißt sie oder was ist ihr Name? Ihr Name lautet nicht anders als: *Möglichkeit zur Empfängnis.* (M 173)

13. Durch Übung und durch Läuterung können die Kräfte der Seele empfänglich werden [...] Den Kräften wird ein Licht gegeben, das dem inneren (Lichte) gleiche. (Q 201)

14. Mein Stillesitzen und meine hohen Gedanken und meine Vereinigung mit Gott – das hat mich in den Himmel emporgezogen. (Q 444)

2. Abgeschiedenheit

1. Die Bindung an das eigene Ich in jedem Werk (der Frömmigkeit) nimmt dir die Freiheit, in diesem gegenwärtigen Augenblick Gott gehorsam zu sein und seiner Eingebung zu folgen [...]. (M 116)

2. [...] Abgeschiedenheit bringt mich dazu, dass ich für nichts empfänglich bin als für Gott [...] Abgeschiedenheit ist gänzlich losgelöst von aller Kreatur. (M 84) [...] Nun rührt (aber) Abgeschiedenheit so nahe an das Nichts, dass zwischen vollkommener Abgeschiedenheit und dem Nichts nichts sein kann. (M 85) [...] Sie steht *auf einem reinen Nichts.* (M 93)

3. Solange ihr den Willen habt, den Willen Gottes zu erfüllen, und Begierde habt nach Ewigkeit und nach Gott, so lange seid ihr nicht arm; denn das ist ein armer Mensch, der nicht will und nicht begehrt. (M 150)

4. Leer sein aller Kreatur ist Gottes voll sein, und voll sein aller Kreatur ist Gottes leer sein. (M 88)

5. Ganz still zu stehen und so lange wie möglich, das ist dein Allerbestes. (Q 435)

6. [...] Abgeschiedenheit ist das Allerbeste,/denn sie reinigt die Seele/und läutert das Gewissen/und entzündet das Herz/und weckt den Geist/und beschleunigt das Verlangen/und lässt Gott erkennen/und scheidet ab die Kreatur/und vereinigt sich mit Gott. (M 97)

3. Gott über Gott

1. Gott und »Gottheit« sind so weit voneinander verschieden wie Himmel und Erde [...] Gott und »Gottheit« sind unterschieden nach Wirken und Nichtwirken [...] Gott *wird* und *entwird* [...] Gott wird, wo alle Geschöpfe Gott aussprechen: Da wird »Gott« [...] Warum reden wir nicht von der »Gottheit«? [Weil] alles das, was in der »Gottheit« ist, Eins ist, und davon kann man nicht reden. Gott wirkt, die »Gottheit« wirkt nicht. (M 191–193)

2. Wo der Mensch Stätte behält, da behält er Unterschiedenheit. [...] Darum bitte ich Gott, dass er mich »gott«-los (wörtlich: »Gottes« quitt) mache; denn mein wesentliches Sein ist oberhalb von »Gott«, sofern wir Gott als Ursprung der Welt fassen. (M 154)

3. Wenn Gott göttlich in dir leuchten soll, hilft dir ein natürliches Erkenntnislicht ganz und gar nicht; es muss vielmehr zu einem reinen Nicht und seiner selbst ganz entäußert werden. Dann kann Gott mit seinem Licht hineinleuchten [...] Willst du Gott göttlich wissen, so muss dein Wissen in reines Unwissen und zum Vergessen deiner selbst und aller Geschöpfe gelangen. (M 172–173)

4. Das kleinste geschöpfliche Bild, das sich jemals in dich hinein abbildet, [...] hindert dich an einem ganzen Gott. Wo dieses Bild (in dich) eingeht, da muss Gott weichen und (mit ihm) seine ganze Gottheit. Wo aber dieses Bild ausgeht, da geht Gott ein. (M 126)

5. [...] Scheidet die bildhafte Erscheinung ab, und vereinigt euch mit dem formlosen Sein [...]. (M 96)

6. Wer Gott ohne [besondere] Weise sucht, der nimmt ihn, wie er in sich selbst ist, und ein solcher Mensch lebt mit dem Sohn und ist das Leben selbst. (M 125) Gott will also nicht mehr von dir, als dass du dich selbst deiner geschöpflichen Seinsweise nach verlässt und Gott Gott in dir sein lässt. (M 126)

7. Hätte ich einen Gott, den ich erkennen könnte, ich würde ihn nimmer für Gott ansehen! Erkennst du nun aber etwas von ihm: Er ist nichts davon,

und damit, dass du etwas von ihm erkennst, gerätst du in Erkenntnislosigkeit. (Q 353)

4. Das Herz

1. Du musst reinen Herzens sein: Das Herz allein ist rein, das alle Geschöpflichkeit zunichte gemacht hat. (M 123)

2. Manchmal habe ich gesagt, es gebe eine Kraft im Geist, die allein frei sei. Manchmal habe ich gesagt, es sei Hort des Geistes, manchmal, es sei ein Licht des Geistes, manchmal, es sei ein Fünklein [...] Es ist von allen Namen frei und aller Formen bloß, ganz ledig und frei, wie Gott in sich selbst ledig und frei ist. Es ist so völlig eins und einförmig, wie Gott eins und einförmig ist, dass man keine Möglichkeit hat, hineinzuschauen [...]. [Diese Kraft] kommt weder mit der Zeit noch mit der Vergänglichkeit in Berührung; diese Kraft fließt aus dem Geist und bleibt im Geist und ist durch und durch geistig. In dieser Kraft lebt Gott und grünt und blüht dort voller Freude und in ganzer Pracht, so wie er bei sich selbst ist. (M 119, 117)

3. Wenn sich der Mensch von sich selbst abkehrt und von allen geschaffenen Dingen – soviel du das tust, so sehr wirst du geeint und selig gemacht im Seelenfünklein, das weder Zeit noch Raum je berührte. Dieser Funke [...] will nichts als Gott unverhüllt, wie er in sich selbst ist [...]. [Dieses Licht] will wissen, woher dieses Sein kommt, es will in den einfaltigen Grund, *in die schweigende Wüste*. In dem Innersten, wo niemand daheim ist, dort (erst) genügt es diesem Licht, und da ist es einiger als in sich selbst, denn dieser Grund ist ein einfaltiges Schweigen, das in sich selbst unbeweglich bleibt. (M 145–146)

4. [..,] dieses Fünklein ist Gott so verwandt, dass es einig und Eins ist, unterschiedlos [bleibt] [...] und [doch] in sich die Urbilder aller Geschöpfe trägt. (M 136–137)

5. So wie Gott eins und einförmig ist, so kommt er in dieses Eine, das ich ein »Bürglein« in der Seele nenne [...] So völlig ein und einförmig ist dies »Bürglein« und über alle Weise und über alle Kräfte ist dieses einige Eine

so erhaben, dass niemals eine Kraft oder eine Weise hineinschauen kann, nicht einmal Gott selbst. (M 120)

6. Das wahrhafte Haben Gottes liegt am Gemüt und an einem innigen, geistigen Sich-Hinwenden und Streben zu Gott, nicht (dagegen) an einem beständigen, gleichmäßigen Darandenken [...] Der Mensch soll sich nicht genügen lassen an einem *gedachten* Gott; denn wenn der Gedanke vergeht, so vergeht auch der Gott. Man soll vielmehr einen *wesenhaften* Gott haben, der weit erhaben ist über die Gedanken des Menschen und aller Kreatur. (Q 61)

5. Seinsgrund

1. Da ist Gottes Grund mein Grund und mein Grund Gottes Grund. Da lebe ich ebenso aus meinem Eigenen, wie Gott aus seinem Eigenen lebt. (M 124) [...] Gottes Bild, Gottes Sohn, sei in der Seele Grund wie ein lebendiger Brunnen. (M 103) [...] Aus diesem innersten Grunde sollst du alle deine Werke ohne Worumwillen wirken. (M 125)
2. Als ich (noch) im Grunde, im Boden, im Strom und Quell der Gott*heit* stand, da fragte mich niemand, wohin ich wollte und was ich täte: Da war niemand, der mich gefragt hätte. (M 193)
3. Die Seele empfängt ihr ganzes Sein und ihr Leben und schöpft alles, was sie ist, aus dem Grunde Gottes und weiß nichts vom Wissen noch von Liebe noch von irgendetwas überhaupt. Sie wird ganz still und ausschließlich im Sein Gottes. Sie weiß dort nichts als das Sein und Gott [...] Der edle Mensch nimmt und schöpft sein ganzes Sein, Leben und Seligkeit bloß nur von Gott, bei Gott und in Gott, nicht vom Gott-Erkennen, -Schauen oder -Lieben oder dergleichen [...] Der Mensch erkennt sich selbst und andere Dinge überhaupt nicht, vielmehr nur Gott allein, fürwahr, wenn er selig wird und selig ist in der Wurzel und im Grunde der Seligkeit. Wenn aber die Seele erkennt, dass sie Gott erkennt, so gewinnt sie zugleich Erkenntnis von Gott und von sich selbst. (M 107–108)

6. Trinität

1. Geh völlig aus dir heraus um Gottes Willen, so geht Gott völlig aus sich selbst heraus um deinetwillen. Wenn diese beiden herausgehen, dann ist das, was bleibt, ein einfaltiges Eins. In diesem Einen, im innersten Quellgrund, gebiert der Vater seinen Sohn. Dort entfaltet sich als Blüte der Heilige Geist. (M 126)
2. So wahr der Vater in seiner einfaltigen Natur seinen Sohn gemäß seiner Natur gebiert, so wahr gebiert er ihn in das Innigste des Geistes, und dies ist die innere Welt. (M 124)
3. Die gleiche Kraft, [...] in der Gott mit seiner ganzen Gottheit und der Geist in Gott grünt und blüht, in dieser gleichen Kraft gebiert der Vater seinen eingeborenen Sohn so wahrhaft wie in sich selbst, denn er lebt wirklich in dieser Kraft, und der Geist gebiert mit dem Vater denselben eingeborenen Sohn und sich selbst als denselben Sohn. (M 119–120)
4. Eines mit Einem, Eines von Einem, Eines in Einem und in Einem Eines ewiglich. (M 110)

7. Gottesgeburt in der Seele

1. Kein Mensch vermag sich des göttlichen Einflusses empfänglich zu machen als durch *Einförmigkeit mit Gott* [...] Daher ist das abgeschiedene Herz völlig Gott unterworfen, und dadurch steht es in der höchsten Einförmigkeit mit Gott. (M 95–96)
2. Im Einen findet man Gott, und Eins muss der werden, der Gott finden soll [...] *Sei Eins, auf dass du Gott finden könntest.* (M 105)
3. Eines mit Einem, Eines von Einem, Eines in Einem und in Einem Eines ewiglich. (M 110)
4. Zeit und Raum sind Stücke, Gott aber ist Eines. Soll daher die Seele Gott erkennen, so muss sie ihn erkennen oberhalb von Zeit und Raum; denn

Gott ist weder dies noch das, wie diese (irdischen) mannigfaltigen Dinge (es sind): Denn Gott ist Eines. (Q 325)

5. Hier ist Gott eins mit dem Geiste, und das ist die äußerste Armut, die man finden kann. (M 155)

6. [...] Unaufhörlich gebiert der Vater seinen ewigen Sohn in diese Kraft, sodass diese Kraft selbst den Sohn des Vaters, beziehungsweise aus der einzigen Kraft des Vaters sich selbst als denselben Sohn mitgebiert. (M 117)

7. [...] Gott gebiert seinen eingeborenen Sohn in das Höchste der Seele. Im gleichen Vorgang, in dem er seinen eingeborenen Sohn in mich gebiert, gebäre ich ihn zum Vater zurück [...] Aus dieser Lauterkeit hat er mich in Ewigkeit als seinen eingeborenen Sohn zum Ebenbild seiner ewigen Vaterschaft geboren, damit ich (auch) Vater sei und den gebäre, von dem ich geboren bin. (M 137–138)

8. Für Gott ist es (noch) wertvoller, dass er von jeder »Jungfrau«, das heißt jeder guten Seele, geistig geboren wird, als dass er von Maria leiblich geboren wurde (M 134). *Frau* [...] ist der erhabenste Name für die Seele, viel schöner noch als »Jungfrau« [...] Dass Gott im Menschen *fruchtbar* werde, das ist noch besser. (M 115)

9. Gott gebiert seinen eingeborenen Sohn in dir, es sei dir lieb oder leid, ob du schläfst oder wachst: Er tut das Seine. (M 139)

10. Gott muss sich in einen jeden Menschen, der sich von Grund auf gelassen hat, [...] völlig ergießen, so ganz und gar, dass er [...] in seiner Natur und in seiner ganzen Gottheit nichts vorbehält; er muss es alles zugleich in fruchtbarer Weise in den Menschen ergießen [...]. (M 143)

11. Dann wird Gott in uns geboren, wenn alle Kräfte unserer Seele, die vorher gebunden und gefangen waren, ledig und frei werden und in uns ein Stillschweigen aller Absicht eintritt. (Q 269)

12. Aus demselben Boden, aus dem der Vater sein ewiges Wort gebiert, aus dem wirkt sie [die Seele] fruchtbar mit bei der Geburt. (M 116)

13. [...] Wir sind ein einziger Sohn, den der Vater in Ewigkeit aus dem verborgenen Dunkel ewiger Vaterschaft geboren hat [...] Hier habe ich ewig in

der verborgenen Erkenntnis des ewigen Vaters geruht und geschlafen. Ich verweilte und war nicht ausgesprochen. (M 137)

14. [...] Ich bin Ursache meiner selbst meinem Sein nach, das ewig ist, nicht aber meinem Werden nach, das zeitlich ist. (M 154)

15. Gott muss schlechthin *ich* werden und *ich* schlechthin Gott, so völlig eins, dass dieser »Er« und dieses »Ich« eins ist, werden und sind und in dieser Seinseinheit ewig ein Werk wirken. (Q 354)

16. Die Leute brauchen nicht so viel nachzudenken, was sie tun sollten; sie sollten vielmehr bedenken, was sie wären. (Q 57)

8. Gott in allem sehen

1. Alles ist von Gott; Gott ist in allem und alles in ihm [...]. Der, der wahrhaft um Gottes Willen wirkt, der aus Gott und durch Gott und in Gott wirkt [...]. [...] Alles ist also *aus ihm, durch ihn und in ihm*. (M 272)

2. Gott wirkt als Innerster aus dem Innersten auf das Innerste aller Dinge [...]. (M 311)

3. Alle Geschöpfe schmecken als Geschöpfe meinem »äußeren« Menschen [...]. Meinem »inneren« Menschen aber schmeckt nichts als Geschöpf, sondern als Gabe *Gottes*. Mein »innerster« Mensch aber schmeckt sie nicht als *Gaben* Gottes, sondern als ewig. (M 192)

4. Was dir vorher ein Hindernis war, das fördert dich nun allesamt. Das Antlitz wird ganz dieser Geburt (Gottes in der Seele) zugewandt. Alles, was du siehst und hörst, was immer das sei, du kannst in allen Dingen nichts anderes empfangen als diese Geburt. Ja, alle Dinge werden lauter Gott, denn in allen Dingen sinnst du nichts als lauter Gott. (M 178–179)

5. [...] Diejenigen, die Gott unverhüllt erkennen, *erkennen mit ihm zugleich die Geschöpfe*; denn die Erkenntnis ist ein Licht der Seele [...]. Wenn man die Welt in ihrem eigenen Wesen erkennt, so heißt das eine »Abenderkenntnis«, und da sieht man die Geschöpfe in Bildern mannigfaltiger Un-

terschiedenheit; wenn man aber die Geschöpfe in Gott erkennt, so heißt und ist das eine »Morgenerkenntnis«, und auf diese Weise schaut man die Geschöpfe ohne alle Unterschiede und aller Bilder entbildet und aller Gleichheit entkleidet in dem Einen, das Gott selbst ist. (M 106–107)

6. Alle Geschöpfe entäußern sich ihres *Lebens* um ihres *Seins* willen. Alle Geschöpfe ziehen in meine Vernunft ein, sodass sie geistig in mir *sind.* Ich allein bereite alle Kreaturen wieder zu Gott. Schaut, was ihr alle tut! [...] Ich allein bringe alle Geschöpfe in ihrem geistigen Sein in meine Vernunft, so dass sie in mir eins sind. (M 192–193)
7. Alles wird neu, gut, rein, lauter und heilig, indem es sich Gott zukehrt, sich ihm nähert, zu ihm zurückeilt und zurückkehrt und ihm sich zuwendet. (M 313)
8. Wenn die Geburt (Gottes in der Seele) wirklich geschieht, können dich alle Geschöpfe nicht hindern, sondern sie weisen dich alle zu Gott und zu dieser Geburt. (M 178)
9. Wer sich selbst erkennt, der erkennt alle Kreaturen. (Q 140)
10. Gott ist die erste Ursache; deshalb ergießt er sich in alle Dinge. (Q 409)
11. Im Innersten und im Höchsten der Seele erschafft Gott die ganze Welt [...] Alles, was vergangen ist, und alles, was gegenwärtig ist, alles, was zukünftig ist, das erschafft Gott im Innersten der Seele. (Q 356)
12. Wer Gott recht in der Wahrheit hat, der hat ihn an allen Stätten und auf der Straße und bei allen Leuten [...]; alle Dinge werden ihm lauter Gott. Ein solcher Mensch trägt Gott in allen seinen Werken und an allen Stätten, und alle Werke dieses Menschen wirkt allein Gott. (Q 58–59)

9. Barmherzigkeit

1. Was Gott auch wirkt, der erste Ausbruch ist Barmherzigkeit [...] Das größte Werk, das Gott je gewirkt hat, das ist die Barmherzigkeit [...] Das Werk Barmherzigkeit ist Gott so wesensverwandt, dass zwar Wahrheit und Fülle

und Güte Gott benennen, [...] das höchste Werk Gottes aber ist Barmherzigkeit. Und das bedeutet, dass Gott die Seele in das Höchste und Reinste versetzt, das sie empfangen kann in der Welt, in ein grundloses Meer; dort wirkt Gott Barmherzigkeit. (M 130)

2. Weder Erkennen noch Liebe einigen [...] Das Denken nimmt Gott, wie er in ihm erkannt wird [...] Liebe nimmt Gott, sofern er gut ist [...] Es kann ihn aber niemals im Meer seiner Grundlosigkeit begreifen [...] Über diesen beiden, über Erkennen und Liebe, ist die Barmherzigkeit. Gott wirkt Barmherzigkeit im Höchsten und Reinsten, das er wirken kann. (M 131)

3. Das Werk der Barmherzigkeit wird in die Barmherzigkeit emporgetragen, sodass es zugleich in sich selbst und in Gott ist [...] Was die Seele in ihrem Grund ist, davon weiß niemand etwas. Was man davon wissen kann, das muss übernatürlich sein, es muss aus *Gnade* sein. Dort wirkt Gott Barmherzigkeit. (M 130, 132)

Der geistliche Verwandlungsweg bei den upanishadischen Meistern

Die Upanishaden bilden die klassische Quelle der östlichen Mystik. Diese Texte sind entstanden im Zeitraum von 800 bis 300 vor Christus aus den tiefen Erfahrungen der Weisen, die gegen die Ritualisierung der Religiosität durch die Brahmanen protestierten. Kehre tief in dich ein mit der Frage *Wer bin ich? (kō-aham)* und erkenne dein wahres Wesen – dies ist der Grundansatz der upanishadischen Meister. In diesem Prozess geschieht eine tiefgreifende Verwandlung, die

- mit *Verzicht* beginnt,
- in der Herzenshöhle zur dynamischen Einheit mit dem Göttlichen (*Sat – Chit – Ānanda*, Sein – Bewusstsein – Seligkeit) führt,
- die Erkenntnis, dass *ich göttlich bin*, ermöglicht und
- letztlich zu einer integralen *Weltsicht* leitet.

Wir betrachten diesen Verwandlungsvorgang in neun Schritten mit den Texten der Upanishaden (zitiert nach: Bettina Bäumer (Hrsg.), *Upanishaden. Die Heiligen Schriften Indiens meditieren* [B] und in eigenen Übersetzungen [ohne Angabe]):

1. Die Suche

1. »Lehre mich, Herr!« – mit diesen Worten näherte sich Narada dem Weisen Sanatkumara. Er antwortete ihm: »Komme zu mir mit dem, was du weißt, und ich werde dich lehren, was darüber hinausgeht.« Er sagte zu ihm: »Herr, ich habe die Veden gelernt, ferner die Epen und die heiligen Texte und alle Wissenschaften. Alle diese habe ich gelernt. Herr, ich kenne die Worte *(mantravid)*, doch den Atman (das Selbst) kenne ich nicht [...] Führe mich ans andere Ufer des Leidens.« Sanatkumara sprach zu ihm: »Alles, was du studiert hast, ist nur Name!« (Chand. Up. 7.1.1–3 / B 104)
2. Wer bin ich? (*kō-aham*, Ait. Up. 1.3.11 / B 151)
3. Wie könnte man den Erkenner selbst erkennen? (Brih. Up. 4,5,15 / B 62). Herr, was ist es, durch dessen Erkenntnis alles, was ist, erkannt wird? (Mund. Up. 1,1,3 / B 91)
4. Höher als die Sinne sind die Gegenstände, höher als die Gegenstände ist das Denken; höher als das Denken ist die Einsicht, höher als die Einsicht ist der große Atman. (Kath Up. 3. 10 / B 226)
5. Man meditiert mit buddhi, denkt mit dem Verstand und spricht mit Worten. (Garbha Up. 1)
6. Den Atman muss man betrachten, denn in ihm wird alles zur Einheit. Diesem Atman soll man in allem auf der Spur folgen, denn durch ihn erkennt man alles. (Brih. Up. 1.4.7 / B 64)
7. Vom Nichtsein führe mich zum Sein, von der Finsternis führe mich zum Licht, vom Tod führe mich zur Unsterblichkeit! (Brih. Up. 1.3.28 / B 172)

8. Von wem bewegt erhebt sich der Geist *(manah)*, (in die Freiheit) entsandt? Von wem gelenkt geht der Lebensatem als Erstes hervor? Von wem bewegt sprechen die Menschen das Wort? Welcher Gott, sprich, lenkt Auge und Ohr? Er ist das Gehör des Ohres, der Geist *(manah)* des Geistes, das Wort der Rede, er ist der Atem des Atems und das Sehen des Auges! (Kena Up. 1.1–2 / B 67)

9. Er ist der ungesehene Seher, der ungehörte Hörer, der ungedachte Denker, der unerkannte Erkenner. Es gibt keinen anderen Seher, keinen anderen Hörer, keinen anderen Denker, keinen anderen Erkenner außer ihm. Er ist dein Atman, der innere Lenker, der Unsterbliche. (Brih. Up. 3.7.23 / B 66)

10. Er ist das, wodurch man sieht, wodurch man hört, wodurch man riecht, wodurch man spricht. Er ist das Göttliche (*Atman*). (Ait. Up. 3.1.)

11. Das Angesicht der Wahrheit ist verdeckt von einer goldenen Schale – enthülle du es, o Pushan (Sonne), damit ich, der Ordnung der Wahrheit treu, es schaue! Pushan, einziger Seher, Tod, o Sonne, Sohn des Schöpfers, breite aus deine Strahlen, sammle deine Herrlichkeit! Ich sehe sie, deine schönste Gestalt – dieser Purusha jenseits, jenseits, ich bin Er! (Isa Up. 15–16 / B 174)

12. Möge das Göttliche uns beide segnen, möge es uns beide erfüllen, mögen wir gemeinsam die geistliche Klarheit suchen, möge unsere Einsicht für uns alle lichtvoll sein, mögen wir uns nicht entzweien. (*Santimantra*, Invokation bei jedem Gespräch)

2. Verzicht

1. Verzichte und genieße! (Isa Up. 1)

2. Wer mit Habgier an den Dingen festhält, ist in seiner Habsucht gebunden. Doch die, die von Habgier befreit sind, sind schon in diesem Leben von Leidenschaft erlöst. (Mund. Up. 3.2.2)

3. Woran er mit seinem Tun hängt, daran hängt auch sein Herz und dorthin strebt sein Feinkörper [...] Das betrifft den Menschen des Begehrens. Der Mensch, der ohne Begehren ist, der wunschlos, befreit von Begierde, des-

sen Wünsche erfüllt sind, dessen (einziges) Begehren dem Atman gilt, den verlässt das Leben nicht. Da er Brahman ist, geht er zu Brahman ein. (Brih. Up. 4.4.6 / B 186–187)

3. Geheimnis

1. Dorthin reicht das Auge nicht, noch das Wort, noch der Gedanke. Wir wissen nicht, wir verstehen nicht, wie man dieses (Geheimnis) lehren kann. Es ist anders als das Gewusste und auch jenseits des Ungewussten: So haben wir es von den Alten gehört, die es uns verkündet haben. Was durch das Wort nicht aussprechbar ist, wodurch das Wort ausgesprochen wird, erkenne das als Brahman – doch nicht das, was man hier verehrt! (Kena Up. 1,3–5 / B 67–68)
2. Von wem es nicht gedacht ist, der denkt es; wer darüber nachdenkt, der kennt es nicht! Nicht verstanden von den Wissenden, verstanden von den Nichtwissenden. (Kena Up. 2.3 / B 116)
3. Wenn du meinst, du kennst es gut, so kennst du nur einen kleinen Teil, einen Aspekt des Brahman. Das, was du zu wissen meinst, musst du noch erforschen. (Kena Up. 2.1 / B 116)
4. *Neti, neti!* – Nicht so, nicht so! (Brih. Up. 2.3.6; 3.9.26; 4.4.22 / B 77, 64, 189)
5. Niemand hat Ihn erfasst, weder in der Höhe noch Breite noch in der Mitte. Es gibt kein Bild von ihm – sein Name ist »große Herrlichkeit«. (Swet. Up. 4.19 / B 207)
6. Groß ist Er, himmlisch, undenkbar, gestaltlos, feiner als das Feinste leuchtet Er. Ferner als das Fernste und doch hier ganz nah, verborgen in der Herzenshöhle des Schauenden. Er wird mit dem Auge nicht erfasst und auch nicht mit dem Wort, noch mit anderen Sinneskräften, auch nicht durch Askese oder gutes Werk. Wenn sein Wesen rein ist, kann er ihn meditierend schauen, den Teillosen, durch die Ruhe der Erkenntnis. (Mund. Up. 3.1.7–8 / B 117)

7. Von dem die Worte und Gedanken umkehren, ohne Ihn zu erreichen – wer diese Seligkeit Brahmans kennt, hat keine Furcht mehr. (Tait. Up. 2.9 / B 178)

4. Das Herz

1. Seine Gestalt ist nicht sichtbar, keiner kann Ihn mit dem Auge erblicken. Die Ihn mit dem Herzen und mit dem Geist *(manasā)* als den im Herzen Wohnenden erkennen – sie werden unsterblich. (Swet. Up. 4.20 / B 207)

2. Offenbar und doch verborgen regt Es sich in der Höhle des Herzens, genannt »der höchste Ort« [...] Erkenne Ihn als Sein und Nichtsein, [...] das höchste aller Wesen, jenseits allem Erkennen [...] Es ist Atem, Wort und Geist; es ist Wahrheit und Unsterblichkeit. Dies ist das Ziel, das zu durchdringen ist; durchdringe es, mein Lieber! (Mund. Up. 2.2.1–2 / B 93)

3. Wahrlich, dieser Atman ist im Herzen [...] Derjenige, der dieses weiß, geht täglich in die Himmelswelt ein. (Chand. Up. 8,3,3 / B 133)

4. Was dieser leere Raum *(ākāśa)* im Innern des Herzens ist, darin ist der geistige Purusha (zu finden), der unsterbliche, golden leuchtende. (Tait. Up. 1.6 / B 176)

5. (Wer) sieht den Atman im eigenen Selbst, der sieht alles als den Atman. (Brih. Up. 4.4.23 / B 190)

6. Das Herz ist der Ruheort aller Wesen [...] Im Herzen sind alle Wesen gegründet. Das Herz ist daher das höchste Brahman. Wer es so weiß und darüber meditiert, den verlässt das Herz nicht, und alle Wesen strömen ihm zu. (Brih. Up. 4,1,7 / B 135)

7. Die Höhle des Herzens (Mund. Up.2,2,1), die innere Burg (Pras. Up. 5,5), die Lotos-Kammer (Chand. Up. 8.1.1), das Gefäß Brahmans (Tait. 1,4), die Welt des Brahman (Chand. Up. 8.4.2), der Ruheort aller Wesen (Brih. Up. 4,1,7), der leere Raum (Tait. Up. 1.6), der höchste Ort (Mund. Up. 2,2,1), der Himmel in dir (Brih. Up. 4.4.22), die himmlische Brahman-Burg (Mund. Up. 2.2.7), die Brahman-Burg (Chand. Up. 8.1.5 / B 93, 202, 131, 124, 197, 135, 176, 93, 188, 144, 132)

8. Hier in dieser Burg Brahmans befindet sich eine Kammer in der Form eines kleinen Lotos. In seinem Innern ist ein kleiner leerer Raum. Was sich in diesem Raum befindet, das soll man suchen, das soll man erkennen [...] So weit dieser große Weltraum reicht, ebenso groß ist dieser Raum im Innern des Herzens. Darin sind Himmel und Erde enthalten, darin sind Feuer und Wind, Sonne und Mond, Blitz und Gestirne enthalten. Darin ist alles enthalten [...] Dieses (was im innersten Raum des Herzens verborgen ist) altert nicht, wenn der Körper altert, es stirbt nicht, wenn der Körper getötet wird. (Chand. Up. 8.1.1,3,4,5 / B 131–132)

9. Dieser Atman im Innern des Herzens ist kleiner als ein Reiskorn oder Gerstenkorn oder Senfkorn oder Hirsekorn oder der Kern eines Hirsekorns. (Doch) ist dieser Atman im Innern des Herzens größer als die Erde, größer als der Luftraum, größer als der Himmel, größer als diese Welten. (Chand. Up. 3.14.3 / B 78)

10. Wer Brahman erkennt, erlangt das Höchste! [...] Wer es erkennt, verborgen in der Höhle des Herzens und im höchsten Himmel, erlangt alle Wünsche zusammen mit Brahman, dem Weisen. (Tait. Up. 2.1 / B 69)

5. Immanenz

1. Feiner als das Feinste, größer als das Größte ist der Atman, verborgen in der Herzenshöhle aller Geschöpfe. Der von Verlangen Freie, der das Leid überwunden hat, schaut durch die Gnade des Schöpfers die Herrlichkeit des Atman [...] Der Atman wird nicht erlangt durch Belehrung, durch den Verstand, noch durch viel Schriftgelehrtheit. Nur wen Er erwählt, von dem wird Er erlangt; diesem offenbart der Atman sein eigenes Wesen. (Kath. Up. 2.20,23 / B 222–223)

2. Wahrlich, woraus die Wesen geboren werden, wodurch sie leben, wenn sie geboren sind, und worin sie eingehen nach dem Tod, das sollst du erkennen: Dieses ist Brahman. (Tait. Up. 3,1 / B 69)

3. Wenn man Brahman schaut im Höchsten und im Tiefsten, werden die Knoten des Herzens zertrennt, alle Zweifel gelöst und die Bindung an die Werke vernichtet. In der höchsten, goldenen Hülle leuchtet Brahman makellos, teillos. Sein Glanz ist das Licht aller Lichter, das ist es, was die Atman-Wissenden erkennen! [...] Ihm, dem Leuchtenden, leuchtet alles nach: Von seinem Licht ist dieses All erleuchtet. (Mund. Up. 2.2,9–11 / B 200–201)

4. Der in der Erde wohnt, von der Erde verschieden ist, den die Erde nicht kennt, dessen Leib die Erde ist, der die Erde von innen regiert, der ist dein Atman, der innere Lenker, der Unsterbliche [...] Der im Atem wohnt, vom Atem verschieden ist, den der Atem nicht kennt, dessen Leib der Atem ist, der den Atem von innen regiert, der ist der Atman, der innere Lenker, der Unsterbliche. (Brih. Up. 3,7,3,16 / B 65–66)

5. Wie Öl im Sesam, wie Butter in der Milch, wie Wasser in den Flüssen, wie Feuer in den Reibhölzern (verborgen ist) – wer ihn durch Wahrheit und Askese sucht, erfährt den Atman ebenso (verborgen) im eigenen Selbst. (Swet. Up. 1.15 / B 82)

6. Brahman

1. Brahman ist Erkenntnis, Seligkeit und das höchste Ziel. (Brih. Up. 3.9.28 / B 64).

2. Brahman ist Wahrheit, Erkenntnis und Unendlichkeit. (Tait. Up. 2.1 / B 69)

3. Es ist Atem, Wort und Geist. Es ist Wahrheit und Unsterblichkeit. (Mund. Up. 2.2.2 / B 93)

7. Ich bin göttlich

1. Den Atman muss man betrachten, denn in ihm wird alles zur Einheit. (Brih. Up. 1.4.7 / B 64)

2. Nur in der Einheit kann man ihn schauen, den unermesslichen, den unerschütterlichen Atman. (Brih. Up. 4.4. 20 / B 188)

3. Wahrlich, wer das Göttliche (Brahman) erkennt, wird selbst göttlich (*Brahmavid brahmaiva bhavati*). (Swet. Up. 2.7)

4. Wenn einer den Atman erkennt und weiß: »Ich bin ER«, welcher Wunsch, welches Begehren, könnte ihn noch an diesen kranken Leib binden? Wer den Atman findet und zu ihm erwacht, der in den Abgrund dieses Leibes eingedrungen ist, er wird allmächtig, der Schöpfer des Alls. Sein ist die (unendliche) Welt, er selbst ist die Welt. (Brih. Up. 4.4.12–13 / B 155)

5. Der Mensch, der ohne Begehren ist, [...] der von Begierde befreit ist, [...] dessen einziges Begehren dem Atman gilt, den verlässt das Leben nicht. Da er Brahman ist, geht er zu Brahman ein. (Brih. Up. 4.4.6 / B 186–187)

6. So wie die strömenden Flüsse im Ozean untergehen und Name und Gestalt aufgeben, ebenso geht der Weise, von Name und Gestalt befreit, zu dem höchsten, göttlichen Purusha (Geist). Wahrlich, wer das höchste Brahman kennt, wird selbst zu Brahman. (Mund. Up. 3.2.8,9 / B 199)

7. Wie wenn die Bienen Honig bereiten, nachdem sie (von den Blüten) verschiedener Bäume die Säfte gesammelt haben, wird ein Saft daraus. So wie diese Säfte dann nicht unterscheiden können: »Ich bin der Saft von diesem Baum, ich bin der Saft von jenem Baum«, ebenso wenn alle Lebewesen ([...] in der Versenkung) ins Sein eingegangen sind, so wissen sie nicht mehr, dass sie ins Sein eingegangen sind. Was diese feinste Essenz ist (das Sein), das hat diese ganze Wirklichkeit als ihr innerstes Prinzip. Das ist die Wahrheit. Das ist der Atman. *Das bist du.*
   Diese Flüsse fließen immer weiter nach Osten oder nach Westen, sie gelangen von Ozean zu Ozean und werden (zuletzt) nur zum Ozean. So wie die Flüsse dann nicht mehr wissen: »Ich bin dieser Fluss, ich bin jener Fluss«, ebenso wissen diese Lebewesen, wenn sie zum Sein gelangt sind, nicht mehr: »Wir sind zum Sein gelangt.« Was diese feinste Essenz ist (das Sein), das hat diese ganze Wirklichkeit als ihr innerstes Prinzip. Das ist die Wahrheit. Das ist der Atman. *Das bist du.* (Chand. Up. 6.9.1,2,4; 6.10.1,3 / B 193–194)

8. Nur in der Einheit kann man ihn schauen, den unermesslichen, unerschütterlichen Atman. Rein ist er, jenseits des Raumes, der Ungeborene, Große, Unerschütterliche. Mögen die Weisen, die ihn erkannt haben, die Brahman-Kenner, die Weisheit tun! Nicht sollen sie über viele Worte nachdenken, denn das ist nur ein Verschleiß des Wortes [...] Wer dieses weiß, ist im Frieden, beruhigt, losgelöst, geduldig, gesammelt; er sieht den Atman im eigenen Selbst, er sieht alles als den Atman [...] Wer es so weiß, wird selbst zu dem furchtlosen Brahman. (Brih. Up. 4.4.20,21,23,25 / B 188–190)
9. Möge ich Träger des Unsterblichen sein. Möge mein Leib leuchtend sein. Meine Zunge sei honigsüß, mögen meine Ohren gut hören. Du bist das Gefäß Brahmans, von Weisheit erfüllt; bewahre in mir, was ich höre. (Tait. Up. 1.4 / B 124)
10. Ich bin göttlich *(aham Brahmāsmi).* (Brih. Up. 1.4.10)
11. Das bist du *(tat tvam asi).* (Chand. Up. 6.9.4)
12. Dieses Selbst ist göttlich *(ayam ātmā Brahma).* (Brih. Up. 2.5.1)
13. Bewusstsein ist göttlich *(prajnānam Brahma).* (Ait. Up. 3.1.3)

8. Gott in allem erkennen

1. Vom Herrn umhüllt ist dieses All, was sich in dieser Welt bewegt. (Isa Up. 1 / B 58)
2. Wer alle Lebewesen im Atman sieht, und den Atman in allen Lebewesen, vor dem sucht sich das Eine nicht zu verbergen. (Isa Up. 6 / B 59)
3. Wer erkennt Es, erkennt Alles [...] »Ich bin All«, darüber soll er meditieren. (Chand. Up. 2.21.4)
4. Wer Brahman erkennt, erlangt das Höchste [...] Brahman ist Wahrheit, Erkenntnis, Unendlichkeit: Wer es erkennt, verborgen in der Höhle des Herzens und im höchsten Himmel, erlangt alle Wünsche zusammen mit Brahman. (Tait. Up. 2,1 / B 69)

5. Die Seher, die von Erkenntnis erfüllt sind, deren Selbst vollkommen, deren Leidenschaften überwunden, die im Frieden sind, sie haben ihn erlangt. Diese Weisen, die den Allgegenwärtigen überall erfahren, sie gehen mit geeintem Selbst in das All ein. (Mund. Up. 3.2.5 / B 118)

6. Dieses Licht, das jenseits des Himmels leuchtet, über allem, über der ganzen Wirklichkeit, in den höchsten, allerhöchsten Welten – dieses ist wahrlich dasselbe Licht, das im Innern des Menschen leuchtet. (Chand. Up. 3,13,7 / B 137)

7. Ihm, dem Leuchtenden, leuchtet alles nach: Von seinem Licht ist dieses All erleuchtet. (Mund. Up. 2.2.11 / B 201)

8. Wahrlich, woraus die Wesen geboren werden, wodurch sie leben, wenn sie geboren sind, und worin sie eingehen nach dem Tod, das sollst du erkennen. Dieses ist Brahman. (Tait. Up. 3,1 / B 69)

9. So wie in der Radnabe und im Radkranz alle Speichen zusammengefasst sind, ebenso sind in diesem Atman alle Lebewesen, alle Götter, alle Welten, alle Atemkräfte, alle Seelen zusammengefasst. (Brih. Up. 2.5.15 / B 74)

9. Liebe

1. Nicht aus Liebe zu allem ist alles lieb, sondern aus Liebe zum Atman ist alles lieb [...] Nicht aus Liebe zur Gattin ist die Gattin lieb, sondern aus Liebe zum Atman ist die Gattin lieb. Nicht aus Liebe zum Gatten ist der Gatte lieb, sondern aus Liebe zum Atman ist der Gatte lieb. Den Atman allein soll man sehen, hören, überdenken, über den Atman soll man meditieren; [...] durch das Erkennen des Atman wird alles erkannt. (Brih. Up. 2.4.5 / B 61–62)

2. (Die letzte Unterweisung des Meisters:) Sprich die Wahrheit *(satyam)*, geh auf dem Weg der Grechtigkeit *(dharma)*, vernachlässige nicht das Selbst-Studium der Schriften *(swādhyāya)* [...] man soll das Wohlbefinden aller nicht vernachlässigen, man soll die Lebensfreude *(kuśala)* nicht vernachlässigen [...] Ehre die Mutter wie Gott, ehre den Vater wie Gott, ehre den

Meister wie Gott, ehre den Gast wie Gott. Du sollst untadelige Werke tun, keine schlechten [...] Man soll mit Achtsamkeit *(śraddha)* geben, mit Freude *(śriya)*, [...] mit Bescheidenheit *(hriya)*, [...] mit Ehrfurcht *(bhiya)*, [...] mit Sympathie *(samvida)*. (Tait. Up. 1.11)

3. Eines ist das Gute *(srēyah)*, das andere ist das Angenehme *(prēyah)*, diese beiden, die verschiedene Ziele haben, binden den Menschen. Wer von beiden das Gute annimmt, der wird gut; wer aber das Angenehme wählt, verfehlt das Ziel. Das Gute und das Angenehme bieten sich dem Menschen an – der Weise prüft sie und unterscheidet. Der Weise zieht das Gute dem Angenehmen vor, der Oberflächliche wählt das Angenehme, Gewinn und Genuss; [...] Er denkt: Es gibt nur diese Welt, keine andere. (Kath. Up. 2. 1–2, 6 / B 219–220)

4. Die Geschöpfe erhielten vom Schöpfer-Gott die Unterweisung: Ihr sollt euch bezähmen *(damyata)*, freigebig sein *(datta)* und barmherzig sein *(daya)*. (Brih. Up. 5.2.1–3)

Konvergenzspuren zwischen Meister Eckhart und den Upanishaden

Ost und West treffen sich nie, sagte Rudyard Kipling, der englische Dichter des 19. Jahrhunderts. Dagegen behauptete Aurobindo, der indische Meister des 20. Jahrhunderts: »Tatsächlich besteht kein wesentlicher Unterschied zwischen Ost und West; die Unterschiede betreffen nur die Namen und Formen.« Hermann Oldenberg, ein deutscher Religionsphilosoph, schrieb 1915: »Manche Sätze von Meister Eckhart könnten auch in den Upanishaden stehen.«

Es gibt Unterschiede zwischen den Religionen des Ostens und des Westens. Unterschiede sollen als Unterschiede respektiert werden. Aber trotz aller Unterschiede dürfen wir geistige Konvergenzspuren zwischen den Religionen wahrnehmen; dies ist der erfreuliche Auftrag des heutigen dialogischen Zeitalters. Wir haben den geistigen

Verwandlungsweg bei Meister Eckhart und bei den upanishadischen Meistern kurz betrachtet. Welche Resonanz rufen die Meister aus den beiden Hemisphären in unseren tiefen Schichten hervor? Wie empfinden wir die Konvergenzspuren zwischen den beiden? Letztlich gibt es nur den einen einzigen göttlichen Geist, der in den Herzen aller Menschen schwingt, den einen göttlichen Logos, der in allen heiligen Schriften pulsiert, die eine Menschheit mit vielen Religionen und Kulturen. »Die Dinge, die wir gemeinsam haben, sind so zahlreich und wichtig, dass es möglich ist, einen Weg entspannten, geordneten und friedlichen Zusammenlebens zu finden, indem man die Unterschiede akzeptiert und sich freut, als Kinder eines einzigen Gottes Geschwister zu sein« (Papst Franziskus, *Fratelli tutti*, 279). In der geistigen Tiefe der Vielfalt können wir eine werdende, schwingende, dynamische Einheit spüren.

Der geistesgeschichtliche Kontext von Meister Eckhart und den Upanishaden hat eine große Ähnlichkeit: Beide sprachen Menschen in Aufbruchstimmung an, Menschen, die neue mystische Zugänge zur Gotteserfahrung suchten. Beide nehmen kritisch Abstand von der durch den Klerus beherrschten und vom Kult geprägten Religiosität. Beide fordern suchende Schüler auf, über festgefahrene Gottesformen und statische Gottesbilder hinauszugehen. Meister Eckhart und die upanishadischen Meister sind vom großen Geheimnis des Göttlichen ergriffen. Daher sprechen sie nicht in dogmatischen Formulierungen, sondern sie verwenden dichterische Symbole, die eine Tiefenerfahrung vermitteln. In der Tiefe erspüren die beiden die göttliche Gegenwart als Schwingung, als Gott über Gott, als *Brahman/Atman*. Beide machen durchgehend einen Unterschied zwischen dem personal aufgefassten Gott und der transpersonalen Gottheit, zwischen dem personalen bildhaften Iswara und dem transpersonalen Brahman.

Daher findet man in beiden eine Art Seinsmystik. Beide verwenden eine offene Sprache statt dogmatischer Formulierungen, die man in der Theologie verteidigen müsste. Dynamische Offenheit für das göttliche Geheimnis und die Wahrnehmung der göttlichen Schwingung prägen ihren Fokus.

Der Ausgangspunkt für beide ist innere Freiheit, die durch Abgeschiedenheit, durch Askese, durch einen einfacheren Lebensstil ermöglicht wird. Dies bedeutet bei beiden: innere Freiheit von festgefahrener Ichhaftigkeit, von habgieriger Anhänglichkeit *(kāma)* an die Dinge und vor allem der Blick über statische Gottesbilder hinaus, hin zu einer kontemplativen Innenschau.

Meister Eckhart und die Upanishaden sprechen vom inneren, intuitiven Wahrnehmungsorgan, das bei Eckhart *Seelenfünklein* heißt und in den Upanishaden *buddhi*. Dieses Wahrnehmungsorgan führt zu einem tieferen Bewusstsein, zum Herzensraum. *Herz* ist bei beiden das Symbol für den sakralen Raum in uns, für die göttliche Mitte, für die innere Kammer, in der der Mensch die göttliche Gegenwart erfährt. Eckhart verwendet Bilder wie Hort des Geistes, Licht des Geistes, Seelengrund und inneres Bürglein. In den Upanishaden finden wir Bilder wie Herzenshöhle, Lotoskammer, Burg Gottes und Himmel in dir.

In diesem Innenraum erfährt man nicht den personal aufgefassten Gott, sondern das Göttliche, die Gottheit, Brahman, als eine enorme Schwingung. Geist bei Eckhart und *Ātman* bei den Upanishaden weisen auf diese innergöttliche Seinsdynamik hin. Im Herzensraum begegnet man nicht einem in sich ruhenden Gott, sondern dort erfährt man die ständig aus sich heraustretende göttliche Wirklichkeit. Darum verwenden die beiden dynamische mystische Bilder wie Springbrunnen, Quelle, Schwingung, Ausdehnung, Expansion. Das, was mit *Herz* gemeint ist, ist nicht ein geschlossenes Kämmerlein, sondern eine enorme Weite, die über alle Grenzen hinausgeht.

Je tiefer man in das mystische Bewusstsein eindringt, umso mehr erweitert sich das Bewusstsein bis zu einer Alleinheitserfahrung. Man erlebt dabei eine tiefe Einheit mit dem göttlichen Seinsgrund, aber auch eine echte Verbundenheit mit allem.

Diese innergöttliche Seinsdynamik wird bei Eckhart als *trinitarischer* Geburtsvorgang wahrgenommen: Der göttliche Mutterboden (Vater) gebiert sich als Sohn in der Kraft des Geistes. In den Upanishaden findet man eine triadische Selbstentfaltung im Brahman: Das Sein *(sat)* entfaltet sich als Bewusstsein *(chit)* and blüht in Seligkeit *(ānanda)*. Das göttliche Sein ist Schwingung.

In diese göttliche Seinsdynamik ist das wahres Selbst des Menschen – die Seele, der *atman* – aufgenommen. Dem wahren Wesen nach schwingt man mit dem göttlichen Geist. Das menschliche Sein ist auch im Werden. Eckhart bezeichnet es als Gottesgeburt in der Seele, die Upanishaden beschreiben es als Göttlichwerdung *(Aham Brahmāsmi)*.

Kraft dieser Neugeburt, dieser Verwandlung, dieser Vertiefung und Erweiterung des Bewusstseins schaut man die Welt anders: Man empfindet eine universelle Theophanie in allem. »Alles wird lauter Gott«, sagt Eckhart. »Dem Leuchtenden leuchtet alles nach«, sagen die upanishadischen Meister. Wir leben in einem göttlichen Raum, in einem sakralen Ambiente. »Meinem innersten Menschen nach sehe ich alles als göttlich«, sagt Eckhart. »Wer Brahman erkennt, wird zum Weltall«, sagen die Upanishaden. Die beiden sprechen von einer Alleinheitserfahrung.

Die ethische Konsequenz dieser Erweiterung des Bewusstseins bezeichnet Eckhart als Barmherzigkeit. Die upanishadischen Meister beschreiben sie als eine Kultur des liebevollen Umgangs mit allem. Für beide ist Liebe nicht einfach eine Emotion, die wir Menschen erzeugen, sondern sie ist ein kosmischer Lebensstrom, der aus der göttlichen Quelle hervorquillt. Wir Menschen können die Liebeskraft nur empfangen und durch uns zu den anderen fließen lassen, sie aber nicht selbst erzeugen. Eine durchgehend empfangende Haltung prägt den geistigen Verwandlungsvorgang bei beiden, in West und Ost. Letztlich ist alles Gnade. Askese und Disziplin, Meditation und Kontemplation, Liebe und Barmherzigkeit – alles macht Menschen zunehmend empfänglich für die Gnade des göttlichen Geistes. In dieser geistigen Achtsamkeit treffen sich Ost und West in der Tiefe.

Ost ist Ost, West ist West – diese beiden geistigen Hemisphären sind von unterschiedlichen kulturellen Prägungen und religiösen Wahrnehmungen geformt. Es gibt Unterschiede zwischen den beiden Weltanschauungen. Die Vielfalt der Religionen respektieren und die tiefe Einheit in der Spiritualität wahrnehmen – dies ist das Grundprinzip der Harmonie.

Die westliche Denkart ist stark von Geschichtsbewusstsein geprägt, im Osten aber herrscht eine kosmische Wahrnehmungsart. Im Christentum steht die geschichtliche Person Jesu im Mittelpunkt, im Hinduismus melden sich viele Göttergestalten, die aus dem kollektiven Unbewussten entstehen. Im Christentum ist die Einmaligkeit des Lebens entscheidend; der Hinduismus spricht selbstverständlich von Wiedergeburt. Im Christentum werden die Würde und die Freiheit der Person betont, im Hinduismus wird die Alleinheitserfahrung hoch geachtet. Daher wird in der christlichen Tradition das Moralische oft in den Vordergrund gestellt, in der Hindupraxis ist das Mystische das Entscheidende.

Ost und West sind wie die zwei Lungenflügel der Menschheit. Man atmet mit den beiden. Wir können sagen: Die geistige Begegnung zwischen Ost und West befruchtet beide zu einer »Hochzeit zwischen Ost und West« (Bede Griffiths). Das wird deutlich, wenn wir die Texte von Meister Eckhart und den upanishadischen Meistern in einem geistlichen Prozess lesen und deuten. Letztlich geht es um eine Vertiefung und Erweiterung des Bewusstseins. In der mystischen Erkenntnis, dass wir alle zu einem höheren Bewusstsein, zum göttlichen Bewusstsein, berufen sind, treffen sich Ost und West in der mystischen Tiefe.

Advaita und *Theosis* – Östliche Mystik und christliche Spiritualität

Die Upanishaden, die im Licht der mystischen Erfahrungen der großen Weisen Indiens zwischen 800 und 300 v. Chr. abgefasst wurden, enthalten eine *advaitische* Erfahrung: eine tiefe Einheit mit allen Dingen im Göttlichen. Die großen Kirchenväter (100–600 n. Chr.) beschrieben das Herz des christlichen Glaubens als *Theosis*, als Göttlichwerdung des Menschen. In diesem Beitrag möchte ich die Möglichkeit einer theologischen Begegnung zwischen diesen beiden Vorstellungen erkunden: *Advaita* und *Theosis*.

Spiritualität ist die universelle Erfahrung, vom göttlichen Geist ergriffen zu werden, die Erfahrung, in die Dimension der Transzendenz zu erwachen: Es ist das Gespür für das *Heilige*, das Ausgerichtetsein auf das Absolute, »auf das, was uns unbedingt angeht« (Tillich). In der Spiritualität erfährt man das Göttliche als Geist, als Atem, als Bewegung, als Schwingung. In der Spiritualität kommt man in Resonanz mit dem Göttlichen, das sich in unendliche Horizonte ausdehnt. Der Geist erforscht die Tiefen des Göttlichen (1 Kor 2,11).

Oft bekommt man durch den Glauben einen Zugang zur Spiritualität. Spiritualität ist universell; der Glaube ist individuell. Spiritualität ist das Erwachen des Göttlichen im Bewusstsein; Glaube ist an ein konkretes Offenbarungsereignis gebunden. Glaube findet seinen

Ausdruck in Symbolen, die aus den jeweiligen Kulturen genommen werden; Symbole sind die Sprache des Glaubens. Über die Vermittlung von Symbolen entwickelt sich Spiritualität zu einer Religion. Werden die Symbole in ihrer tiefen Bedeutung als Zeichen für das Schwingen des göttlichen Geistes in der Welt erschlossen, kann sich dadurch die Tür zu einer universellen Spiritualität öffnen.

In diesem Artikel fokussieren wir uns auf die Begegnung von zwei mystischen Traditionen: *Advaita* als die des Ostens und *Theosis* als die des Westens.

Advaita, die Grunderfahrung der östlichen Mystik

Die Upanishaden bieten eine authentische Quelle des indischen mystischen Erbes. Obwohl den Upanishaden nicht der gleiche Offenbarungswert wie den Veden *(śruti)* zugeschrieben wird, werden sie im Schriftkörper des Hinduismus hochgeschätzt, denn sie enthalten die Reflexionen *(smriti)* der Weisen, welche in die Tiefe der Einheit der Wirklichkeit im Göttlichen gegangen sind. Die Upanishaden weisen auf die absolute Transzendenz des Göttlichen *(Brahman)* und betonen die tiefe Immanenz Gottes *(Ātman)* in der Welt. Das transzendente Geheimnis des Göttlichen offenbart sich durch seine Immanenz in der Welt: Ātman ist Brahman *(ayam ātma Brahma),* dies ist eine grundlegende Einsicht der Upanishaden. (Die upanishadischen Texte sind zitiert nach: Bettina Bäumer (Hrsg.), *Upanishaden. Die Heiligen Schriften Indiens meditieren* [B] und in eigenen Übersetzungen [ohne Angabe])

Fünf Aspekte kennzeichnen die mystische Weltsicht der Upanishaden:

1. Das Göttliche ist nicht erfassbar

Wenn der Weise vom Göttlichen spricht, sagt er: »Dorthin reicht das Auge nicht, noch das Wort, noch der Gedanke. Wir wissen nicht, wir verstehen nicht, wie man dieses Geheimnis lehren kann. Es ist anders als das Gewusste und auch jenseits des Ungewussten.«
(Kena Up. 1.3-4 / B 67-68)

Von dem die Worte und Gedanken umkehren, ohne Ihn zu erreichen.
(Tait. Up. 2.9. / B 178)

Das, wodurch man diese ganze Wirklichkeit erkennt, wie kann man dieses erkennen? Dieses, der Atman, ist nicht so und nicht so [nēti nēti].
(Brih. Up. 4.5.15 / B 62)

Das Göttliche ist »unsichtbar, unbegreifbar, nicht fassbar, unbeschreibbar« (Mund. Up. 1.1.6), das Göttliche ist »formlose ewige Stille« (Chand. Up. 3.15), »feiner als das Feinste« (Swet. Up. 4.14). »Niemand hat Ihn erfasst; es gibt kein Bild von Ihm« (Swet. Up. 4.19).

Diese Grunderfahrung des all-durchdringenden und all-transzendenten Mysteriums des Göttlichen schwingt in allen Upanishaden.

2. Das Göttliche ist das tiefste Subjekt des Bewusstseins

Der menschliche Verstand will alles in eine bestimmte Form bringen. Aber das Göttliche ist formlos, und damit kein Objekt, das der Geist erfassen kann. Der einzige Weg, das Göttliche zu erfassen, ist daher, in eine tiefere Ebene des Bewusstseins einzutauchen. Die Upanishaden laden den Suchenden ein, vom Verstand *(manah)* zur intuitiven Wahrnehmung *(buddhi)* zu gelangen, von der mentalen Ebene zur Innenschau, von der analytischen Denkart zur tieferen Bewusstheit, von der objektivierten Kenntnis der Objekte zur Erkenntnis des wahren Subjekts (Kath. Up. 3.10). Dieser Prozess verlangt den Einsatz des Menschen, fordert Verzicht, Konzentration und Meditation. Aber die Erfahrung des Göttlichen als das tiefste Selbst *(Atman)* bleibt trotzdem eine gnadenhafte Erfahrung, ein Geschenk.

Was durch das Wort nicht aussprechbar ist, wodurch das Wort ausgesprochen wird, erkenne das als Brahman – doch nicht das, was man hier verehrt. Was durch das Denken nicht denkbar ist, wodurch das Denken gedacht wird, erkenne das als Brahman – doch nicht das, was man hier verehrt. (Kena Up. 1.5-6 / B 68)

Der Atman wird nicht erlangt durch Belehrung, durch den Verstand noch durch viel Schriftgelehrtheit. Nur wen Er erwählt, von dem wird Er erlangt, diesem offenbart der Atman sein eigenes Wesen.
(Kath Up. 2,23 / B 223)

Die Weisen der Upanishaden verlangen, dass ein wahrhaft spirituell Suchender *(sādhaka)* nicht an einem bestimmten Bild Gottes hängenbleiben darf. Jede konkrete Erfahrung kann eine Einladung sein, sich ständig dem unfassbaren Göttlichen *(Brahman)* zuzuwenden, das immer jenseits aller Namen und Formen ist. Der Suchende sollte sich ständig fragen: Wie kann ich den Erkennenden erkennen? *Vijnātāram kēna vijāneeyāt.*

3. Derjenige, der das Göttliche erkennt, wird eins mit dem Göttlichen

Das wahre Erwachen zum Geheimnis des göttlichen Subjekts geschieht nicht im dualistischen Verstandesbereich, sondern durch die Erleuchtung von buddhi, des »intuitiven Wahrnehmungsorgans« im Menschen. Nur wenn man eins mit dem Göttlichen wird, kennt man wirklich das Göttliche, denn das Göttliche ist nicht Objekt unseres *Wissens*, sondern Subjekt unserer *Weisheit*:

Nur in der Einheit kann man ihn schauen, den unermesslichen, unerschütterlichen Atman. Rein ist er, jenseits des Raumes, der Ungeborene, Große, Unerschütterliche. **(Brh. Up. 4.4.20 / B 188)**

In der Tiefe des Bewusstseins gelangt man zur Erfahrung der mystischen Vereinigung mit dem Göttlichen: »Wer das *Brahman* kennt, wird selbst zu *Brahman*« (Mund. Up. 3.2.9). »Durch das Wissen des *Brahman* verschmilzt man mit dem *Brahman*« (Swet. Up. 1.7). Man hat die Ebene der Objekte im Bewusstsein *(vyāvahārika)* überschritten (Tait. Up. 2.2.1) und ist in das mystische Bewusstsein des göttlichen Selbst im Inneren *(pāramārthika)* eingetreten. »Man sieht den göttlichen Atman im eigenen Selbst, er sieht alles als den Atman« (Brih. Up. 4.4.23). In tiefer Einheit mit dem göttlichen Selbst kann man ausrufen: »Ich bin *Brahman*!« (*Aham brāhmasmi*, Brih. Up. 1.4.9). Hier berührt man eine Erfahrungsebene, die viel tiefer ist als die mentale Ebene. Diese Erfahrung der mystischen Vereinigung kann nicht anhand eines begrifflichen Rahmens oder philosophischer Theorien des Verstandes bewertet werden. Daher würde jeder Versuch, diese Erfahrung als Monismus oder Selbstvernichtung zu bezeichnen oder sie als Leugnung der Realität des Individuums und der Welt zu verurteilen, daneben liegen. Entscheidend ist zu sehen, wie solch ein mystischer Prozess und die begnadete Einheitserfahrung dem Leben eine geistige Qualität verleiht.

4. Das ganze Universum ist vom göttlichen Selbst durchdrungen

Mit der intuitiven Erfahrung des Selbst im Inneren schaut man auf die Außenwelt. Und man nimmt wahr: »Das Selbst ist in allem und alles ist im Selbst« (Isa. Up. 6). Es ist eine ekstatische Erfahrung der universellen Theophanie. »Das göttliche Licht leuchtet durch alles« (Mund. Up. 2.2.11), »alles wird getrieben, wie auf einem Rad« (Swet. Up. 1.6), »die göttliche Schwingung – OM – schwingt in allem« (Chand. Up. 2.23.3). »Das Universum ist der Leib Gottes« (Chand. Up. 5.18.2). »Das ganze Universum wird vom göttlichen Herrn durchdrungen« (Isa Up. l).

Dieses All ist wahrlich Brahman. Man soll in Stille darüber meditieren, denn in ihm atmet und vergeht alles. **(Chand. Up. 3.14 / B 78)**
Woraus die Wesen geboren werden, wodurch sie leben, wenn sie geboren sind, und worin sie eingehen nach dem Tod, das sollst du erkennen. Dieses ist Brahman. **(Tait. Up. 3.1 / B 69)**
Der in der Erde wohnt, von der Erde verschieden ist, den die Erde nicht kennt, dessen Leib die Erde ist, der die Erde von innen regiert, der ist dein Atman, der innere Lenker, der Unsterbliche. **(Brih. Up. 3.7.3)**
Der Atman ist wahrlich der Herr aller Wesen [...] So wie in der Radnabe und im Radkranz alle Speichen zusammengefasst sind, ebenso sind in diesem Atman alle Lebewesen, [...] alle Welten, alle Atemkräfte, alle Seelen zusammengefasst. **(Brih. Up. 2.5.15 / B 65, 74)**

Die upanishadischen Weisen verwenden eine hochpoetische Sprache, um die Erfahrung der universellen Immanenz des göttlichen Selbst zu beschreiben. Sie identifizieren die endliche Welt nicht mit dem unendlichen Brahman; sie schmecken und spüren aber die Kraft und Gegenwart des Brahman in jedem Atom, in jeder Lebenszelle.

Sie erkennen, dass das ganze Universum von der göttlichen Energie durchdrungen ist. Die göttliche Immanenz in allem wird empfunden »wie Salz im Meerwasser« (Brih. Up. 1.4.7), »wie der lebenspendende Saft im Baum« (Chand. Up. 6.11.1), »wie Fett in Milch« (Swet. Up. 4.16), »wie Öl im Samen« (Swet. Up. 1.15). Dies ist eine sehr mystische Sicht der Welt. Sie kann nicht mit logischen Kategorien beurteilt oder im dogmatischen Rahmen anderer Religionen bewertet werden. Jeder Versuch, dies als Pantheismus oder Götzendienst zu bezeichnen, würde die Erfahrungstiefe verfehlen.

Diese Weltsicht vermittelt ein tiefes Gefühl für ökologische Harmonie. Wenn der Kosmos als Tanz des Göttlichen erfahren wird, werden die Menschen mit großem Respekt für die Dinge der Natur das Leben gestalten.

5. Innere Freiheit ist der Charakter der erleuchteten Person

Die Erfahrung der göttlichen Gegenwart – in sich selbst und in allem – macht feinfühlig für die Gnade der göttlichen Gegenwart in der Welt und für die Impulse, die daraus erwachsen. Innere Freiheit ist die Frucht der mystischen Einheitserfahrung. »Wer alle Wesen im Atman sieht, und den Atman in allen Wesen – welche Verwirrung, welches Leid gibt es noch für den, der so die Einheit sieht?« (Isa Up. 6–7). Wenn die göttliche Gegenwart alles durchdringt, kann man sich nicht besitzergreifend an irgendetwas klammern. Daher ruft der Weise: »Verzichte und genieße!« (Isa Up. 1). Verzicht macht den Menschen innerlich frei. Die upanishadischen Meister beschreiben Habsucht (kāma) als die Ursache allen Leidens und aller Entfremdung im Leben (Mund. Up. 3.2.1). Durch Habsucht wird man auf sein Ego *(ahamkāra)* fixiert; damit ist der Weg zur inneren spirituellen Freiheit blockiert (Swet. Up. 4.7). Außerdem zerstört man durch

Habsucht die Ressourcen der gottgegebenen Natur und manipuliert andere Menschen für seine Ego-Befriedigung. Allmählich eine Haltung des Nicht-Besitzens *(aparigraha)* zu entwickeln ist der Weg, die Habsucht zu überwinden.

Das Gute und das Angenehme bieten sich dem Menschen an – der Weise prüft sie und unterscheidet. Der Weise zieht das Gute dem Angenehmen vor, der Oberflächliche wählt das Angenehme, Gewinn und Genuss.
(Kath Up. 2.2 / B 219)

Innere Freiheit steht über der Dualität von Gut und Böse. Die integrale mystische Sicht auf das Leben führt zu einem ganzheitlichen Blick auf Natur und Gesellschaft. Wer das Göttliche in jedem und allem wahrnimmt, kümmert sich um das Wohlergehen der anderen. Mitgefühl ist das Kennzeichen einer solchen ethischen Haltung. Als der Herr der Schöpfung nach den grundlegenden Tugenden des Lebens gefragt wurde, antwortete er: »Sei selbst-beherrscht *(dama)*, sei großzügig *(datta)*, sei mitfühlend *(daya)*« (Brih. Up.5.2.1–3). Die letzte Anweisung des Meisters an den Schüler, bevor dieser in sein Familienleben eintritt, bietet eine Zusammenfassung der ethischen Lehre der Upanishaden:

Sprich die Wahrheit, folge unaufhörlich dem Dharma, setze das Selbst-Studium fort. Weiche nie ab von Wahrheit und Dharma. Vernachlässige nicht das Wohlbefinden aller Wesen. Vernachlässige nie die Pflichten gegenüber den Vorfahren und die Verantwortung für die Lebenskräfte der Natur. Ehre die Mutter wie Gott, ehre den Vater wie Gott, ehre den Meister wie Gott, ehre den Gast wie Gott. Möge die gute Behandlung, die du in mir gefunden hast, dich weiter anregen. Was du anderen gibst, gib mit Glauben und Freude, mit Sympathie und Großzügigkeit.
(Tait. Up. 1.11.1-4)

Theosis, die Grunderfahrung der christlichen Spiritualität

Der Logos wurde Fleisch in Jesus Christus; Gott liebte die Welt so sehr, dass er seinen eingeborenen Sohn in die Welt sandte; in Christus hat Gott die Welt mit sich versöhnt; das Alte ist vergangen, alles ist neu geworden; wir leben in Christus – das sind einige der Kernaussagen des christlichen Glaubens. Wenn ein Christ diese Worte zu einem Hindu sagt, der vom upanishadischen Erbe geprägt ist, wird der Christ mit der Frage konfrontiert: Hast du die Kraft dieser Worte erfahren? Hat das Evangelium dein Bewusstsein wirklich vertieft und dein Leben verändert? Erfahrung ist die Hauptquelle der Authentizität in der spirituellen Tradition des Hinduismus. Daher betont man im Osten Meditation, Disziplin und Einfachheit des Lebens.

Die Erfahrung des Göttlichen im Osten ist die Erfahrung der Einheit mit dem Göttlichen. Die upanishadischen Meister verlangen, dass jede Form der Dualität, die auf der mentalen Ebene stattfindet, durch ein Bewusstsein für die Einheit der Wirklichkeit im Göttlichen überwunden werden muss. Dies ist eine ständige Einladung zu einer tiefen mystischen Einheitserfahrung: eine Herausforderung für Christen, sich der mystischen Dimension des christlichen Glaubens zu öffnen. Es gibt eine Tendenz in Judentum und Christentum, die Ich-Du-Beziehung zu Gott überzubetonen. Gott wird in erster Linie als Vater, Herr, Heiland, Schöpfer und König dargestellt. Diese Personifizierung des allmächtigen Gottes mit männlichen Symbolen zeigt sich in Gebet und Liturgie, in der Theologie und in den Strukturen des Christentums. Die Meister der Upanishaden lenken unsere Aufmerksamkeit auf die Erfahrung des Göttlichen als Subjekt unseres Seins, auf das Bewusstsein des Einsseins mit dem Göttlichen. Sie können Christen anregen, in die Tiefe der Gotteserfahrung

Jesu hineinzuschauen. Das Johannesevangelium, das viele Hindus als christlichen Upanishad bezeichnen, verdeutlicht, dass Jesus das Göttliche als die innere Quelle seines Seins erfuhr: als das, woraus er hervorkam.

Die Erfahrung Jesu

Das Johannesevangelium beschreibt drei Dimensionen der Gotteserfahrung Jesu:

1. »Der Vater hat mich gesandt«

(Joh 3,16–17; 4,34; 5,36–38; 6,29; 7,28–29; 10,36; 17,3)

Jesus lebte im Bewusstsein, vom Vater gesandt zu sein. Der Vater ist derjenige, der den Sohn mit der erlösenden Mission sendet. Der Sohn sieht sich gesandt, »den Willen des Vaters zu tun« (Joh 4,34; 5,30; 6,38), »das Werk des Vaters zu vollenden« (Joh 4,34; 6,29; 9,3). Hier gibt es eine gewisse Unterscheidung zwischen dem Einen, der sendet, und dem, der gesandt wird. Diese Beziehung zwischen Vater und Sohn ist eine inter-personale Beziehung.

2. »Ich bin im Vater und der Vater ist in mir«

(Joh 5,26; 8,28; 14,10; 17,21–23)

Jesus wusste, dass der Vater, der ihn gesandt hat, mit ihm, in ihm ist (Joh 8,16–19; 14,10; 16,32). Der Vater ist derjenige, der den Sohn von innen belebt und begleitet. Der Sohn wird ständig aus dem Vater geboren (Joh 5,26; 6,57; 8,24; 16,28). Der Vater ist Quelle und Mutterboden des Sohnes. Zwischen beiden ist totale gegenseitige Immanenz, innige Durchdringung *(perichoresis)*. Der Sohn ist Ausdruck und Öffnung des Vaters (Joh 14,10–11; 12,49). Es gibt keinen Vater ohne den Sohn, keinen Sohn ohne den Vater. Die Beziehung zwischen Vater und Sohn ist eine intra-personale Beziehung.

3. »Der Vater und ich sind EINS«

(Joh 10,30; 17,11, 21–22.)

Dies ist der Ausdruck der tiefsten Erfahrung Jesu in Bezug auf das Göttliche. Er hatte das Bewusstsein, dass sein Wesen für diese göttliche Quelle, die er den *Vater* nannte, vollständig durchlässig ist und sein Leben in Übereinstimmung ist mit dem göttlichen Grund. Vater und Sohn sind im Wesen EINS. Das Wesen des Vaters entfaltet sich durch das Wesen des Sohnes. Der Sohn ist die Selbstmitteilung des Vaters. Es besteht absolute Einheit zwischen ihnen. Die Beziehung zwischen Vater und Sohn ist eine trans-personale Beziehung.

Die EINheit in der Tiefe des Göttlichen kann nicht einfach in personifizierten Kategorien ausgedrückt werden. Diese drei Aspekte des Bewusstseins Jesu dürfen nicht als drei Phasen oder Sphären gedeutet werden, sondern als die drei integralen Dimensionen seines Gottesbewusstseins.

Unsere Erfahrung

Und Jesus lädt uns ein, an dieser inneren Erfahrung teilzuhaben:

Wie du mich in die Welt gesandt hast,
so habe auch ich sie in die Welt gesandt. **(Joh 17,18)**
Wie mich der Vater kennt, und ich den Vater kenne. **(Joh 10,15)**
Wie mich der Vater geliebt hat, so habe ich euch geliebt;
bleibt in meiner Liebe. **(Joh 15,9; 17,26)**
Vater, du hast die Meinen ebenso geliebt wie mich. **(Joh 17, 23)**
Ihr werdet in meiner Liebe bleiben,
so wie ich in seiner Liebe bleibe. **(Joh 15,10)**
Wie mich der lebendige Vater gesandt hat und wie ich durch den Vater lebe, so wird auch jeder, der mich isst, durch mich leben. **(Joh 6,57)**
Ich bin in meinem Vater, ihr seid in mir und ich bin in euch. **(Joh 14,20)**

Wie du, Vater, in mir bist und ich in dir bin,
sollen auch sie in uns sein. **(Joh 17,21)**
Damit sie eins sind, wie wir eins sind,
ich in ihnen und du in mir. **(Joh 17, 22-23)**
So sollen sie vollkommen eins sein. **(Joh 17,23)**

Die griechische Präposition *wie (kathos)* hat hier eine große Bedeutung. Jesus wollte, dass alle, die an ihn glauben, denselben inneren Weg gehen, den er gegangen ist, und an derselben inneren Erfahrung teilhaben, die sein Bewusstsein geprägt hat. Unser Leben entfaltet sich in Christus, im innertrinitarischen Prozess des göttlichen Lebens. Wir sind berufen, an der Sohn-Gottes-Erfahrung Christi teilzuhaben: Wir sind »Kinder Gottes«, »Erben Gottes, Miterben Christi« (Röm 8,16–17). Zu einem göttlichen Bewusstsein sind wir berufen: *Wir sind göttlich!*

Theosis: Die Göttlichwerdung des Menschen

Die Kirchenväter fanden im Prozess der Göttlichwerdung des Menschen *(theosis)* den Kern christlicher Glaubenserfahrung:

Gott ist Mensch geworden, damit der Mensch Gott werde. [Deus homo factus est, ut homo fieret Deus.] **(Augustinus, PL 38,1997)**

Das Wort Gottes ist wegen seiner übergroßen Liebe das geworden, was wir sind, damit er uns zu dem mache, was er selbst ist.
(Irenaeus, Adversus Haereses, Vorwort, PG 7,1120)

Der nous [buddhi], der sich gereinigt und über alles Materielle erhoben hat, um Gott klar zu schauen, wird durch das Geschaute vergöttlicht [en ois theorei theopoieitai]. **(Origenes, Johanneskommentar 32,17, PG 14,817a)**

In Jesus ist die göttliche Natur mit der Natur des Menschen verwoben, damit in Einheit mit dem Göttlichen die Natur des Menschen vergöttlicht wird. Es geschieht eigentlich nicht nur in Jesus, sondern in jedem, der an Jesus glaubt, und seiner Lehre entsprechend lebt.
(Origenes, Contra Celsum, 3.28)

Wir sind nicht nur Christen geworden, sondern Christus selbst. Steh fest und staune voll Freude: Wir sind Christus geworden! Christus spricht in uns, betet in uns, leidet in uns, lebt in uns: Wir sind ER. [Nos ipse sumus.]
(Augustinus, Johanneskommentar, 21.8, PL 35,1929)

Der Logos ist vermenschlicht worden [enanthropesen], damit wir vergöttlicht [theopoiethomen] werden.
(Athanasios, Oratio de incarnatione verbi, 53,3, PG 25,192b)

Theosis meint die Erneuerung der Ebenbildhaftigkeit Gottes, nach der wir vom Logos erschaffen sind.
(Athanasios, Oratio de incarnatione verbi, 3,101)

Im Geist vergöttlicht uns das Wort. **(Athanasios, PG 25,192; 26,589)**

Christus nimmt in uns Gestalt an durch den heiligen Geist, der die Göttlichkeit in uns wiederherstellt. **(Cyrill von Alexandrien, PG 75,1088)**

Theosis heißt Anteilnahme durch die Gnade an dem, was in Gottes Natur vorhanden ist. **(Johannes von Damaskus, Expositio Fidei, 88,18)**

Durch Theosis werden wir in das Energiefeld Gottes gebracht.
(Gregorios Palamas, Heilige Hesychasten)

Theosis bedeutet die Wiederherstellung des Bildes Gottes in uns. Was die Menschheit durch den Sündenfall verloren hatte, wurde durch das Heilsereignis Jesu Christi wiederhergestellt. Das in uns verborgene Gesicht Gottes ist in Jesus Christus manifestiert. Die in uns vorhandene Herrlichkeit Gottes erstrahlt im auferstandenen Christus. In der Kraft und Gegenwart des Geistes erkennen wir, dass wir zum göttlichen Bewusstsein berufen sind. Der Geist lässt uns erkennen, dass wir Menschen keine Sklaven mehr sind, sondern Töchter und Söhne Gottes, die durch Christus an der göttlichen Natur teilnehmen. Die Kirchenväter setzen die menschliche Seele nicht mit dem präexistenten göttlichen Sohn gleich, sondern betonen, dass durch die Menschwerdung des göttlichen Logos das Göttliche, das in uns schlummert, in Jesus erwacht ist; durch Christus sind wir mit der Erkenntnis begnadet worden, dass wir an der erneuerten Menschheit teilhaben, die eins ist mit der Göttlichkeit Christi. Wir werden auf den Baum Christi gepfropft (Röm 11,17). So ziehen wir den neuen Menschen an (Kol 3,10) und werden eine neue Schöpfung (2 Kor 5,17). Unser Leben vollzieht sich *in Christus.*

Theosis, die Göttlichwerdung des Menschen, ist eine Einsicht, die in der Tradition der westlichen römischen Kirche weitgehend untergegangen ist und daher oft nicht mehr verstanden wird. In der griechischen Ostkirche war und ist Theosis dagegen bis heute noch lebendig, vor allem in der Spiritualität der Mönche des Berges Athos. Der Glaube an Christus bedeutet daher die Teilnahme am Prozess der Göttlichwerdung, der durch den Geist Christi geschieht. Der Geist erneuert ständig unser Leben und lässt uns am göttlichen Leben teilhaben. Jeder, der sich mit dem Herrn vereint, ist »ein Geist mit ihm« (1 Kor 6,17). Wir sind berufen, »in sein eigenes Bild verwandelt zu werden durch den Geist Christi« (2 Kor 3,18), »an der göttlichen Natur Anteil zu erhalten« (2 Petr 1,4). Im Glauben befinden wir uns in einem Prozess, »damit wir Christus in seiner voll verwirklichten Gestalt darstellen« (Eph 4,13), in einem Prozess, in dem »wir von der ganzen Fülle Gottes erfüllt werden« (Eph 3,19). Und dieser Prozess im Geist führt dazu, dass »Gott alles in allem sein wird« (1 Kor 15,28). Für die frühen Väter und Mystiker der Kirche war die Göttlichwerdung *(theosis)* eine Grunderfahrung des christlichen Glaubens.

Es ist ein wechselseitiger Geburtsprozess: Gott hat uns geboren; Wir gebären Gott. Origenes, Gregor von Nyssa und Augustinus verwenden das Bild der *Gottesgeburt in der Seele*. Wir alle sind berufen, nicht nur Kinder Gottes zu werden, sondern auch Mütter Gottes. Es geschieht eine geistige Geburt. Wenn Gott in der Seele wirkt, so wird sie Mutter. »*Schwangeres Weib* wird die Seele genannt, die vor Kurzem den Logos empfangen hat. Das *sich bildende Kind* ist das Wort Gottes im Herzen derselben Seele [...] Bist du so reinen Sinnes, so heiligen Leibes, so makelloser Taten, so kannst du Christus selber gebären [...] Deine Seele ist dann die Mutter Christi. Denn Christus, die Gerechtigkeit, formt sich in dir« (Origenes, *Kommentar zum Hohenlied*, zit. nach Ruhbach / Sudbrack, *Christliche Mystik*, München 1989, 52).

Über das Heilsereignis in Betlehem predigte Augustinus: »Christus ist geboren; möge er auch in unserem Herzen geboren werden. Maria trug ihn im Schoße; mögen wir ihn im Herzen tragen. Die Jungfrau wurde schwanger durch die Fleischwerdung Christi; mögen unsere Seelen schwanger werden durch unseren Glauben an Christus. Die Jungfrau gebar den Heiland; mögen unsere Seelen das Heil gebären. Seien wir nicht unfruchtbar, unsere Seelen sollen in Gott fruchtbar werden« (Augustinus, Weihnachtspredigt). Für Meister Eckhart sind wir alle berufen, Jungfrauen zu sein, das heißt völlig offen für den göttlichen Geist, und dadurch Mütter Gottes zu werden, das heißt Gott in diese Welt zu gebären. »Ich gebäre den, von dem ich geboren bin« *(Ave gratia plena)*. Das Erkennen der Göttlichkeit des Menschen und des Göttlichen in der Welt – dies ist ein zentrales Thema in den Predigten Meister Eckharts.

Diese Perspektive der Väter und Mystiker der Kirche hilft uns, das wahrzunehmen, was tief in uns geschieht. Die Schöpfung erlebt die Geburtswehen des göttlichen Geistes, die sich in und durch den Menschen vollziehen. Unser Bewusstsein wird durch den Geist verwandelt und zu einem göttlichen Bewusstsein erhoben, wie es im Bewusstsein Jesu in voller Blüte sichtbar wurde. Wir werden in Christus wiedergeboren, und wir gebären Christus in alle Bereiche des Lebens. In diesem Prozess der Christuswerdung *(Christificatio)* entdecken wir unsere wahre Identität.

Was wäre die konkrete Auswirkung der *Theosis* im Leben? Die Person, die in Gott wiedergeboren wird, wird sehr empfänglich werden für die Leiden der Menschen und die Qualen der Schöpfung. Ihr Handeln wird von Barmherzigkeit geprägt sein. Das in Jesus geoffenbarte Antlitz Gottes ist das barmherzige Antlitz.

Wenn man gnadenhaft in die Geburt des Geistes eingeführt wird, erfährt man die Geburtswehen der neuen Schöpfung. Im Leben der Armen und auf den Gesichtern der geschlagenen Menschen entdeckt man die heilende Gegenwart Gottes, der alles neu erschafft. In ihrem Leiden und in der Verwundung von Mutter Erde entdeckt man den verwundeten Gott; dies ist die Offenbarung des Kreuzes. Gleichzeitig erlebt man auch in dieser geschundenen Welt die neugestaltende Kraft des Geistes; dies ist die Botschaft der Auferstehung. Diese unsere Welt ist Gottes Welt, der Leib des göttlichen Geistes.

Christen begegnen dem Osten

Was geschieht, wenn das Evangelium Jesu der geistigen Welt der Upanishaden begegnet? Was geschieht, wenn der Glaube an Christus auf die mystische Erfahrung der upanishadischen Weisen trifft? Inwieweit kann eine Begegnung mit der geistigen Welt der Upanishaden die Glaubenserfahrung eines Christen vertiefen?

Die innere Erfahrung Jesu und die mystische Tradition der Kirche helfen uns, tiefer in uns selbst zu schauen und unsere wahre Identität im innertrinitarischen Prozess zu entdecken. Der »Geist, der die Tiefen Gottes ergründet« (1 Kor 2,11) ermöglicht uns zu erkennen, dass wir berufen sind, ins Göttliche einzuschwingen. Diejenigen, die aus dem in Jesus offengelegten göttlichen Brunnen trinken, werden vom göttlichen Geist durchdrungen werden und daraus die neue Schöpfung gebären (Joh 7,37–39). Gott gebiert sich in und durch uns. Unsere wahre Identität besteht in völliger Durchlässigkeit für die göttliche Kraft und Präsenz.

Auf der Ebene dieser mystischen Erfahrung begegnen Christen den Weisen des upanishadischen Erbes. Die Upanishaden vertreten die Erfahrung der Seher, die ihre wahre Identität in der innergöttlichen Dynamik von *Sat – Chit – Ānanda* (Sein – Bewusstsein – Seligkeit) entdeckt haben. Sie spürten, dass sie ständig durch den Strom des göttlichen Lebens verwandelt und durch den sich ausgießenden Strahl des göttlichen Lichts erleuchtet wurden. Sie haben intensiv die Dynamik der göttlichen Gegenwart in allem wahrgenommen. Sie wurden von der objektivierenden Aktivität des Verstandes zum kontemplativen Schauen des buddhi geführt. Ihr Bewusstsein wurde durch das göttliche Licht vertieft und erleuchtet. Sie konnten die gesamte Wirklichkeit mit ihrer Vielfalt in der Tiefe der göttlichen Einheit wahrnehmen. *Prajnānam Brahma*, Bewusstsein ist vergöttlicht

(Ait. Up. 3.1.3) – konnten sie ausrufen. Hier ist die Subjekt-Objekt-Polarität überwunden. Hier entdeckt und realisiert man, dass die menschliche Natur eins ist mit der göttlichen Natur. »Wer das *Brahman* kennt, wird selbst zu *Brahman*« (*Brahmavid brahmaiva bhavati*, Mund. Up. 3.2.9) – dies ist die tiefste mystische Erfahrung im spirituellen Erbe der Upanishaden. »Jeder, der mit dem Herrn vereint ist, wird ein Geist mit ihm« (1 Kor 6,17) – dies ist die tiefste mystische Erfahrung im geistlichen Erbe des Neuen Testaments. Diese beiden mystischen Wahrnehmungen gehen in Resonanz: Eine vertieft die andere, eine beleuchtet die andere.

Ohne unnötig zu polarisieren oder die spezifischen Unterschiede ungebührlich zu ignorieren, kann von beiden Seiten die Frage gestellt werden: Was löst die andere Seite in mir aus? Mit dieser Frage liest der Christ die Upanishaden in der inneren Kammer des Herzens; und der Hindu liest das Neue Testament in der inneren Höhle des Herzens. In der mystischen Tiefe begegnen sie sich. Der Christ wird von der Wahrnehmung bewegt, dass keine Einheitserfahrung ohne kontemplative Disziplin und asketische Elemente möglich ist. Der Hindu wird zu der Erkenntnis geführt, dass keine befreiende Spiritualität möglich ist ohne eine echte Sorge um das Wohlergehen des Menschen und den Einsatz für Gerechtigkeit. Den Christen wird geholfen, die Kraft und Gegenwart des Göttlichen in der Natur zu sehen und daraus ökologische Folgen für das Glaubensleben zu ziehen. Dem Hindu wird geholfen, die befreiende Gegenwart Gottes in den Ereignissen der Geschichte zu erkennen und so für die Herausforderungen des sozialen Lebens empfänglich zu werden. Der Christ lernt, auch die Natur als den Leib des göttlichen Geistes zu betrachten und damit mit größerer Achtung umzugehen. Der Hindu wird angeregt, jede menschliche Person als Tempel des Geistes zu betrachten und zu respektieren. Die anthropozentrische Weltanschauung des Christentums wird ausbalanciert durch die kosmische Weltsicht der upanishadischen Weisen.

Es kann und darf nicht darum gehen, sich gegenseitig auf dem geistlichen Weg zu belehren oder die Schrift des anderen im Licht der eigenen Offenbarung zu interpretieren. Vielmehr verstehen sich Hindu und Christ dem anderen gegenüber als geistliche Mit-Pilger. Auf dem gemeinsamen Pilgerweg lesen sie die Schrift des anderen, öffnen sich, um vom anderen herausgefordert, bereichert und begleitet zu werden. Es ist ein Prozess, durch den man die eigene spirituelle Identität in der Begegnung mit dem anderen wiederentdeckt. Durch das Du werde ich zum wahren Ich; dieses Prinzip gilt auch für interreligiöse Begegnung.

Die mystischen und prophetischen Ströme sind die gegenseitig bereichernden Elemente der spirituellen Integration. In jeder Religion sind beide offenkundig oder implizit am Werk. So gibt es zum Beispiel mystische Strömungen in christlichen Schriften und Traditionen, die aber von der Theologie nicht aufgenommen wurden und daher den Alltag der Christen nicht prägen konnten. In den Strukturen der Gemeinde und im dogmatischen Rahmenwerk der Theologie wurden die mystischen Elemente oft an den Rand gedrängt, wenn nicht sogar unterdrückt. In der heutigen Welt gibt es aber eine weltweite Suche nach mystischen Erfahrungen. Viele Christen, die in ihrer Gemeinde und ihrem Erbe keinen mystischen Zugang finden können, suchen sie bei östlichen Meistern. Dies ist ein Phänomen, das die Kirche ernst nehmen muss; sie muss hinhorchen auf das, »was der Geist den Kirchen sagt« (Offb 3,13). Im heutigen dialogischen Zeitalter sollte die Kirche das unsichtbare Werk des göttlichen Geistes in den Herzen aller Menschen erkennen. »Die inneren und geheimnisvollen Werke des göttlichen Geistes sollen geachtet werden in den großen religiösen Weisheitstraditionen des Ostens und des Westens« (Papst Johannes Paul II., *Veterum Sapientiae*, 94).

Die Upanishaden eröffnen Christen unendliche Horizonte auf der Suche nach dem Mysterium des Göttlichen. Wenn man sich auf den suchenden Geist der Upanishaden einstimmt, kann man sich kaum auf konkrete Formen der Offenbarung Gottes festlegen, noch kann man dogmatisch an bestimmten Formulierungen der Theologie festhalten. Eine solche Offenheit des Geistes bedeutet nicht, den Glauben an Christus zu relativieren, sondern ihn in Bezug auf den universellen Prozess der göttlichen Selbstoffenbarung einzuordnen. Kirche wird dann nicht in erster Linie in sichtbaren Strukturen und in festgefahrenen Traditionen wahrgenommen werden, sondern als eine Pilgergemeinschaft, die immer in Bewegung ist, als eine »Weggemeinschaft« (Apg 9,2), die immer unterwegs ist, »um die Länge und Breite, die Höhe und Tiefe der Liebe Christi« zu verstehen (Eph 3,19).

In der Tiefe der Upanishaden und des Neuen Testaments gibt es eine mystische Erfahrung der Einheit mit dem Göttlichen. Die christliche Erfahrung der Einheit mit dem Göttlichen wurde später als *Theosis* interpretiert; die upanishadische Erfahrung des Verschmelzens mit dem Göttlichen wurde als *Advaita* dargestellt. Beides sind Wege, die zum Herzensraum führen, zur göttlichen Mitte der Person. Ich möchte nicht behaupten: *Theosis* ist dasselbe wie *Advaita*. Die beiden Wahrnehmungen kommen aus unterschiedlichen kulturellen Bereichen und religiösen Vorstellungen. Aber beide Deutungen weisen auf eine tiefere mystische Ebene, die weit jenseits von begrifflichen Klärungen liegt.

Wenn die Kirchenväter versuchen, *Theosis* zu erklären, machen sie einen Unterschied zwischen Wesen *(ousia)* und Natur *(physis)*: Wir Menschen haben Anteil an der göttlichen Natur, nicht am göttlichen Wesen. Gregor von Palamas unterscheidet zwischen Essenz und Energien Gottes: Wir befinden uns im Energiefeld Gottes, aber nicht in der göttlichen Essenz. Dies sind theologische Versuche, die mystische Erfahrung der Einheit mit dem Göttlichen zu klären und zu erklären. Die Erfahrungstiefe jedoch liegt jenseits jeder Beschreibung und Deutung.

Die upanishadischen Weisen sprechen durchgehend von der Unfassbarkeit und daher von der Transzendenz des Göttlichen. »Dorthin reicht das Auge nicht, noch das Wort, noch der Gedanke; wir wissen nicht, wir verstehen nicht, wie man dieses Geheimnis lehren kann!« (Kena Up.1.3). Ihnen ist die Begrenztheit des Verstandes sehr bewusst. Darum versuchen sie, mit Hilfe des begnadeten Buddhi in die Herzenshöhle zu schauen und die tiefe Einheit mit dem Göttlichen wahrzunehmen. Darin spüren sie die All-Einheit, die als *Advaita* interpretiert wird: nicht eins, nicht zwei, sondern EINS!

Ein Schlüssel zur gegenseitigen Resonanz von *Advaita* und *Theosis* könnte in folgenden Aussagen liegen: »Wer das *Brahman* kennt, wird selbst zu *Brahman*« (*Brahmavid brahmaiva bhavati*, Mund. Up. 3.2.9). »Wer Gott erkennt, wird gottförmig« (*quisque Deum intelligit, deiformis fit*, Thomas von Aquin, ST. 1.12.5. ad 3).

Gebet als die Ursprache des Menschen – Das Beten in den Weltreligionen

Beten entfaltet sich aus einem Betroffensein von der allgegenwärtigen und doch unfassbaren göttlichen Wirklichkeit. Das Betroffensein wird besonders deutlich spürbar, wenn man Grenzerfahrungen macht. Diese existenzielle Lage wird oft mit einem Vogel im Käfig verglichen. Wenn man einen Vogel in einen Käfig sperrt, fliegt er hin und her und schlägt immer wieder an die Gitter. Auch wenn man das beste Futter und beruhigende Musik anbietet, bleibt das kleine Wesen unruhig. Warum? Weil es spürt, dass es für die Freiheit des Himmels geschaffen ist. Die menschliche Seele ist auf das Unendliche hin geschaffen. Darum sagte Augustinus: »Geschaffen hast du uns auf dich hin, o Herr, und unruhig ist unser Herz, bis es Ruhe findet in dir« (Augustinus, Bekenntnisse).

Jeder Mensch spürt seine Zerbrechlichkeit und schaut über die existenzielle Grenze hinaus. In diesem Sinne kann man sagen: Jeder Mensch betet! So gesehen, transzendiert das Uranliegen des Betens die Grenzen einzelner Religionen. Beten verbindet Menschen miteinander über kulturelle Grenzen hinweg in einer universellen geistlichen Pilgergemeinschaft. Die Gedanken und Gefühle, die Sorgen und Schmerzen, die Wünsche und Hoffnungen, die im Beten ausgedrückt werden, sind allgemeine Erfahrungen.

Alle Menschen wenden sich letztlich dem einen Göttlichen zu, das mit unterschiedlichen Namen – oder mit keinem Namen – angesprochen wird, das aber im Letzten namenlos bleibt, ein unfassbares Geheimnis. *Deus semper major.* Mit den Grenzen des Lebens konfrontiert werden, von der Sehnsucht nach Befreiung bewegt werden, von der göttlichen Wirklichkeit betroffen werden – dies bildet den inneren Antrieb des Betens. Letztlich geht es im Beten darum, von den Ketten der dualitätsbezogenen Entfremdungen befreit zu werden und in eine Alleinheitserfahrung zu gelangen. Im Rückblick auf den eindrucksvollen *Gebetstag der Weltreligionen* in Assisi 1986 sagte Papst Johannes Paul II.: »Im Beten können wir den wunderbaren Ausdruck der Einheit erkennen, die uns über die Unterschiede der Religionen hinweg miteinander verbindet. Jedes echte Gebet ist vom göttlichen Geist angeregt, der im Herzen jedes Menschen in geheimnisvoller Weise anwesend ist« (Rom, 22.12.1986).

Der Übergang von Dualität zu Einheit ist ein geistlicher Verwandlungsprozess. Betrachten wir kurz die vier Phasen dieses Wandlungsweges.

Erste Phase: Auf der Verstandesebene. Der Verstand operiert mit dem Prinzip der Dualität: Er vergegenständlicht alles, weil der Verstand nur verstehen kann, wenn er etwas zum Objekt gemacht hat. Dies gilt auch für die Wahrnehmung der göttlichen Gegenwart. Daher versucht der Verstand unvermeidlich, verschiedene du-hafte Gottesvorstellungen zu entwerfen. Das *Gebet* in allen Religionen geschieht in einer Ich-Du-Struktur.

Zweite Phase: Der innere Weg vom Verstand zur intuitiven Erkenntnis. Tiefer als der Verstand liegt ein intuitives Organ in uns, das im Westen nous und im Osten buddhi genannt wird. Dieses Organ ist das innere Licht, das innere Auge, mit dem man in die Tiefe der Wirklichkeit schaut. Der innere Gang zu dieser Erkenntnis geschieht durch *Meditation*.

Dritte Phase: Langsam erreicht das Bewusstsein den Herzensraum, den eigentlichen Kern des Menschen, den göttlichen Bereich, das innere Heiligtum. Das geschieht allerdings nur in begnadeten Momenten, die nicht lange anhalten. Aber solche Durchbruchserfahrungen verleihen dem Leben innere Kraft und Orientierung. Dies sind die Momente der *Kontemplation*, in der das menschliche *Ich* und das göttliche *Du* EINS werden.

Vierte Phase: Aus dieser Einheitserfahrung lebt man nach außen. Dann betrachtet man das Lebensumfeld und die ganze Natur als einen sakralen Raum, als ein göttliches Umfeld. Man lebt mit großem Respekt für jeden Menschen und echter Achtung für jedes Ding in der Natur. Der Umgang mit allem ist durch Barmherzigkeit charakterisiert. Dies ist die Phase der *Aktion*.

Anhand dieser Beschreibung können wir das klassische Gebetsschema verstehen: *Oratio, Meditatio, Contemplatio* und *Actio*.

1. *Oratio* geschieht im mentalen / emotionalen Bereich. Weil der Verstand alles vergegenständlicht, wird auch das Göttliche mit gegenstandsbezogenen, personalen Namen und Formen betrachtet und angesprochen. Daher findet sich die Anrede als eine Grundform des Betens in allen Religionen: Das betende *Ich* spricht den personalen Gott als *Du* an. Solange wir Menschen den Verstand mit all den Gedanken, Gefühlen, Sorgen und Wünschen haben, solange wir in der Dualitäts-Struktur des Verstandes denken und leben, solange wir leibhafte und soziale Wesen sind, brauchen wir eine Gebetssprache. Das liebende göttliche *Du* weckt in Men-

schen das Gefühl des Geliebt- und Angenommenseins. In der Begegnung mit einem personalen Gott erkennt der Mensch seine personale Würde. In einer Ich-Du-Struktur entfaltet sich das Beten mit Gedanken und Worten.

2. Aber wir wissen, dass das Göttliche eigentlich keinen Namen, keine Form hat, dass das Göttliche nicht in einer personalen Gestalt festgehalten werden kann. »Wenn du Gott begreifst, ist es nicht mehr Gott« *(si comprehendis, non est Deus)*, sagte Augustinus (PL 8,663). In den mystischen Traditionen aller Religionen wird daher verlangt, über personale Gottesbilder hinaus zu gehen. Auf diesem Versenkungsweg geschieht *Meditatio*. Das Bewusstsein sinkt vom Mentalen zum Intuitiven. Die großen Meister empfehlen auf diesem inneren Weg Leibwahrnehmung, Atembeherrschung, Aufwecken der inneren Bilder, Verinnerlichung der Symbole, Wiederholung der Worte, Verwendung von Mantren und so weiter. Das Namensgebet zum Beispiel wird in vielen Religionen praktiziert. Dabei wiederholt man vertrauensvoll den Gottesnamen, der persönlich wegweisend und heilsbringend erlebt wird. In der Meditation geschieht eine innere Reinigung *(purificatio)*. Langsam verschwinden die Gebetsworte, auch die Bilder und Symbole; das Summen des Namens hört auf: Das Bewusstsein erreicht die intuitive Wahrnehmung. Nous / buddhi ist wie die Tür zum Herzensraum, zum sakralen Bereich in uns.

3. Im Herzensraum erlebt man Momente der *Contemplatio*. In solchen Momenten erwacht man zu einer begnadeten Alleinheitserfahrung: Menschen, Schöpfung, Göttliches werden als tief Eines erfahren. Über alle personalen Namen und Formen Gottes hinaus sinkt das Bewusstsein in eine transpersonale Wahrnehmung des *Göttlichen* als pure Präsenz. Eine tiefe Stille tritt

ein. Man ist ganz der Gegenwart gegenwärtig. In der Tiefe des Jetzt macht man eine Vorerfahrung der Ewigkeit: *nunc aeternum*. Solche Gnadenmomente tauchen immer wieder auf, aber sie dauern nicht allzu lang. Diese Tiefenerfahrungen schenken eine integrale Weltsicht, sie verleihen der Lebensgestaltung eine geistige Qualität.

4. Aus der Contemplatio entsteht *Actio*. Man lebt aus der Mitte heraus, aus der göttlichen Mitte. In Freude und Barmherzigkeit geht man mit den Menschen und den Dingen in der Schöpfung um. Respekt vor jedem Menschen, Sensibilität für Gerechtigkeit, Einsatz für die Bewahrung der Schöpfung und vor allem Achtung für die Wirkung des göttlichen Geistes in der Welt und daher Offenheit für Kulturen und Religionen prägen die Lebensgestaltung.

Mit diesem Schema *Oratio, Meditatio, Contemplatio* und *Actio* betrachten wir einige Gebete aus der langen, reichen Gebetstradition der Weltreligionen.

[Siehe dazu: Sebastian Painadath, *Wir alle sind Pilger. Gebete der Welt*; die nach jedem Gebet angegebene Nummer bezieht sich auf die Seite dieses Buches.]

Oratio

Hier wird Gott in personalen Formen betrachtet und mit personalen Namen angesprochen. Eine deutliche Ich-Du-Beziehung ist in diesen Gebeten sichtbar. Solange der Mensch sich als personales *Ich* wahrnimmt, braucht man eine vertrauensvolle Hinwendung zu einem personal aufgefassten göttlichen *Du*, um sich geliebt und angenommen zu wissen. Die personalen Gottesvorstellungen sind unvermeidlich von den jeweiligen Kulturen geprägt.

Texte

Du schufest uns zu Dir hin, und ruhelos ist unser Herz,
bis es Ruhe findet in Dir.

Augustinus, Bekenntnisse (Christentum 32)

Fern von Dir und ohne einen Blick auf Dein Gesicht kennt Ruhe nicht mein Herz noch Rast, und meine Mühe wird endlos Plage in einem uferlosen See von Plagen.

Rabindranath Tagore, Gitanjali (Hinduismus 27)

Der Herr ist mein Hirte, nichts wird mir fehlen. Er lässt mich lagern auf grünen Auen und führt mich zum Ruheplatz am Wasser. Er stillt mein Verlangen; er leitet mich auf rechten Pfaden, treu seinem Namen.

Psalm 23,37 (Judentum)

Du führst mich mit Deiner Hand überall, mein göttlicher Weggefährte. Ich lehne mich an Dich, wenn ich meine Schritte gehe, und Du trägst meine Last. Auch wenn ich in meiner Verzweiflung Worte der Wut spreche, Du beruhigst mich in meiner Torheit und nimmst die Schande von mir.

Tukaram (Hinduismus 36)

Wenn ich furchtsam bin, sei Du mein Mut! Wenn ich beschämt bin, sei Du mein wahres Antlitz! Über mir sei mir wie eine Decke, unter mir sei mir wie ein Pelzbett.

Burjaten, Südsibirien (Stammesreligionen 30)

Es gibt keinen Gott außer Gott allein, er hat keinen Teilhaber. Ihm sei die Herrschaft und Ihm sei das Lob! Er hat zu allem die Macht.

Mohammed, Wallfahrtsgebet (Islam 40)

Wer Gott hat, dem fehlt nichts: Gott allein genügt (solo Dios basta).

—— Teresa von Ávila (Christentum 42)

Von mir kommt nur, dass ich sage: was immer Du mit mir tun willst, das tue. Du bist genug für mich.

—— Rabia al-Adawiyya (Islam 43)

Meine Seele ist in hoher Wonne, denn sie hat geschaut und mit Armen umfangen ihren Liebsten allzumal. Von ihm hat sie, die Ärmste, ihre Qual. Er zieht sie empor, dass sie sich ganz verlor und nicht konnt an sich halten, bis er sie in sich hineinnahm.

—— Mechthild von Magdeburg (Christentum 45)

Ich verlange nach Dir, o mein Gott, denn die Zeit, im Garten zu spielen, ist da, und Du spielst nicht mit mir. Meine Stirn ist umwölkt vom Kummer, aus meinen Augen regnen Tränen. Meine Eltern haben mich Dir anvertraut: Dein bin ich geworden! Wer kann mein Herr sein als Du?

—— Mirabai (Hinduismus 44)

Du bist Herr, mein Vater und meine Mutter, Du bist mir mein Schatz, Du bist meine Zier, Du bist mein Alles, Du bist der Eine, der alles Gute wirkte in mir.

—— Tukaram (Hinduismus 49)

Doch bist Du die gnädige Mutter! Ich nehme Zuflucht zu Dir. Ich bitte nicht um Reichtum oder Wissen. Ich suche nicht Seligkeit oder Befreiung. Ich suche Dich, Dich allein. Bei jedem Atemzug will ich Deinen Namen summen. Sei gnädig, o Mutter des Universums, nimm mich an, wie ich geworden bin. Nimm mich in Dein Mutterherz auf, damit ich mit Dir eins werde.

—— Sankaracharya (Hinduismus 52)

Ehre Dir, Jesus, unsere wahre Mutter, Du allein gebierst uns zu Seligkeit und unendlichem Leben; durch Annahme unserer Natur hast Du uns das Leben geschenkt, durch den Tod am Kreuz hast Du uns zu ewigem Leben geboren.
Barmherzige Mutter, Du trägst uns in Dir mit Schmerzen aus Liebe, bis zur Zeit der Reife, als Du für die Wehen bereit warst. Du bist mit äußerstem Leiden unseretwegen gestorben.
Und noch mehr zu leiden warst und bist Du in Deiner wunderbaren Liebe für uns bereit.

— Juliane von Norwich (Christentum 54)

O Mutter, wann nimmst Du mich auf in diese glückselige Gemeinschaft? O Mutter, mach mich verrückt vor Liebe zu Dir! Was sind mir Gelehrsamkeit und Verstand? Mach mich trunken von Deiner Liebe.

— Ramakrishna (Hinduismus 55)

O wahrer Guru! Mein Herz sehnt sich nach Dir! Du füllst den Becher wahrer Liebe, trinkst zuerst davon und bietest ihn mir an:
Du hebst von meinen Augen den Schleier des Unwissens und schenkst mir die Schau Deines wahren Wesens.
Ich verlange, mit Dir vereint zu werden, mein Guru, mein Herr! Was soll der fürchten, den Du unter das schützende Dach Deines Hauses geleitest?

— Kabir (Sikhismus 67)

Tag für Tag, o Herrscher meines Lebens, werd' ich vor Dir stehn von Angesicht zu Angesicht. Die Hände zum Gebet gefaltet, o Herrscher aller Welten, werd ich vor Dir stehn von Angesicht zu Angesicht.

— Rabindranath Tagore, Gitanjali (Hinduismus 75)

Wie lange noch soll ich verlassen sein, wie lange soll ich missen Deinen Schutz?

Sumerisches Klagelied (70)

Meditatio

Auf dem Versenkungsweg vom Mentalen zum Intuitiven empfehlen die spirituellen Meister und Meisterinnen viele Wege der Meditation wie Yoga, Mantra, Kundalini, Zen, Vipassana, Tai Chi, Sufismus, Kabbala und so weiter. In der christlichen Tradition gelten die Wüstenväter, die Athos-Mönche, Cassian, Gregor von Nyssa, Benedikt von Nursia, Meister Eckhart, Ignatius von Loyola, Teresa von Ávila, Johannes vom Kreuz, Franz von Sales, Henri Le Saux, Thomas Merton, Anthony de Mello und viele andere als große Meditationsmeister. Der Übergang von Worten zur Stille in der meditativen Versenkung geschieht vor allem mit Symbolen. Ein universelles Symbol, das in allen Religionen auftaucht, ist das Licht. Weil Licht ein Energiestrom ist, wird die göttliche Gegenwart als Energie, als Geist, als Schwingung erfahren.

Texte

In Deinem Licht schauen wir das Licht.

Psalm 36,10 (Judentum)

Ihm, dem Leuchtenden, leuchtet alles nach:
Von seinem Licht ist dieses All erleuchtet.

Mund. Up. 2.2.11 (Hinduismus)

Sein Licht ist das Licht der Welt, das jedes andere Licht erleuchtet.

— Katha Up. 5,15 (Hinduismus)

Vom Dunkel führe mich zum Licht.

— Brih. Up. 1.3.28 (Hinduismus)

Dieses Licht, das jenseits des Himmels leuchtet über allem, über der ganzen Wirklichkeit, in den allerhöchsten Welten, dieses ist wahrlich dasselbe Licht, das im Innern des Menschen leuchtet.

— Chand. Up. 3,13,7 (Hinduismus)

O Gott, setze in meine Augen Licht und in meine Ohren Licht, und in mein Herz Licht! O Gott, weite mir meine Brust und mach mir meine Aufgabe leicht.

— Mohammed, Wallfahrtsgebet (Islam 40)

O du schönstes Licht! Du Herz des Himmels, Herz der Erde, Du Spender des Überflusses! Du Spender von Söhnen und Töchtern, spende uns von Deiner Macht, Deinem Reichtum! Leben und Wachstum spende den Kindern Deines Volkes. Lass sie sich mehren und blühen, dass sie Dir dienen, Dir Nahrung geben, dass sie Dich anrufen auf Weg und Steg, auf den Wasserfahrten, in Schlucht, Wald und Lianenwildnis.

— Gebet der Quiche-Indianer (57)

Du bist das Licht in Deiner Kreatur, und Deine Kreaturen sind in Deinem Licht; in allem strahlt Dein Licht, und dieses Licht, das bist alleine Du. Dir gehören alle Lichter, Du bist das Licht in allen, und dieses Licht wird offenbar in des Gurus zeugnishafter Unterweisung, wer Gefallen vor Dir findet, darf Dir als Leuchte bei der Lichterandacht brennen.

— Guru Nanak (Sikhismus 94)

Meiner Seele Morgenlicht, sei nicht fern, o sei nicht fern.
Meiner Liebe Traumgesicht, sei nicht fern, o sei nicht fern.

— Rumi (Islam 65)

Führ Du mich, gnädiges Licht, durch all die Dunkelheit, führ Du mich weiter! Die Nacht ist dunkel, und der Weg nach Hause weit; führ Du mich weiter! Lenk Du meine Schritte. Das weit Entfernte brauch ich nicht zu sehen. Ein nächster Schritt ist mir genug.

— John Henry Newman (Christentum 111)

Ewiges Wort, nie erlöschendes Licht, Quelle der Liebe, erhabenes Leben, Deine Fußspuren leiten uns zum Himmel.

— Klemens von Alexandrien (Christentum 85)

Contemplatio

Hier geht es um eine tiefe Einheitserfahrung. In begnadeten Momenten der Kontemplation erfährt man eine dynamische Einheit zwischen Menschen und den Dingen der Schöpfung im Göttlichen. Die Seele kommt in Einklang mit der Schwingung des göttlichen Geistes. Der Geist ergründet die Tiefen Gottes (2 Kor 2,10). Im Beten im Geist und in der Wahrheit (Joh 4,23) wird der göttliche Geist als tragendes Subjekt wahrgenommen. Die göttliche Gegenwart wird als Seinsgrund, als Mutterboden, als sprudelnde Quelle, als strahlendes Licht erfahren; aber solche Bilder verschwinden bald zu einer bildfreien Gegenwärtigkeitserfahrung: pure Präsenz!

Mit Ihm eins geworden, unsterblich ruht der Geist im Herrn, allgegenwärtig, der Hüter der Welt, der ewig diese Welt regiert. Zu diesem Gott, dem Licht, das den eigenen Geist erleuchtet, nehme ich, nach Erlösung suchend, Zuflucht.

Swet. Up. 6, 17–18 (Hinduismus)

Über den Atman muss man meditieren, denn in Ihm wird alles zur Einheit.

Brih. Up. 1.4.7 (Hinduismus)

Nur in der Einheit kann man Ihn schauen, den unermesslichen, den unerschütterlichen Atman.

Brih. Up. 4.4.20 (Hinduismus)

Wahrlich, wer das Göttliche [Brahman] erkennt, wird selbst göttlich [Brahmavid brahmaiva bhavati].

Mund.Up. 3.2.9 (Hinduismus)

So wie die strömenden Flüsse im Ozean untergehen und Name und Gestalt aufgeben, ebenso geht der Weise, von Name und Gestalt befreit, zu dem Göttlichen.

Mund. Up. 3.2.8 (Hinduismus)

Und sieh, bei mir drin warst Du, und ich lief hinaus und suchte draußen Dich, und hässlich ungestalt warf ich mich auf das Schöngestaltete, das Du geschaffen. Du warst bei mir und ich war nicht bei Dir.

Augustinus, Bekenntnisse (Christentum 32)

Von jeder Arglist und Geschäftigkeit befreit, möge meine Seele sich im Schweigen sammeln und sich in die Betrachtung des Göttlichen versenken! Beruhigt sei mein Leib in dieser Stunde, befriedet sei der Kampf der Welt. Göttlicher Friede senke sich auf alles nah und fern. Friede und Stille senke sich auf Erde, Luft und Meer. So wie der Himmel selbst Friede ist, möge meine so gestillte Seele erfahren, wie sich der göttliche Geist in die schweigenden Himmel ergießt! Möge der Friede und das Licht der Gottheit meine Seele erfüllen und mich erleuchten.

— Plotin (88)

Durch Deine Gnade gabst Du Hoffnung mir,
vereine mich in Liebe nun mit Dir!
Vereinigung nur wünsche ich von Dir,
dass Herz und Seele leuchtend werden mir.
Du bist die Sonne, und in Deiner Nähe bin ich wie Schatten,
wenn ich bei Dir stehe;
nein, auch den Schatten machst Du noch zunicht,
wenn Du verströmest je Dein ew'ges Licht.

— Fariduddin `Attar (Islam 97)

Du bist der, der allem den Ort gibt, aber Du bist nicht sein Ort,
Du bist in allem das Ganze, doch nicht vergänglich wie wir.
Du bist mein Herz, mein Gewissen, bist mein Gedanke, mein Geist,
Du bist der Rhythmus des Atmens, Du bist der Herzknoten mir.

— Husain ibn Mansur al-Halladsch (Islam 47)

Möge Dein tiefer Glanz das Innerste bis in die dichten Dunkelheiten erhellen, in denen wir uns bewegen. Zeige uns den göttlichen Bereich [le milieu divin], als das Glühen der inneren Schichten des Seins. Sende uns dafür Deinen Geist, dessen entflammendes Wirken allein die große

Umgestaltung beginnen und vollenden kann, nach der Deine Schöpfung seufzt.

— Teilhard de Chardin (Christentum 89)

Actio

Alle Religionen ziehen ethische Konsequenzen aus der Versenkung. Sie vertreten nicht eine nach innen gekehrte, weltfremde Geisteshaltung, sondern sie fordern die Gläubigen auf, die Welt als einen sakralen Raum zu betrachten und als Werkzeuge in den Händen Gottes alles neu zu gestalten. Wer tief in sich die dynamische Gegenwart des Göttlichen erspürt, sieht Gott in allem, und alles in Gott. Dies führt zu einer Kultur des Respekts im Umgang mit Menschen und den Dingen der Schöpfung. Der gesamte Gebetsprozess verleiht eine integrale Weltsicht, aus der heraus man sich einsetzt für Frieden, Gerechtigkeit und Bewahrung der Schöpfung. Der Betende schöpft Kraft aus einer tieferen Quelle.

Texte

Das ist ein Fasten, wie ich es liebe: die Fesseln Unschuldiger zu lösen, die Stricke des Jochs zu entfernen, die Versklavten freizulassen, jedes Joch zu zerbrechen, den Hungrigen dein Brot zu geben, die Armen aufzunehmen, die keine Wohnung haben; wenn du einen Nackten siehst, ihn zu bekleiden, und deinen Bruder nicht im Stich zu lassen. Dann wird dein Licht aufleuchten wie Morgenröte, und bald bist du geheilt. Wenn du rufst, wird der Herr dir Antwort geben. Wenn du um Hilfe schreist, wird er sagen: Hier bin ich!

— Jes 58,2-4,6-9 (Judentum)

Deine große Barmherzigkeit geht an keinem Geschöpf vorbei. Sicher und still fährt Dein großes Barmherzigkeitsschiff hin über das Meer der Trübsal.

Gebet des Amida Buddhismus (39)

O dass ich erwachen möge zu klarer Erkenntnis der Nichtigkeit! Dass ich mich dankbar erweise für alles Erbarmen, das mir zuteilgeworden! Dass ich mein Vertrauen setze auf Buddha, das Gesetz und die Gemeinschaft der Heiligen! Mögen alle lebenden Wesen sich zusammenfinden in der vollkommenen Weisheit, die da führet zum Frieden der Buddhaschaft.

Gebet an die Göttin Kwanyin (Buddhismus 59)

Gib, dass wir nicht den Menschen entfremdet werden, denen wir als Diener und Freunde beistehen möchten. Lass uns eine Verkörperung der Selbsthingabe sein, Träger der göttlichen Güte und Bescheidenheit, damit wir unser Land besser verstehen und lieben können.

Mahatma Gandhi (Hinduismus 117)

Ich bete um Liebe und Erkenntnis, um Wahrheit und Gerechtigkeit; um die Weisheit, den Schein von dem Wirklichen zu unterscheiden und so das Leiden der Menschen auf Erden zu mindern.

Gebet des Zoroastrismus (118)

Herr, mache uns würdig, unseren Mitmenschen überall in der Welt zu dienen, die in Armut und Hunger leben und sterben. Gib Du ihnen heute das tägliche Brot durch unsere Hände. Gib ihnen Friede und Freude durch unser Verständnis, durch unsere Liebe.

Mutter Teresa von Kalkutta (Christentum 120)

Segensgebete der Religionen

Der Herr segne dich und behüte dich,
er lasse sein Angesicht über dir leuchten und sei dir gnädig.
Der Herr wende sein Angesicht dir zu
und schenke dir Heil/Shalom.

Jüdisches Segensgebet, Numeri 6,24–25

Möge der geheiligte Strom der Freundschaft immer in meinem Herzen fließen. Möge die ganze Welt gedeihen, dies ist mein Wunsch und Gebet. Möge mein Herz bluten, wenn ich die armen Schlucker sehe, die Kriminellen und Gottlosen. Mögen Tränen des Mitgefühls aus meinen Augen fließen. Ich will für die Wanderer, die im Leben den Weg verpasst haben, ein Wegweiser sein: Mögen alle Lebewesen auf der Erde glücklich sein! Möge keiner in Bedrängnis geraten. Möge universelle Liebe die ganze Welt durchdringen. Möge die Kenntnis von Anhänglichkeit ferne bleiben. Möge keiner unfreundliche, bittere und harsche Worte reden. Mögen alle den Blick für die Wirklichkeit des Seins erreichen.

Segensgebet der Jains (121,132)

Mögen alle in den zehn Weltgegenden, die krank, schwach, heruntergekommen und schutzlos sind, rasch von ihrer Krankheit befreit werden. Alle die, welche geschlagen, in den Kerker geworfen, gequält, sich in mannigfachen Nöten befinden, von vielen Tausenden von Mühen bedrängt, mögen diese alle von ihren Fesseln befreit werden. Mögen die von Hunger und Durst Gequälten Speise und Trank in Fülle erlangen, die Blinden die mannigfachen Formen und Gestalten sehen, und die Tauben liebliche Geräusche hören. Mögen nirgends Laute des Schmerzes in der Welt ertönen, möge auch nicht ein einziges Wesen Widerwärtiges erleben und mögen alle diese von prächtigem Aussehen sein, Glanz verbreiten und einander zugetan sein.

—— Buddhistisches Segensgebet, *Suvarnaprabhasa* (127)

Möge allem das Wohlergehen zukommen, möge alles den Friede erfahren, möge alles zur Erfüllung gelangen, möge alles begnadet werden. Möge es allem gut gehen, möge alles von Krankheit frei sein. Möge alles das Gute erblicken, möge alles von Leiden verschont bleiben. Friede in uns, Friede in allem, Friede überall.

—— Hinduistische Segensformel (133)

Frieden stiften: Gnade der Mystik, Auftrag der Ethik – Impulse aus den Weltreligionen

Die Weltreligionen gehören zum gemeinsamen Erbe der Menschheit. In Religionen hat sich die spirituelle Evolution des Menschen über die Jahrhunderte verdichtet. Religionen beinhalten »die jahrhundertelange Erfahrung und Weisheit« der Menschheit (Papst Franziskus, *Fratelli tutti*, 275). Dem ursprünglichen Anliegen entsprechend ist jede Religion ein Friedensträger. Religionen verkünden die Botschaft des friedlichen Zusammenlebens unter den Menschen. Keine Religion vermittelt ursprünglich Hass oder Spaltung, keine vertritt Konflikt oder Krieg.

In drei Grunderfahrungen treffen sich alle Religionen: 1. Wir Menschen sind zum höheren, göttlichen Bewusstsein berufene Wesen, das heißt, wir haben eine begnadete Existenz: 2. Wir sind aufgefordert, Gott in allem zu finden und alles in Gott zu erkennen, das heißt eine integrale Weltsicht: 3. Dementsprechend sollen wir den Umgang mit allem in Barmherzigkeit, Gerechtigkeit und Frieden neu gestalten, das heißt eine befreiende Ethik.

Allerdings entfaltet sich jede Religion innerhalb einer Kultur (Raum) mit einer Geschichte (Zeit). Politische, wirtschaftliche, ethnische und sogar geografische Elemente prägen die Entwicklung jeder Religion. Diese soziologischen Aspekte und Einflüsse finden sich unvermeidlich in der Religionsgeschichte. Anstatt Menschen von eigenen Zwängen zu befreien, zwingen Religionen Menschen, in Sitten und Normen, Gesetzen und Dogmen verhaftet zu bleiben, sie zu verabsolutieren, und als Konsequenz entsteht religiöser Fundamentalismus. Drei Kräfte manipulieren die religiösen Gefühle des Menschen und vergiften die sakrale Landschaft der Religionen: 1. machtgierige Politik, 2. gewinnsüchtige Wirtschaft, 3. enge Religiosität. Daher hat jede Religion auch eine Kriminalgeschichte. Eine unglückliche Symbiose zwischen Politik, Wirtschaft und religiöser Autorität erzeugt viel Unheil. Religionen, die eigentlich Menschen-verbindend wirken sollen, bauen dann Trennmauern zwischen Menschen. Religionen, die eine Friedensbotschaft haben, werden dadurch viel Unfrieden stiften. Diese Entwicklung sieht man heute deutlich auf der Landkarte der Weltreligionen.

Um dieser Entgleisung entgegenzutreten, ist es wichtig, die grundlegende Friedensbotschaft jeder Religion wieder zu entdecken, sie deutlich zu verkünden und durch inter-religiöse Zusammenarbeit in die Tat umzusetzen. Das Friedenspotenzial jeder Religion soll sich ausdrücken in der bereichernden Begegnung zwischen Gläubigen verschiedener Religionen. »Nur durch inter-religiöse Zusammenarbeit kann die wirkungsvolle Rolle des Glaubens in den Dienst des Friedens gestellt werden, damit Vorurteil und Intoleranz beseitigt werden« (Papst Johannes Paul II., Rom, 21.06.1991). So werden Menschen verschiedener Religionen, die eng miteinander leben, fähiger, sich gemeinsam für Frieden einzusetzen und eine Kultur der inter-religiösen Harmonie anzubahnen. Harmonie heißt, die Glaubensunterschiede zu achten, aber in den tieferen Schichten Konvergenzspuren des Friedens zu entdecken; Harmonie heißt, die reiche Vielfalt der Religionen zu respektieren und die dynamische Einheit in der Spiritualität wahrzunehmen.

Es ist auch wichtig, den Unterschied zwischen Spiritualität und Religion zu achten. Friede ist eigentlich eine Botschaft der Spiritualität, die oft durch Religionen vermittelt wird. Manchmal verursachen aber die Religionen sehr viel Unfrieden, wenn politische Machtinteressen und wirtschaftliches Gewinndenken religiöse Gefühle manipulieren. Gegen eine solche Vergiftung der sakralen Landschaft der Religion gilt es, die wahren Quellen der Spiritualität zu beachten. Der Einsatz für Frieden braucht eine integrale Sicht auf den Menschen, wie es die Harmonie zwischen Mensch und Schöpfung im Göttlichen fordert. Dies ist der eigentliche Beitrag der Spiritualität, die durch Religionen in ambivalenter Weise vermittelt wird. Im Spannungsfeld von Spiritualität und Religion geschieht der Prozess des inter-religiösen Dialogs. Dialog und Kooperation zwischen Menschen verschiedener Religionen aktivieren das spirituelle Friedenspotenzial der Religionen. Die Religionsfreiheit bekräftigt, dass es möglich ist, »zwischen unterschiedlichen Kulturen und Religionen zu einem guten Einvernehmen zu gelangen; sie bezeugt, dass die Dinge, die wir gemeinsam haben, so zahlreich und wichtig sind, dass es möglich ist, einen Weg entspannten, geordneten und friedlichen Zusammenlebens zu finden, indem man die Unterschiede akzeptiert und sich freut, als Kinder eines einzigen Gottes Geschwister zu sein« (Papst Franziskus, *Fratelli Tutti*, 279).

Wir werden die Friedensbotschaft von fünf Weltreligionen kurz betrachten: Judentum, Christentum, Islam, Hinduismus und Buddhismus. Wir betrachten sie aus drei Grundperspektiven: 1. Friede als göttlicher Energiestrom, 2. Friede als innere Integration, 3. Friede als zivile Harmonie.

Friede als göttlicher Energiestrom

Eine universelle Einsicht in allen Religionen besagt, dass Friede nicht eine menschliche Leistung ist, sondern göttliche Gabe. Wir schaffen nicht Frieden, wir empfangen ihn, wir können ihn nur zulassen. Friede ist ein göttlicher Energiestrom, der durch die ganze Schöpfung fließt, unsere Herzen erreicht und uns verwandelt und daraus das soziale Leben neu gestaltet. Wir können ihn nur empfangen, fließen lassen, zulassen und als Einzelne und als Zivilgesellschaft davon beschenkt werden. Diese empfangende Haltung ist grundlegend im spirituellen Friedenseinsatz.

Judentum

Im jüdischen Erbe grüßt man einander mit *Shalom, Friede*. Das bedeutet, Gott segne dich mit seinem Frieden. Eine alte jüdische Segensformel lautet: »Der Herr segne dich und behüte dich, Er lasse sein Angesicht über dir leuchten und sei dir gnädig. Der Herr wende sein Angesicht dir zu und schenke dir Heil / Shalom« (Num 6,24–25). Die Friedensinitiative kommt von Gott: »Ich schließe mit euch einen Bund zu eurem Frieden *(berit shālom)*: Es soll ein ewiger Bund sein« (Ez 37,26). Der Prophet Jesaja verkündet als Gottes Wort: »Ich setze den Frieden als Wächter bei dir ein« (Jes 60,17). »Wie einen Strom leite ich den Frieden zu euch« (Jes 66,12). Gott ist die eigentliche Quelle des Friedens. Aus ihm fließt Friede als Strom in die Welt, und wir können ihn nur zulassen.

Christentum

Im Lobgesang der Engel bei der Geburt Jesu wird Friede als eine Gabe Gottes aus der Höhe verkündet (Lk 2,14). Im Hymnus von Zacharias über seinen Sohn Johannes, dem Vorläufer Jesu, wird die göttliche Gegenwart als »aufstrahlendes Licht« dargestellt, das »unsere Schritte auf den Weg des Friedens lenkt« (Lk 1,79). Friede ist das göttliche Licht, in dem wir uns bewegen. Auch hier wird eine dankbare, empfangende Haltung angesprochen.

In den Seligpreisungen verkündet Jesus: »Wohl denen, die Frieden stiften, denn sie werden Töchter / Söhne Gottes genannt werden« (Mt

5,9). Mit Blick auf die aramäische Bildsprache übersetzt Neil Douglas-Klotz diesen Vers: »Selig sind die, die Frieden pflanzen, denn sie werden Kinder Gottes genannt werden« (Prayers of the Cosmos, 65). Eine Pflanze wächst aus eigener Kraft, wir können dafür nur den Rahmen schaffen. Anpflanzen geschieht eigentlich in einer empfangenden Haltung. Wir können nicht Wachstum erzeugen oder beschleunigen, wir können nur die nötigen Bedingungen ermöglichen. Gegen Ende seines irdischen Lebens sagte Jesus zu den Jüngern: »Frieden hinterlasse ich euch, meinen Frieden gebe ich euch; nicht wie die Welt ihn gibt, gebe ich ihn euch« (Joh 14,27). (Mit »Welt« meint Johannes eine von Gott entfremdete Lebensweise.) Der Friede, der hier angesprochen wird, kommt eigentlich von Christus. Kraft dieser Gnade können wir auch die *Feinde* lieben, Menschen, die wir nicht mögen. Der Friede, der aus der göttlichen Quelle fließt, ist viel verwandelnder als der Friede, den wir aus eigener Kraft hervorbringen wollen.

Paulus verbindet Friede mit Liebe und Gnade; oft grüßt er seine Gemeinden mit den Worten: »Gnade sei mit euch und Friede von Gott, unserem Vater und dem Herrn Jesus Christus« (Röm 1,7). Gottes Liebe ist wie ein Energiestrom, »ausgegossen in unsere Herzen durch den heiligen Geist« (Röm 5,5). Weil Friede ein göttlicher Kraftstrom ist, spricht Paulus von Gott als »dem Gott des Friedens« (1 Kor 14,33; Röm 15,33; 2 Kor 13,11; 1 Thess 5,23; Phil 4,9). Paulus spricht einen Friedenssegen über die Gemeinde von Philippi: »Der Friede Gottes, der alles Verstehen übersteigt, wird eure Herzen und eure Gedanken in der Gemeinschaft mit Christus bewahren« (Phil 4,7). »Der Gott der Hoffnung erfülle euch durch den Glauben mit aller Freude und mit allem Frieden, damit ihr reich werdet an Hoffnung in der Kraft des heiligen Geistes« (Röm 15,13). Friede ist also eine Gnade Gottes, die wir nur zulassen können. Friede ist eine Schwingung der göttlichen Geist-Energie.

Islam

Die Offenbarung des Koran kam als »Friede in der Nacht der göttlichen Kraft« (Koran, 97,5). Daher ist Friede ein Grundansatz im Islam. Muslime grüßen einander *Al-salam alaykum, Friede sei mit dir.* Das arabische Wort *salam* heißt Friede, Heil, Gnade, Gelassenheit, Freisein vom Bösen und von Krankheit. Das, was die Herzen verbindet, ist eigentlich die göttliche Energie des Friedens. »Es ist Gott, der in die Herzen der Gläubigen den Frieden sendet, damit sie im Glauben wachsen« (Koran, 48.4). Der Friedensgruß bedeutet daher: Möge der Segen des Namens Allah auf dich herabkommen. Darum wird im Koran gesagt: »Wenn ihr Häuser betretet, so grüßt einander mit einem Gruß, der von Gott kommt, einem gesegneten, guten Gruß. So macht Gott euch die Zeichen klar, auf dass ihr begreifen möget« (Koran, 24.61). Der Friedensstrom nimmt die Seele über den Tod hinaus mit, in einen paradiesischen Zustand, der von Frieden durchdrungen ist. »Ihr Gruß im Paradies wird sein: *Friede!*« (Koran, 14.23). »Sie hören darin keine unbedachte Rede, sondern nur *Frieden.* Und sie haben darin ihre Versorgung morgens und abends« (Koran, 19.6; 56.25–26). »In das Paradies geführt werden diejenigen, die ihren Herrn fürchteten, in Scharen. Wenn sie dann dort ankommen und seine Tore geöffnet werden und seine Wärter zu ihnen sagen: *Friede sei auf euch!*« (Koran, 39.73). Hadith betont, dass Friedensstiftung weit mehr von Gott anerkannt wird als Beten und caritative Werke.

Hinduismus

Der Hinduismus ist eigentlich keine einheitliche Religion, sondern ein Kulturstrom, der über Jahrhunderte auf dem gesamtindischen Subkontinent floss. In den mystischen Erfahrungen der alten Seher

(Rishi) wird die All-einheitserfahrung *(Sarvabhūtātma bhūtātma)* als die Grundlage des Friedens angesehen. Der gesamte Kosmos ist der Tanz Gottes. Alles wird in Bewegung gesetzt wie auf einem Rad. Wenn dieses kosmische Rad *(yajna-chakra)* sich ungestört dreht, gibt es kosmische Harmonie, Frieden. Der göttliche Geist *(Atman)* ist der innere Antrieb davon. Das, was diesen Prozess stört, ist der Mensch, der sich in Freiheit entscheidet, an dem habgierigen Ich festzuhalten. Dadurch wird das Drehen des kosmischen Rads gestört und der Friede gefährdet. Andererseits, wenn einer zu einem kosmischen Bewusstsein erwacht, zu der Erkenntnis, dass »das Selbst im eigenen Herzen das Selbst in allem ist« (Mahabharata, 12.292; Isa Up, 6; Bh. Gita, 6.29), entsteht eine kosmische Liebe, und daraus wächst Friede. Dann lebt der Mensch aus innerer Freiheit, frei von Anhänglichkeit. »Alles ist vom Göttlichen durchdrungen; verzichte und genieße!« (Isa Up, 1). Askese macht Menschen frei und ermöglicht Frieden. Im Friedenseinsatz geht es letztlich darum, dem Geist Raum zu geben, den göttlichen Geist alles neu gestalten zu lassen.

Buddhismus

Der erleuchtete Buddha wird als Gestalt des Friedens gesehen. Die Friedensschwingungen, die aus ihm entstehen, wecken in seinen Jüngern die Erkenntnis, dass alles im Fließen ist. Diese Erkenntnis führt zur Verwirklichung der wahren Buddha-Natur, die in jedem angelegt ist, zum Pfad des Friedens bis zum Nirvana. »Wie das Wasser in einem See still und klar ist, so wird jeder, der die Lehre des Buddha hört und lebt, zutiefst friedvoll« (Dhammapada, 82).

Friede als innere Integration

Es wird oft gesagt, dass jeder Krieg im Herzen der Menschen seinen Anfang hat. Wenn ein Mensch innerlich zerrissen ist, stiftet er viel Unheil und Konflikte um sich herum, in der Familie, im Betrieb, in der Zivilgesellschaft, überall. Umgekehrt, wenn ein Mensch innerlich integriert und *bei sich* ist, wirkt er nach außen mit Friedensschwingungen. Darum soll man im Friedenseinsatz eigentlich mit sich beginnen. Wer innerlich frei von Habgier und Ichbezogenheit ist, findet im Leben eine Verwurzelung im göttlichen Seinsgrund. In dieser inneren Freiheit erwacht die Erkenntnis des wahren Seins, die Erkenntnis, dass *ich göttlich* bin, dass wir alle in einem göttlichen Ambiente leben. Dann geht man friedlich mit allem um. Dies ist die mystische Grundlage der Friedensarbeit.

Judentum

Das Wort *Shalom* bedeutet Ganzheit, Integration. Das ursprüngliche akadische Wort *śalāmu* heißt ganz-sein, makellos-sein. Das Wort Shalom bezieht sich daher auf Heilung, Erfüllung, Gesundwerden, zur Versöhnung kommen, gegenseitige Achtung, Wohlsein und Heil. Das israelische Grußwort *Shalom alekem* bedeutet: *Friede sei mit dir, möge es dir gut gehen.*

Die rechte Lebenshaltung im Rahmen des Bundes Gottes bringt Frieden hervor. Gottes Bund mit dem Volk bedeutet eine gegenseitige Beziehung: Liebe von Gottes Seite und Gehorsam von der Seite des Volkes. *Shalom* (Friede), *miśpat* (Gerechtigkeit) und *'emet* (Wahrheit, Treue) sind aufeinander bezogene Begriffe. Rabbi Hillel (1. Jh.) sagte zu seinen Jüngern »Frieden lieben und dementsprechend leben« (Pirke Aboth, 1,12 Anchor Bible).

Christentum

In seiner öffentlichen Tätigkeit hat Jesus viele Menschen geheilt. Zu den Geheilten hat er oft gesagt: »Geh in Frieden« (Mk 5,34; Lk 8,48; Lk 7,50). Durch Heilung erwacht man zum wahren Sein und erfährt eine innere Integration, Frieden. Es gibt einen Unterschied zwischen Gesund-Sein und Heil-Werden. Gesund-Sein ist eine körperbezogene Angelegenheit; Heil-Werden meint einen ganzheitlichen Vorgang. Auch ein Mensch, der von einer akuten Krankheit betroffen ist, könnte das Heil erfahren, indem er die heilende Gegenwart des Göttlichen intensiver spürt und sehr viel Liebe und Frieden ausstrahlt. So könnte auch eine Krankheitsphase zur Gnadenzeit werden.

Friede entsteht aus innerer Integration, aus Heil-Werdung. Der auferstandene Christus begegnete den Jüngern mit einem Friedensgruß (Joh 20,19.21.26). Er wollte sie zum ganzheitlichen Heil führen. Darum sagt Paulus: »Christus ist unser Friede« (Eph 2,14–15), und seine Botschaft ist »das Evangelium vom Frieden« (Eph 6,15). Der Geist Christi erzeugt Frieden in unseren Herzen, in unseren Beziehungen. Friede als innere Integration ist eine »Frucht des Geistes«, sagt Paulus (Gal 5,22; Röm 14,17).

Islam

Friede beginnt im Herzen des Menschen. In der ganzheitlichen Hinwendung *(islam)* zu Gott dem Einen entsteht Glaube als Selbst-Hingabe. Glaube integriert das ganze Leben des Menschen. Aus Glaube entfaltet sich Friede. »Euer Ausruf wird sein: ›Preis sei Dir, o Gott!‹, und euer Gruß darin: ›Friede!‹ und euer abschließender Ausruf: ›Lob gehört Allah, dem Herrn der Weltenbewohner!‹« (Koran, 10.10). Vom Anfang des Lebens bis zum Ende soll der islamische Glaube friedenstiftend wirken: »Und der Friede sei auf mir am Tag, da ich geboren wurde, und am Tag, da ich sterbe, und am Tag, da ich wieder zum Leben auferweckt werde« (Koran, 19.33).

Hinduismus

In der Hindu-Tradition endet jedes Gebet, jede Meditation, mit einem dreifachen Grußwort: *OM Śanti ... Śanti ... Śantih.* Friede in sich selbst, Friede in der Gesellschaft, Friede im Kosmos. Die Upanishaden bilden die mystische Quellliteratur der hinduistischen Spiritualität. Sie sind oft verfasst als Gespräch zwischen Meister und Schüler. Jedes geistliche Gespräch beginnt mit einem Friedensgebet *(Śāntimantra)*, wie zum Beispiel: »Möge das Göttliche uns beide segnen, möge es uns beide erfüllen, mögen wir gemeinsam die geistliche Klarheit suchen, möge unsere Einsicht für uns alle lichtvoll sein, mögen wir uns nicht entzweien« (Katha Up, *Śāntimantra*). Nur aus der inneren Fülle entfaltet sich ein Heilsgespräch. Darum beginnt man das Gespräch mit einem weiteren Friedensgebet: »OM Fülle dort, Fülle hier: Fülle geht aus der Fülle hervor. Nimm Fülle weg von der Fülle: Und doch bleibt Fülle bestehen« (Brih. Up, 5.1).

Wenn man in sich selbst tief integriert ist, wirkt man auch nach außen integrierend, friedenstiftend. Das kommt zum Ausdruck im vedischen Gruß: »Mögen alle Wesen mich mit dem Auge des Freundes betrachten; auch ich will alle Wesen mit dem Auge des Freundes betrachten. Mögen wir uns einander mit dem Auge des Freundes betrachten« (Yajur Veda, 36.18). Wenn alle freundlich aufeinander schauen und miteinander umgehen, entsteht Friede. Darum wird oft gesagt: *Ahimsā paramō dharma*, Nicht-verletzen ist die höchste Tugend. Rig-Veda, die älteste heilige Schrift der Menschheit, endet mit der Aufforderung: »Versammelt euch, sprecht miteinander, seid im Geist vereint. Eure Absichten seien gleich, eure Versammlungen einträchtig. Gleicher Sinn und gleiches Denken verbinde alle. Ein gemeinsames Ziel gebe ich euch: Gleich seien eure Absichten, eure Herzen vereint; eins sei euer Geist, damit alle glücklich zusammen leben können« (Rig Veda, 10.191.2–4).

Buddhismus

Die erste der fünf Sittenregeln *(panchaśīla)* ist der friedvolle Umgang mit allen Wesen. Das zweite Glied des achtfachen Pfades beinhaltet »entsagende, hasslose und friedfertige Gesinnung« (Digha Nikaya, 22). Die zehn Betrachtungen (Anguttara Nikaya, 1.26) schließen mit der Betrachtung über den Frieden *(upaśama)*: »Dies ist Friede: die Beruhigung innerer Bewegungen, die Überwindung der Habsucht, das Erlöschen der Begierden, das Nirvana« (Anguttara Nikaya, 322; Wilson, World Scriptures, 392). Friede entsteht, wenn alles auf die »Eigenschaften des als Zur-Ruhe-Kommen allen Leidens geltende Nirvana« gerichtet ist (Visuddhimagga, 8.4). Güte, Mitleid, Mitfreude und Gleichmut bringen diese friedfertige Haltung zum Ausdruck. »In der Tiefe des Sees gibt es keinen Sturm; alles ist still und ruhig. So ist es mit jedem, der in sich im Frieden ruht« (Sutta Nipata, 919–920; Wilson, World Scriptures, 393).

Friede als zivile Harmonie

Die innere Integration wirkt nach außen als soziale Harmonie. Wenn man mit sich im Einklang ist, wird man auch mit den anderen Menschen und mit den Dingen der Schöpfung in Harmonie leben. Respekt für jeden Menschen und Achtung vor den Gaben der Natur bilden Frieden in der Zivilgesellschaft. Die heiligen Schriften der Religionen nennen Barmherzigkeit und Gerechtigkeit als Grundbestandteile einer Kultur des Friedens. Gerechtigkeit ist das Mindestmaß der Liebe; das Übermaß ist aber Barmherzigkeit, denn sie geht über die dem anderen geschuldete Gerechtigkeit hinaus. Mutter Teresa sagte: »Gerechtigkeit kann warten, Barmherzigkeit kann nicht warten!«

Judentum

Die Propheten Israels verkündeten Gerechtigkeit als einen Wesensfaktor des Friedens. »Das Werk der Gerechtigkeit wird der Friede sein« (Jes 32,17). »Wer gerecht gelebt hat, findet den Frieden« (Jes 57,2). »Das Recht ströme wie Wasser und die Gerechtigkeit wie ein nie versiegender Bach« (Amos 5,24). In den Psalmen werden Gerechtigkeit und Friede aufeinander bezogen dargestellt: »Gerechtigkeit und Friede küssen sich« (Ps 85,11). »Die Gerechtigkeit blühe auf in seinen Tagen und großer Friede« (Ps 72,7). »Meide das Böse, und tu das Gute; suche Frieden und jage ihm nach« (Ps 34,15).

Nach der Verkündigung der Propheten entfaltet sich Friede in der Gesellschaft nur, wenn die Armen und die Vernachlässigten geachtet werden. »Die Fesseln des Unrechts lösen, die Stricke des Jochs entfernen, die Versklavten freilassen, jedes Joch zerbrechen, den Hungrigen das Brot geben, die Armen aufnehmen, deine Brüder und Schwestern nie im Stich lassen« (Jes 58,6–7). »Sie schmieden Pflugscharen aus ihren Schwertern und Winzermesser aus ihren Lanzen. Man zieht nicht mehr das Schwert, Volk gegen Volk, und übt nicht mehr für den Krieg« (Jes 2,4). Für die Propheten ist Friede die Frucht der Gerechtigkeit.

Christentum

Die Option für die Armen war zentral in der Praxis und Verkündigung Jesu. Wo die Armen vernachlässigt werden, gibt es keinen dauerhaften Frieden in der Zivilgesellschaft. Jesus lebte in einer hierarchischen Gesellschaft, die von Reinheitsvorschriften der Pharisäer bestimmt war. Menschen bewerteten andere auf Grund von Herkunft, Bildung und Religion. Dagegen setzte Jesus eine Befreiungsbewegung, die deutlich in seiner Mahlgemeinschaft Gestalt annahm. Er brach Brot mit den Armen und Ausgestoßenen, mit Zöllnern und Sünderinnen, und verkündete dadurch die neue Gestalt des Reiches Gottes. »Selig seid ihr Armen, denn euch gehört das Reich Gottes« (Lk 6,20). »Viele werden von Osten und Westen kommen und mit Abraham, Isaak und Jakob im Himmelreich zu Tisch sitzen; die aber, für die das Reich bestimmt war, werden hinausgestoßen« (Mt 8,11). An die Stelle einer Pyramiden-Gesellschaft setzte Jesus eine Kreis-Gesellschaft, in der Menschen vorurteilsfrei miteinander umgehen und miteinander das Brot, das Leben, teilen.

Diese Option für die Armen, die sich in der Mahlgemeinschaft ausdrückt, rief den Widerstand der Machthaber hervor. Der Tod am Kreuz war der Preis, den Jesus für seine Mahlgemeinschaft zahlen musste. Wahrer Friede erwächst aus dem Konflikt des Geistes. Darum sagte Jesus: »Denkt nicht, ich sei gekommen, um Frieden auf Erden zu bringen. Ich bin nicht gekommen, um Frieden zu bringen, sondern das Schwert« (Mt 10,34). Schwert ist hier ein Symbol für die Entzweiung, die die Werte des Reiches Gottes verursachen könnten, sogar im engen Bereich der Familie. Jesus wollte nicht die Menschen verletzende Anwendung des Schwertes (Lk 22,51).

Paulus verbindet Friede mit Barmherzigkeit und Gerechtigkeit. »Gnade, Barmherzigkeit und Friede von Gott, dem Vater, durch Christus Jesus« (2 Tim 1,2; 1 Tim 1,2). Gerechtigkeit ist die Saat, Friede ist die Frucht davon. Paulus ermahnt die Mitchristen, im Frieden zu leben (2 Kor 13,11), damit die Gemeinschaft wächst (Röm 14,19; 12,18). Im Jakobusbrief lesen wir: »Wo Friede herrscht, wird von Gott für die Friedfertigen die Saat der Gerechtigkeit ausgestreut« (Jak 3,18).

Islam

Nach dem Koran entfaltet sich Friede im Zivilleben, wenn Menschen im Gehorsam *(islam)* gegenüber dem Willen Gottes leben. Friede entsteht aus Gerechtigkeit und Barmherzigkeit. Der Koran verlangt aber auch Nachsicht mit den Nicht-Glaubenden: »Grüße auch sie mit Salam, Friede« (Koran, 43.89). Für die Glaubenden gilt darüber hinaus: »Und wenn diejenigen, die an Gottes Zeichen glauben, zu dir kommen, dann sag: Friede sei auf euch! Euer Herr hat sich selbst Barmherzigkeit vorgeschrieben: Wer von euch in Unwissenheit Böses tut, aber danach dann bereut und wiedergutmacht, so ist Gott allvergebend und barmherzig« (Koran, 6.54).

Der Kongress der islamischen Welt (Karachi 1983) verabschiedete die Aussage: »Die Erziehung erhält eine internationale Dimension als Botschafter einer neuen und modernen Ethik, in deren Mitte freie, würdige und verantwortungsbewusste Menschen stehen als Angehörige von Völkern, die sich als gleichberechtigte Partner verstehen und die entschlossen sind, die Zukunft der Menschheit gemeinsam und solidarisch zu gestalten« (Kongress der islamischen Welt, 1983, zit. nach Adel Th. Khoury et al.: *Islam-Lexikon. Geschichte – Ideen – Gestalten*, Freiburg im Breisgau 1991, I. 265).

Hinduismus

Der klassische Hinduismus erwähnt vier Elemente *(Purushārthas)*, die für das leibliche, emotionale, ethische und geistliche Wohl des Menschen nötig sind. Friede entfaltet sich, wenn materielle Güter *(artha)* und emotionale Beziehungen *(kāma)* nach ethischen Normen *(dharma)* gestaltet werden, und alle drei zur spirituellen Befreiung *(mōksha)* verhelfen. Darum wird oft das folgende Friedensgebet gesprochen:

Möge allen das Wohlergehen zukommen,
mögen alle den Frieden erfahren,
mögen alle zur Erfüllung gelangen,
mögen alle begnadet werden.
möge es allen gut gehen,
mögen alle von Krankheit frei sein,
mögen alle das Gute erblicken,
mögen alle vom Leiden verschont bleiben.

Painadath, Wir alle sind Pilger, 133

Friede erreicht nicht bloß die Menschen, sondern auch die gesamte Natur. Dies drückt sich aus im alten vedischen Friedensgebet: »Friede auf Erden, Friede im ätherischen Raum, Friede in den Wassern, Friede in den Bäumen. Möge Gott uns Frieden schenken. Möge Friede wachsen durch unsere Friedensgrüße. Mögen die Beängstigenden friedlich werden, die Unbarmherzigen zur Liebe hin wachsen, die Sündhaften zur Versöhnung kommen. Möge alles uns Heil und Gnade verleihen. Mögen alle im Frieden leben« (Ath. Veda, 19.9).

Buddhismus

Innere Integration ermöglicht äußere Integration in der Gesellschaft, damit alle im Frieden leben. Der Friedensstifter wird im klassischen Buddhismus so beschrieben: »Er bringt zur Versöhnung Menschen, die entzweit sind, er ermutigt die, die freundlich sind; er ist ein Friedensstifter, er liebt Friede und spricht von Frieden« (Digha Nikaya, xiii, 75). »Wer friedlich lebt, geht weit über Sieg und Niederlage hinaus« (Dhammapada, 201).

Wir haben die Friedensbotschaft der fünf Schriftreligionen kurz betrachtet. Die Religionen ohne Schriften, nämlich die Stammesreligionen, stehen am Ursprung der geistlichen Entwicklung der Menschheit. Auch sie haben eine deutliche Friedensbotschaft. Die Stammesvölker weltweit leben im tiefen Einklang mit der Natur, in Harmonie mit der Erde, mit den Flüssen, mit den Bäumen. Daraus wächst eine Friedensbotschaft, die den ganzen Kosmos umarmt; sie ist heute in der Zeit der ökologischen Krise besonders relevant. Ich zitiere zwei Gebete der Stammesvölker:

Die Sioux-Indianer von Dakota, Nordamerika:

O großer Geist, dessen Stimme ich in den Winden vernehme
und dessen Atem der ganzen Welt Leben spendet, höre mich.
Lass mich in Schönheit wandeln und lass meine Augen immer
den roten und purpurnen Sonnenuntergang schauen.
Lass meine Hände die Dinge verehren, die du gemacht hast,
und meine Ohren deine Stimme hören.
Schenke mir Weisheit, damit ich die Dinge,
die du mein Volk gelehrt hast, und die Lehre,
die du in jedem Blatt und jedem Felsen verborgen hast, erkennen möge.
Nicht um meinen Brüdern überlegen zu sein, suche ich Kraft, sondern
um meinen größten Feind bekämpfen zu können — das Ego in mir.

— Painadath, Wir alle sind Pilger, 74

Das Gebet eines indianischen Schamanen:

Du bist der große Gott des Heils.
Ich fühle deine Schwingen über mir,
deine warmen, weiten Fittiche beschützen mich.
Du richtest den Ameisen den Weg, leihst allen Wesen deinen Atem,

weil du alle Wesen liebst und mit ihnen bist.
Du hast die Erde heilig gemacht wie auch meinen Körper,
darum will ich in deinem Namen die Erde heilig halten,
jeden Grashalm achten und die Blumen und Bäume verehren.
Gib mir die Gnade, dass ich in den Menschen
meine Brüder und Schwestern sehe.

— Painadath, Wir alle sind Pilger, 105

Dieser Überblick über die Friedensbotschaft der Religionen macht drei Dinge klar: 1. Wir sollen im Friedensdienst nicht eine leistungsorientierte und durchsetzende Haltung einnehmen, sondern eine eher empfangende und zulassende Haltung, denn wir geben dem gestaltenden göttlichen Geist Raum, der den Frieden stiftet. Dies ist die Gnade der Mystik. 2. Auf dem Weg der Friedensgestaltung sollen wir eigentlich mit uns selbst beginnen, denn nur der, der innerlich integriert ist, kann Frieden ausstrahlen. 3. Friede kommt dann zustande, wenn jeder Mensch respektiert wird, besonders die Armen und Ausgestoßenen, denn Friede ist gegründet auf Gerechtigkeit und Barmherzigkeit. Dies ist der Auftrag der Ethik.

Das Friedensgebet, das Franz von Assisi zugeschrieben wird:

Herr, mache mich zum Werkzeug deines Friedens:
dass ich liebe, wo man hasst,
dass ich verzeihe, wo man beleidigt,
dass ich verbinde, wo Streit ist,
dass ich die Wahrheit sage, wo Irrtum herrscht,
dass ich den Glauben bringe, wo Zweifel ist,
dass ich Hoffnung wecke, wo Verzweiflung quält,
dass ich dein Licht anzünde, wo Finsternis regiert,
dass ich Freude bringe, wo Kummer wohnt.

Der eine Geist und die vielen Religionen – Zur Theologie der inter-religiösen Harmonie

Wir leben in einem neuen Zeitalter der geistigen Entwicklung der Menschheit. Kennzeichen dafür ist das wachsende Bewusstsein für die globale Vernetzung. In der Zeit der Corona-Krise zu Beginn der 2020er-Jahre haben wir alle die Verbundenheit untereinander und mit den Dingen der Natur intensiv erlebt. Das Virus hat unsere Sicherheitsstrukturen niedergerissen, die wir mit Hilfe des Fortschrittsdenkens und der Machbarkeit, der Technik und Medizin aufgestellt haben. Corona hat uns bewusst gemacht, wie zerbrechlich wir sind, wie tief alles mit allem verbunden ist und wie eng wir aufeinander angewiesen sind. Trotz der Unterschiedlichkeit auf Grund von Nationalität oder ethnischer Zugehörigkeit, trotz der Verschiedenheit von Religionen und Kulturen, bilden wir eine universelle Familie. Die Vielfalt der Religionen, Kulturen und Sprachen wird die europäische Gesellschaft in der Zukunft neu gestalten. Die ungeheure Mobilität der Völker weltweit, die oft als Flüchtlingsproblem betrachtet und behandelt wird, ist eigentlich ein *Zeichen der Zeit*, eine Gnade, aber auch ein Auftrag an die Menschheit, anders zu denken, anders zu leben, ein erweitertes Bewusstsein zu entwickeln. Die Welt schrumpft zu einem globalen Dorf zusammen, in dem fast jeder jeden anderen kennt.

Der Prozess der Globalisierung betrifft auch die Landschaft der Religionen. Religionen, die bis vor Kurzem als ferne oder fremde

Wirklichkeiten und deswegen unbedeutend erschienen, rücken näher zueinander. Dörfer und Städte im christlichen Abendland werden zunehmend religionspluralistisch. Der Geist Gottes reißt die Mauern nieder, die wir auf Grund von Religionen und Kulturen, auf Grund von Sprachen und Ethnien aufgestellt haben; der Geist bringt Menschen auf eine geistige geschwisterliche Pilgerfahrt zusammen. Bis in die innerfamiliären Beziehungen hinein prägt die Vielfalt der Religionen das Leben und den Alltag. Die großen Schriften der Weltreligionen werden in die europäischen Sprachen übersetzt, und die Klassiker der Spiritualität der anderen Religionen haben bereits einen Platz in unseren Bücherregalen gefunden. Die Mystiker und Meister der anderen Religionen üben eine zunehmende Faszination auf suchende Menschen aus, über alle Grenzen hinweg. Die Meditationsmethoden der Andersglaubenden vertiefen die christliche Glaubenspraxis. Symbole und Denkmodelle der anderen befruchten die christliche Theologie.

Zeitalter des inter-religiösen Dialogs

Wir leben in einem neuen Zeitalter des Geistes, in einem begnadeten Zeitalter: im Zeitalter des inter-religiösen Dialogs. Heute begreifen wir, dass das Göttliche größer als unser Herz ist, größer als unsere Religionen, größer als unsere Gottesbilder. Diesem unfassbaren Mysterium des Göttlichen gegenüber immer offen zu bleiben ist die Gnade und der Auftrag des neuen dialogischen Zeitalters. Durch echten inter-religiösen Dialog mit den Gläubigen einer anderen Religion öffnen wir unser Herz für dieses Mysterium. Durch die geistliche Lektüre der Heiligen Schrift einer anderen Religion oder durch die andächtige Annahme eines Gebetes des anderen, durch die achtungsvolle Betrachtung der Heilssymbole einer anderen Religion oder durch einen respektvollen Umgang mit einem anders-glaubenden Menschen, vor allem beim gemeinsamen Einsatz für Frieden und Gerechtigkeit, erwachen wir zur heilenden, verwandelnden Gegenwart des göttlichen Geistes in den Herzen der Menschen. »Gott will, dass die geschichtliche Entwicklung der Menschheit zu einer geschwisterlichen Pilgerfahrt der Gläubigen der Religionen wird, auf der wir uns gegenseitig begleiten zum transzendenten Ziel, das Gott uns gesetzt hat« (Papst Johannes Paul II., Assisi, 1986).

Durch die geistige Zuwendung zu den anderen entdecken wir unsere Identität immer neu. Durch den Dialog wächst der Glaube. Durch das *Du* werde ich zum wahren *Ich* – dies ist ein Grundprinzip des sozialen Lebens, in der Familie oder in der Gesellschaft. Es gibt eigentlich kein *Ich* ohne *Du*. Man könnte vielleicht behaupten: Ich bin ich, weil ich nicht du bin. Aber es entspricht mehr der Wahrheit, wenn man sagt: Ich bin ich, weil es dich gibt; ich bin, was ich bin, durch dich. Zu meinem Identitätsbewusstsein komme ich durch dich. Im *Wir-Sein* erkenne ich mich, dadurch, dass ich dir begegne.

Gilt das nicht auch für religiöse Entfaltung? Durch eine offene geistige Begegnung mit Muslimen oder Buddhisten kommen wir zu einer tieferen Erkenntnis des christlichen Glaubens: nicht durch Abgrenzung, sondern in der Erkenntnis der universalen Heilsgegenwart Gottes; nicht um Absolutheitsansprüche zu erheben, sondern um dem großen Geist Raum zu geben, *der weht, wo er will*. Gerade in der heutigen Zeit, in der die Gesellschaft zunehmend religionspluralistisch wird, sind wir Christen herausgefordert, im engen Umgang mit den Schwestern und Brüdern anderer Religionen zu einem erweiterten Verständnis des christlichen Glaubens zu kommen. Der religiöse Mensch der Zukunft wird ein *inter*-religiöser Mensch sein, das heißt: Tief im eigenen Glauben verwurzelt, wendet er sich den anderen zu, um von ihnen bereichert zu werden. Im Dialog der Religionen erkennen wir, wie Gottes Geist in vielfältiger Weise das Leben der Einzelnen und der Gemeinschaften verwandelt. »Wir Christen sollen die Wirkung des göttlichen Geistes auch außerhalb der sichtbaren Grenzen der Kirche erkennen« (Papst Johannes Paul II., *Redemptor Hominis*, 6).

Vielfalt ist Schönheit

Vielfalt ist Schönheit: Das sehen wir in der Natur, die Gott erschaffen hat; keine zwei Blätter sind genau gleich. Vielfalt ist Schönheit: Das stellen wir in den Kulturen fest, die wir Menschen schaffen; keine zwei Sprachen sind gleich, keine zwei Kunstformen sind gleichförmig. Vielfalt der Kulturen ist Lebensqualität. Vielfalt ist Schönheit auch in der Landschaft der Religionen: Vielfalt der Religionen ist Reichtum des Geistes: des menschlichen Geistes, aber auch des göttlichen Geistes. Es gibt vielfältige Wege, auf denen Menschen Gottes Heilsgegenwart erfahren; es gibt vielfältige Weisen, wodurch Gottes Geist im Herzen der Menschen wirkt. Vielfalt der Religionen zu achten bedeutet erstens, die Freiheit, mit der die Menschen Gott suchen, zu respektieren, und zweitens, dem Geist Gottes Raum zu geben, der im Herzen der Menschen in einer Weise wirkt, die wir nicht vorbestimmen können. »Die Einstellung der Kirche zu den anderen Religionen ist von einem zweifachen Respekt gekennzeichnet: Respekt für den Geist Gottes, der in einmaliger Weise Menschen anspricht, und Respekt für Menschen, die sich in Freiheit Gott anvertrauen« (Papst Johannes Paul II., *Redemptoris Missio*, 29).

Vielfalt der Religionen gehört zum weltumfassenden Heilsplan Gottes. Seit dem Anfang der Menschheit ist Gott in einem ständigen Heilsdialog mit Menschen aller Zeiten und an allen Orten. Die Weltreligionen versuchen, diesen immanenten Dialog zwischen dem Gott-suchenden Menschen und dem sich mitteilenden Gott zu artikulieren. So gesehen ist die Universalgeschichte der Menschheit Offenbarungsgeschichte. »Die Zukunft liegt im respektvollen Miteinandersein im Bezug auf Vielfalt, nicht in einem einheitlich-machenden theoretischen neutralen Denkvorgang« (Papst Franziskus zum päpstlichen Rat für inter-religiösen Dialog, Rom, 28.11.2013). Die Vielfalt der Religionen respektieren bedeutet, die Vielfalt der Sprachen des Gott-Mensch-Dialogs zu respektieren, konkret, die religiöse Andersartigkeit des anderen zu achten. Das unfassbare göttliche Geheimnis wird in vielfältigen Intensitäten erfahren und in verschiedenen Namen angesprochen. »Wir sprechen Gott mit vielen Namen an, obwohl das Geheimnis des Göttlichen unsere Worte übertrifft« (Papst Johannes Paul II., Senegal, 20.02.1992).

Über die Jahrhunderte haben die christlichen Kirchen grundsätzlich eine sich von anderen Glaubensgemeinschaften abkapselnde Haltung gehabt. Die Taufe wurde als Grundvoraussetzung für das Heil verstanden, und daher entstand ein Bekehrungseifer, getrieben vom Grundprinzip: Außerhalb der Kirche gibt es kein Heil *(extra ecclesiam nulla salus)*. Das Konzil von Florenz (1442) erklärte: »Niemand, der außerhalb der Kirche lebt, kann des ewigen Lebens teilhaftig werden. Keiner kann gerettet werden, es sei denn, er bleibt im Schoße und in Einheit mit der katholischen Kirche.« Im *Großen Katechismus* schreibt Martin Luther: »Wer außerhalb der Christenheit ist, kann sich keiner Liebe noch Gutem zu Gott versehen, und darum bleibt er im ewigen Zorn und in der Verdammnis« (2.3). Johannes Calvin behauptet in seinem Werk *Institute der christlichen Religion*: »Nach dem Sündenfall hat keine Gotteserkenntnis außer durch Christus die Kraft, Menschen zum Heil zu führen« (2.6.1). Ein exklusiver Heilsanspruch prägte die Grundeinstellung der christlichen Kirchen gegenüber anderen Religionen. Und was war die Konsequenz? Andere Religionen nicht achten, sondern bekämpfen! Die großen Missionseinsätze hatten den einen Hauptansatz: Bekehrung der Heiden zur wahren Religion. Auch die großen Theologen durften bis etwa 1950 kaum eine positive Einschätzung anderer Religionen vertreten.

Was ist der eigentliche Grund für diese negative Einstellung? Kommt sie aus der Botschaft Jesu oder ist sie von der kulturellen Lage geprägt? In der Soziologie gibt es ein Grundprinzip: Wie du lebst, so denkst du. Seit Jahrhunderten befanden sich die Kirchen in Europa in einer religiösen Monokultur. Es gab kaum die Möglichkeit für eine natürliche, nachbarschaftliche, geschwisterliche Beziehung zu Gläubigen anderer Religionen. Mit den Muslimen war der Umgang seit der Kreuzzugszeit von gegenseitiger Abwehr belastet. Zu den Juden war die Beziehung mit Vorurteilen beladen. Hinduismus, Buddhismus und Taoismus sowie afrikanische Stammesreligionen waren entfernte *heidnische* Wirklichkeiten. Der abendländische Kulturraum war nahezu ausschließlich vom Christentum geformt. Achtung für religiöse Andersartigkeit hatte im Leben und Denken der West-Kirche kaum Wurzeln geschlagen. Christlicher Glaube wurde sehr stark mit dem westlichen Kulturerbe identifiziert. Hier stellt sich eine Grundfrage: Ist eine Kultur mit ihrem begrenzten Denkmodell das universale Maß für die Auslegung des Glaubens? Ist *eine* Religion der einzige Weg zum Heil? »Die Botschaft Jesu kann nicht auf eine Kultur begrenzt bleiben. Sie wirft Licht auf alle Kulturen« (*Richtlinien für den interreligiösen Dialog*, Weltkirchenrat, Genf, 1977).

Vielfalt der Religionen ist keine Katastrophe, sondern eine Verheißung, kein Unfall im geschichtlichen Prozess, sondern eine Gnade im menschlichen Sein, keine Verwirrung des Geistes, sondern ein Reichtum der Gott-Mensch-Beziehung. Die asiatische Bischofskonferenz (FABC) erklärte 1972: »Die Vielfalt der Religionen ist Bestandteil unserer Kultur. Sie haben die Geschichte unseres Kontinents gestaltet, unsere Denkart geformt. Sie sind bedeutende und positive Elemente im Heilsplan Gottes. Für uns in Asien dienen sie als Türen zum Göttlichen.« Und die indische Bischofskonferenz (CBCI) sagte 1969: »Die anderen Religionen sind nicht Wände, die wir niederreißen sollen. Sie sind Heime des göttlichen Geistes, die wir nicht besucht haben, Gefäße des Wortes Gottes, die wir ignoriert haben.« Die vielfältigen Symbole und Schriften, Riten und Meditationsformen der Religionen sind Beweise dafür, dass Gottes Geist das Leben der Menschen auf verschiedenartige Weisen umgestaltet, die wir Menschen nur mit Staunen und Achtung betrachten dürfen.

Einheit ist die Wahrheit

Trotz der Vielfalt in der farbenreichen Landschaft der Welt-Religionen können wir in der Tiefe konvergierende Spuren der *Spiritualität* wahrnehmen. Darin sollen wir die Gnade unserer Zeit der globalen Vernetzung und den Auftrag erkennen, eine Kultur der Harmonie der Religionen zu entwickeln. Harmonie heißt weder eine synkretistische Vermischung von Unterschiedlichem noch eine naive Beseitigung des Unterscheidenden. Das Grundprinzip der Kultur der Harmonie in der heutigen globalisierten Welt könnte man so formulieren: die Vielfalt der Religionen respektieren und die Einheit der Spiritualität wahrnehmen. Spiritualität betrifft die Erkenntnis des existenziellen Begrenzt-Seins und die Erfahrung des Ausgerichtet-Seins auf die Transzendenz. Religionen sind kulturbedingter Ausdruck der Spiritualität. In den Religionen gibt es unvermeidlich eine enorme Vielfalt, aber tief in der Spiritualität erkennen wir eine dynamische Einheit. Es gibt nur die eine allumfassende göttliche Gegenwart, die man in vielen Namen und Formen anspricht. Es gibt nur die eine Menschheit, in der der eine Geist Heil schafft. »Es gibt nur den einen Ursprung und das eine Ziel für die gesamte Menschheit« (Vat II, *Nostra Aetate* 1). »Die Unterschiede zwischen den Religionen sind weniger wichtig, im Vergleich mit der Einheit, die radikal, grundlegend und entscheidend ist« (Papst Johannes Paul II., Rom, 22.12.1986). »Die Dinge, die Gläubige verschiedener Religionen gemeinsam haben, sind so zahlreich und wichtig, dass es möglich ist, einen Weg entspannten, geordneten und friedlichen Zusammenlebens zu finden, indem man die Unterschiede akzeptiert und sich freut, als Kinder eines einzigen Gottes Geschwister zu sein« (Papst Franziskus, *Fratelli Tutti*, 279).

Die Vielfalt der Religionen respektieren und die Einheit der Spiritualität wahrnehmen – dies ist das Grundprinzip der Harmonie. Um diese Dialektik zwischen Vielfalt und Einheit zu verstehen, können einige Beispiele hilfreich sein:

1. Schauen wir einen Baum an. Eine enorme Vielfalt: Nicht zwei Blätter sind genau gleich; und doch ist der ganze Baum eins. Ein einziger Lebenssaft fließt durch alle Zweige und Blätter und belebt den ganzen Baum und hält ihn in einer werdenden, wachsenden Einheit. So ist es auch mit den Religionen. Der eine göttliche Geist schwingt in den vielfältigen Symbolen und Riten.

2. Betrachten wir ein Konzert. Da gibt es vielleicht zehn verschiedene Musikinstrumente. Jedes hat seine eigene Tonqualität. Aber im Prozess des Konzertes entsteht eine Symphonie. Das Klavier wird nicht zur Trommel konvertiert; die Flöte wird nicht zur Geige. Jedes Instrument trägt zur Symphonie bei. In der einen Ästhetik schwingen alle mit. Der göttliche Geist schwingt in den Herzen aller Menschen.

3. Nehmen wir unseren Leib wahr: So viele und verschiedenartige Organe, und doch ist der ganze Leib eine einzige lebendige Wirklichkeit. Das Auge versetzt sich nicht ins Herz, die Nieren machen nicht die Arbeit der Knochen. Alle sind miteinander tief verbunden, und diese dynamische Einheit trägt zur Gesundheit bei. Alle Menschen sind von dem einen Geist zur Einheit geführt, trotz der Unterschiede. Der Geist reißt Mauern nieder.

Vielfalt ist Schönheit; aber Einheit ist die Wahrheit. Dass wir verschiedenartig sind, macht das Leben schön und kreativ. Dass wir eins sind, ermöglicht Liebe und Wahrhaftigkeit. Vielfalt und Einheit stehen in einer geistvoll-dialektischen Beziehung, wenn wir bereit sind, die reiche Vielfalt der Religionen zu achten und die tiefe Einheit in Spiritualität zu erkennen. In diesem schöpferischen Umfeld begegnen sich die Religionen, sich gegenseitig befruchtend und erhellend.

Zu allen Zeiten und im Herzen aller Menschen wirkt der göttliche Geist. In diesem Sinne ist die Universalgeschichte der Menschheit Heilsgeschichte. Wir Christen haben den Zugang dazu durch Jesus Christus erhalten. Wir haben die heilende Gegenwart Gottes in der Geschichte ganz konkret in der Person Jesu Christi erfahren. In ihm begegnet uns Gott als der Fleisch-gewordene Logos. Wir erkennen ihn als das der Welt zugewandte Gesicht Gottes, als den *Weg* zum Heil, als das *Licht*, das in unserem Herzen erstrahlt, als das *Leben*, das uns vergöttlicht. Gläubige anderer Religionen erkennen Gottes heilende Nähe und begleitendes Licht auf andere Weise. »Andere nähren sich aus anderen Quellen« (Papst Franziskus, *Fratelli tutti*, 277). So erfahren die Hindus die gnaden-spendende Gegenwart Gottes in Shiva; die Buddhisten erkennen in der Erleuchtung des Buddha das Erstrahlen des absoluten Lichtes; die Muslime nehmen Gottes Offenbarung im Koran wahr; die Juden schöpfen Heilshoffnung aus dem Bund Gottes mit Israel. Für authentische Heilserfahrungen gibt es genug Beweise in ihren Schriften und Symbolen, in Leben und Werk ihrer Heiligen. Der Glaube an Jesus Christus kann nicht ein Urteil über andere Religionen sein, über ihre Heilssymbole wie Shiva oder Buddha. »Richte nicht!«, warnte uns Jesus (Mt 7,1). Gottes Wege mit den Menschen sind eigentlich unfassbar und daher vielfältig. Papst Johannes Paul II. sagte 1986 in Assisi: »Gott will, dass die Zukunft der Menschheit zu einer geschwisterlichen Pilgerfahrt wird, auf der wir uns *gegenseitig* begleiten.« Auf diesem geistigen Pilgerweg teilt jeder mit den anderen eigene Gotteserkenntnisse und Glaubenserfahrungen; Dialog ist die neue Sprache der *Mission.*

Die Universalgeschichte der Menschheit ist eine Offenbarungsgeschichte. Seit dem Anfang der Menschheit suchen Menschen die heilende Gegenwärtigkeit des Göttlichen, und sie erfahren sie in vielen Formen (Röm 1,20). Seit dem Anfang der Schöpfung teilt sich Gott den Menschen mit in vielfältigen Weisen. Die göttliche Gegenwart schwingt als Geist in der Geschichte der Menschheit, als Logos in allen Dingen des Kosmos. In der Fleischwerdung des Logos in Jesus Christus erfahren wir, dass Gott unsere Geschichte zu seiner eigenen gemacht hat. In der Reich-Gottes-Verkündigung Jesu erleben wir, dass Gott unter uns ist. Im gekreuzigten Jesus erspüren wir, dass Gott unser Leiden zu seinem eigenen gemacht hat. Im auferstandenen Christus erkennen wir, dass Gott durch unseren Einsatz die Welt zu neuem Sein verwandelt. Gott hat sich also mit der Welt so radikal in Beziehung gesetzt, dass wir in den Kulturen und Religionen, im Herzen aller Menschen die verwandelnde Gegenwart Gottes erkennen dürfen. *Immanuel* – Gott mit uns – das ist sein Name. Die Person und Heilstat Jesu dürfen wir nicht vom Boden der Geschichte ablösen und ihn als einen machtvollen Gegenstand aufstellen, der dann anderen Religionen gegenübersteht. Was Gott relativiert hat, sollen wir nicht verabsolutieren! Eigentlich sollen wir im Lichte Christi die Welt mit all den Religionen und Kulturen als *milieu divin*, als den Ort der Entfaltung des Reiches Gottes betrachten.

Dialog Gottes in der Geschichte

Die geistige Entfaltung der Menschheit ist vom fortlaufenden Dialog Gottes mit den Menschen getragen. Dialog ist ein Prozess, der durch verdichtete Momente gestaltet wird. Gottes Offenbarungsdialog erreicht einen intensiven Durchbruch in bestimmten begnadeten

Momenten der Geschichte. In solchen *Kairos*-Momenten erscheint ein Prophet oder ein Weiser oder eine Erlösungsgestalt, geschieht ein Befreiungsereignis oder entsteht ein Heilssymbol. Eine bestimmte Dimension des unfassbaren Geheimnisses des Göttlichen wird dadurch geoffenbart. Diese Offenbarung wird oft von einem kleinen Kreis erkannt und angenommen sowie in einer Heiligen Schrift oder sakralen Tradition festgehalten. Daraus wächst eine Glaubensgemeinschaft, die allmählich zu einer strukturierten Religion wird. So gesehen beinhalten alle großen Heiligen Schriften der Weltreligionen Elemente der Gottesoffenbarung, *Strahlen* der göttlichen Wahrheit (Vat. II – *Nostra Aetate,* 2). Durch inter-religiösen Dialog wird diese Offenbarungsdimension artikuliert und durch den gemeinsamen Einsatz für Gerechtigkeit das Befreiungspotenzial der Religionen in Tat umgesetzt. »Der inter-religiöse Dialog ist in seiner tiefsten Ebene immer ein Dialog des Heils, weil er anstrebt, die Zeichen des immerwährenden Dialogs Gottes mit der Menschheit zu entdecken, zu klären und besser zu verstehen« (Papst Johannes Paul II., Rom, 13.11.1992).

Wenn die Offenbarungserfahrungen der Religionen als Ausdrucksformen des immerwährenden Dialogs Gottes mit den Menschen verstanden werden, dann sind sie alle tief miteinander verbunden. Der eine Gott spricht die Menschen an, die vom Wesen her eins sind. Das eine Wort Gottes pulsiert in allen Heiligen Schriften. Der eine Geist führt Menschen in einen Heilszustand. Es gibt nur die eine Sonne, die uns beleuchtet, die eine Erde, die uns ernährt, den einen Atem, der uns belebt. In der einen kosmischen Evolution sind wir alle miteinander verbunden. Die Offenbarungsmomente der Geschichte gehören zu dem einen fortlaufenden Vorgang der Selbsterschließung des göttlichen Logos.

Dialog der Religionen ist nicht einfach ein Gespräch zwischen Gläubigen zweier Religionen *(conversation)*. Das Wort *Dialog* kommt aus dem Griechischen *dia-legein* und verweist auf einen Prozess, der die Dialogpartner durch *(dia)* die verschiedenen Schichten des Wortes *(logos)* führt. Durch inter-religiösen Dialog öffnen wir uns dem göttlichen Logos, der in den Schriften und Symbolen der Religionen pulsiert. Tief in den Worten der Heiligen Schriften erkennen wir den göttlichen Logos. Tief in den Herzen aller Menschen erkennen wir die Schwingung des göttlichen Geistes. Dialog der Religionen ist ein Hinhorchen zum Heilsdialog Gottes mit den Menschen in vielfältigen Sprachen. Dialog der Religionen ist eine sakrale – fast *sakramentale* – Begegnung mit Gott in den anderen und durch die anderen. »Durch Dialog machen wir Gott in unserer Mitte gegenwärtig, denn wie wir uns im Dialog zu den anderen öffnen, öffnen wir uns eigentlich zu Gott« (Papst Johannes Paul II., Madras, 1986). Wenn wir Christen zum Beispiel in Offenheit zum Geist Gottes die hinduistischen Veden lesen oder mit Buddhisten meditieren oder mit Muslimen uns für Frieden einsetzen, nehmen wir die Heilsnähe Gottes in der Welt deutlicher wahr. Durch eine respektvolle Begegnung mit der Glaubenswelt der anderen erfahren wir die universelle Gegenwart des Göttlichen in einer ganz neuen Weise. Mit dem Geist Gottes, den wir in Jesus Christus erkannt haben, gestalten wir durch inter-religiösen Dialog und Einsatz diese zerbrochene Welt neu.

Was würde diese Denkart konkret für die Einstellung zu den anderen Religionen bedeuten? Man könnte zehn Konsequenzen daraus ziehen:

1. Trotz aller Offenbarungen in der Geschichte bleibt das Göttliche ein unfassbares Mysterium. Das Finitum, der endliche Mensch, kann das Infinitum nie ganz erfassen. Die Offenheit für das göttliche Geheimnis bleibt immer die Grundlage jeder authentischen Theologie.

2. Jede Religion ist bedingt durch Zeit und Raum; jede Offenbarung geschieht innerhalb von Geschichte und Kultur. Gottes Offenbarung ist der Ausdruck der intimen Relation Gottes mit den Menschen in einem gegebenen Kontext. Das göttliche Geheimnis offenbart sich in menschlicher Sprache, die vielen Begrenzungen unterliegt. So gesehen ist jede Offenbarung eine Kenosis Gottes: Selbst-Entäußerung des Göttlichen.

3. Es gibt keine endgültige Offenbarung, keine absolute Religion. Nur das Göttliche ist absolut; alles in der Geschichte ist in Relation zur Zeit und zum Raum zu deuten. In dem Moment, in dem eine Religion sich als absolut erklärt, hört sie auf, *religio* (das Verbindende) zu sein, und erhebt Machtansprüche.

4. Jede Religion hat trotz der Begrenzung eine universelle Heilsbotschaft. Darum könnte man die Offenbarungen als sich gegenseitig erhellend und bereichernd wahrnehmen.

5. Die Heiligen Schriften der Religionen bilden das gemeinsame geistliche Erbe der Menschheit. Daher soll jede Schrift in Begegnung mit den anderen interpretiert werden. Eine inter-schriftliche Hermeneutik könnte die Tiefe jeder Offenbarung erschließen und die Weite erkennen lassen.

6. Man darf nicht Religionen miteinander vergleichen oder gegeneinanderstellen. Jede Religion hat ihren eigenen Entstehungskontext und daher eine einmalige Botschaft. Der Versuch zu vergleichen könnte eine subtile Form der Selbstrechtfertigung (Apologetik) sein.

7. Jeder Gläubige soll in der eigenen Glaubenserfahrung verankert sein. Nur dann gibt es eine authentische Begegnung mit Andersglaubenden. Je tiefer man in der eigenen Glaubenserfahrung verwurzelt ist, umso mehr kann man sich zu den anderen hin öffnen. Ein selbst-unsicherer Mensch kann keinen Dialog führen.

8. Gläubige verschiedener Religionen sind wie mitpilgernde Schwestern und Brüder. Auf diesem Pilgerweg teilen sie mit den anderen die eigenen Glaubenserfahrungen. Dialog ist die neue Sprache der Glaubensmitteilung.

9. Jede Offenbarung ist eine tiefgreifende Begegnung mit dem Heiland; sie lädt zu einer Liebesbeziehung mit ihm ein. Daher ist Glaubenssprache eine Liebessprache, die auch nach exklusiven Glaubensansprüchen klingen kann. Solche Aussagen, die wir in allen Heiligen Schriften finden, sind im Kontext der Beziehung und Ergriffenheit zu deuten, nicht als Urteile über andere Religionen oder als Machtansprüche.

10. Die Gläubigen dürfen nur mit großem Respekt mit Andersglaubenden umgehen. Echte Freundschaft unter Gläubigen verschiedener Religionen ist eine authentische Form einer Kultur der Harmonie, denn Freundschaft beseitigt unnötige Vorurteile. Achtung für die Religionsfreiheit der Person und Offenheit für die Vielfalt der Wirkungen des Geistes tragen zum zivilen Frieden bei.

Geistige Begegnung mit anderen Religionen setzt voraus, dass jeder in der Kernerfahrung des eigenen Glaubens tief verwurzelt ist und daraus glaubwürdig lebt. Im inter-religiösen Dialog kann man den eigenen Glauben nicht ausklammern; sonst findet kein echter Dialog statt. Andererseits darf man den eigenen Glauben auch nicht zum absoluten und einzig wahren Weg zur Heilserfahrung erklären; sonst gibt es keine Offenheit für den Geist. Jeder soll in seinem Glauben tiefer Wurzeln schlagen und gleichzeitig sich für die Gegenwart des göttlichen Geistes im anderen öffnen.

Das II. Vatikanische Konzil hat ein dynamisches Kirchenverständnis im Gang gebracht. Die Kirche ist als Gottes Volk unterwegs. Wir befinden uns auf einer geistlichen Pilgerfahrt. In diesem

Pilgerprozess teilen wir unsere Christuserfahrung mit den anderen Mitpilgernden. Und sie erzählen uns von ihren Heilserfahrungen. Alle sind geistig bereichert von diesem Dialog-Prozess unterwegs. Mit einer großen Offenheit für das Geheimnis Gottes betrachten wir respektvoll die Heilserfahrungen der anderen. Im Jahr 1965 erklärte das II. Vatikanische Konzil: »Die katholische Kirche lehnt nichts von alledem ab, was in den anderen Religionen wahr und heilig ist. Mit aufrichtigem Ernst betrachtet sie jene Handlungs- und Lebensweisen, jene Vorschriften und Lehren, die zwar in manchem von dem abweichen, was sie selber für wahr hält und lehrt, doch nicht selten einen Strahl jener Wahrheit erkennen lassen, die alle Menschen erleuchtet« (*Nostra Aetate* 2). Das Konzil erkennt bei den anderen Religionen »die Saatkörner des Wortes Gottes«, »Reichtümer, die der gnädige Gott unter den Völkern verteilt hat« (*Ad Gentes* 11), »die verborgene Gegenwart Gottes« (*Ad Gentes* 9), »die unsichtbare Wirkung der Gnade in den Herzen aller Menschen« (*Gaudium et Spes* 22), »Strahlen der Wahrheit, die alle Menschen erleuchtet« (*Nostra Aetate* 2) und »wertvolle Elemente der Religionen und Menschlichkeit« (*Gaudium et Spes* 92). So erkennen wir, dass das Göttliche größer ist als die Religionen, größer als die Gottesnamen, größer als die Heilssymbole. Auf dieses unfassbare Geheiminis hin »begleiten wir uns gegenseitig« (Papst Johannes Paul II., Assisi, 1986).

Der Weltkirchenrat verdeutlichte in Uppsala 1968: »Respektvoller Dialog mit den Andersglaubenden bedeutet nicht Verminderung unserer Treue zu Christus.« 1977 veröffentlichte der Weltkirchenrat die *Richtlinien für den Dialog* mit anderen Religionen: »Wir Christen sollen mit Reue und Demut, mit Freude und Glaubwürdigkeit mit den Andersglaubenden umgehen, denn wir stellen bei ihnen eine echte Spiritualität fest, ein Engagement sowie eine Weisheit und Barmherzigkeit, die unsere Überheblichkeit, mit der wir über andere Urteile fällen, in Frage stellt [...] Wir kommen nicht als Manipulatoren, sondern als Mitpilger, bereit, mit anderen über Gottes Wirken zu sprechen, das wir in Jesus Christus erkannt haben und das wir gerade im Dialog neu zu erkennen suchen.« Später, 1982, verabschiedete der Weltkirchenrat das offizielle Dokument *Mission und Verkündigung* mit der Orientierung: »Wir Christen dürfen mit Respekt die Wirkung des Geistes Christi in den säkularen, politischen, sozialen und religiösen Geschehnissen erkennen und die *Zeichen der Zeit* deuten, damit wir in Gottes Heilswirkung die Verwandlung der Welt mitgestalten können.«

Den missionarischen Auftrag Jesu setzen wir mit der Einstellung Jesu in die Tat um: mit der Bereitschaft, den anderen die Füße zu waschen, statt dem Drang, sich über den anderen zu erheben. Aber dafür müssen wir in der Heilsbotschaft Jesu tiefer Wurzeln schlagen. Der Lebensstil soll dem Evangelium entsprechend sein, vor allem von Einfachheit gekennzeichnet. Dann sprechen wir aus einem Christusbewusstsein und erkennen die Gegenwart Christi in allen Menschen und in allen Dingen. Nur wenn wir glaubwürdig *in Christo* sind, können wir authentisch den Andersglaubenden begegnen.

Wir Christen sind herausgefordert, das neue Leben in Christus zu erfahren und gleichzeitig für den ungeheuren Horizont des göttlichen Geistes offen zu bleiben. Je tiefer wir in der Christuserfahrung wachsen, umso näher kommen wir den Andersglaubenden. Im echten Dialog hören wir das Wort Gottes in den Heiligen Schriften der anderen und nehmen die Schwingung des Geistes im Herzen der Andersglaubenden wahr. Dialog ist nicht einfach ein Gespräch, sondern er nimmt uns hinein in die tieferen Schichten des Geistes und des Logos. Inter-religiöser Dialog ist immer auf das göttliche Mysterium hin offen. Diese Offenheit, die aus einer gelebten Erfahrung des eigenen Glaubens erwächst, verleiht dem Dialog Freude und Freiheit.

So können wir im Talmud oder im Koran die Resonanz des Wortes Gottes vernehmen; wir werden die Schwingung des göttlichen Geistes in den Symbolen und Riten der Hindus oder Buddhisten wahrnehmen. Wir erwachen zur *Länge und Breite, Tiefe und Höhe* der verwandelnden Gegenwart des göttlichen Geistes, die wir Christen in Jesus Christus erkennen. Dadurch können wir die Andersglaubenden als mit-pilgernde Schwestern und Brüder respektieren. Auf diesem Pilgerweg teilen wir mit den anderen unsere Heilserfahrung in Christus, aber wir werden auch von den Heilserfahrungen der anderen bereichert.

Beim Dialog darf man nicht den eigenen Glauben ausklammern. Echter inter-religiöser Dialog kann stattfinden, wenn jeder Dialogpartner im eigenen Glauben verwurzelt bleibt. Aus der eigenen Glaubenserfahrung redet er über theologische Themen oder Zeitfragen. Je tiefer man in das Wesentliche des eigenen Glaubens hineinwächst, umso mehr kann man sich auf das göttliche Geheimnis hin öffnen.

Theologische Basis der Harmonie

Besinnen wir uns auf die vier Grundlagen des christlichen Glaubens, und versuchen wir von da aus die Vielfalt der Religionen einzuordnen:

1. Inkarnation: Das Wort ist Fleisch geworden – dies ist Basis des christlichen Glaubens. Der in der gesamten Schöpfung schwingende göttliche Logos ist in einem kleinen Kind, in der begrenzten Person Jesus Mensch geworden. Das griechische Wort *sarx* (übersetzt als Fleisch) weist auf das Zerbrechliche menschlicher Existenz, auf das Begrenztsein irdischen Daseins hin. Gott hat sich in Jesus radikal mit der Welt in Beziehung gesetzt, damit wir uns respektvoll mit den anderen in Beziehung setzen können. Gott hat unsere Welt zu seiner eigenen gemacht, damit wir die Welt mit all den Religionen und Kulturen, Farben und Formen, als göttlichen Bereich achten und neu gestalten. Gott hat unsere Geschichte zu seiner eigenen gemacht, damit wir die Universalgeschichte als Gottes Geschichte mit uns betrachten können. Ein respektvoller Umgang mit den Andersglaubenden ist die Konsequenz des Glaubens an die Fleischwerdung Gottes in Jesus, dem Christus.

2. Reich Gottes: »Das Reich Gottes ist nahegekommen, es ist unter euch« – verkündete Jesus. Das sich entfaltende Reich Gottes wandelt alle Bereiche der Welt zu neuem Sein. Reich Gottes bedeutet eine dynamische Einheit zwischen Menschen, Schöpfung und dem Göttlichen. Der Glaube an Jesus Christus darf uns nicht von den Andersglaubenden abgrenzen, sondern uns tiefer mit ihnen geistig verbinden. Was Gott relativiert hat, dürfen wir nicht verabsolutieren! Wenn Christus zum Gegenstand gemacht wird, entsteht im Christentum die Neigung dazu, ihn als ein Kultobjekt aufzustellen oder als eine Königsgestalt zu proklamieren; dann wird Christus den anderen Religionen entgegengestellt. Wenn wir das Christentum mit dem Reich Gottes identifizieren, wird die christliche Religion den anderen Religionen entgegengestellt, und unsere Haltung kann aggressiv und politisierend werden. Dies führt zum christlichen Triumphalismus, der grausame Konsequenzen in der Inquisitionszeit und in der Kolonialgeschichte hatte.

3. Kenosis am Kreuz: »In Christus hat Gott sich erniedrigt bis zum Tod, bis zum Tod am Kreuz«, so hat Paulus das Spezifikum des Glaubens ausgedrückt. Das Kreuz zeigt nicht einen allmächtigen Gott, der das Leiden dieser Welt mit einem Machtwort wegzaubern kann, sondern einen Gott, der selber von tiefem Leiden betroffen ist. Das Kreuz zeigt nicht einen herrschenden Gott, der in den Himmelshöhen thront, sondern einen Gott, der den Menschen die Füße wäscht. Das Kreuz zeigt nicht einen Gott, der in der Herzenskammer ruht, sondern einen Gott, der auf unserem Leidensweg mit uns geht. Unsere Logik kann so einen Gott nicht bejahen. Sie wird sagen: Es ist ein Ärgernis, ein Unsinn (1 Kor 1,23). Aber im gekreuzigten Christus hat Gott unsere Leidensgeschichte zu seiner eigenen gemacht, damit wir mitten im Leiden, Suchen und Ringen Gottes Nähe spüren können. »Gott ist Liebe«: Nur ein leidensfähiger Gott kann uns lieben. Dieser Gott wird uns ständig mit der Frage beunruhigen: Ich bin hungrig, ich bin durstig, ich bin krank und obdachlos [...] (Mt 25,35–36). Mit den leidenden und suchenden Menschen aller Religionen sind wir mitpilgernde Schwestern und Brüder. Wenn wir die Barmherzigkeit des gekreuzigten Gottes mitten in unserem Leiden erfahren können, dann gewinnt das Leiden einen neuen Sinn, das Leben eine Heilsqualität.

4. Auferstehung: »Christus ist auferstanden, Gott hat die Macht der Sünde und des Todes gebrochen« – so haben die ersten Christen freudig den Glauben verkündet. Der auferstandene Christus ist der leben-spendende Geist geworden. Der Geist Gottes gestaltet diese zerbrochene Welt neu und wir sind eingeladen, diesen göttlichen Verwandlungsvorgang mitzugestalten. Im Licht der Auferstehung erkennen wir die Dynamik der neuen Schöpfung in allen Bereichen des Lebens: in Kunst und Literatur, in Wissenschaft und Politik, in den Kulturen und Religionen. Auferstehung verleiht den säkularen Tätigkeiten eine sakrale Sinnweite. Der im Sinne des Reiches Gottes geschehende Einsatz für Frieden, Gerechtigkeit und Solidarität ist ein Teilnehmen am göttlichen Werk. Initiativen zur Bewahrung der Schöpfung und für den Schutz der Umwelt sind unsere Beiträge zur Verwandlung der Materie in den Leib Christi. Jede Art von heilendem Dienst in Krankenhäusern, Beratungsstellen, Schulen oder Sozialstationen ist ein Ausströmen der heilenden Liebe Gottes. Unser Leben entfaltet sich in einem *göttlichen Milieu*. Mit den Andersglaubenden setzen wir uns für Frieden, Gerechtigkeit und Bewahrung der Schöpfung ein. So entfaltet sich eine Kultur der inter-religiösen und inter-kulturellen Harmonie im Sinne des Reiches Gottes.

Unser Leben entfaltet sich eigentlich nicht vor Christus, sondern in Christus, wie Paulus wiederholt betont. Die *Kenosis* Gottes in Jesus Christus ist eine Herausforderung für die Grundhaltung der Selbstentäußerung im christlichen Dasein. Jesus verdeutlichte es: »Ihr wisst, dass die Mächtigen ihre Macht den anderen aufzwingen; bei euch aber soll es nicht so sein, sondern wer bei euch groß sein will, der soll euer Diener sein« (Mk 10,42–43). »Wenn nun ich, der Herr und Meister, euch die Füße gewaschen habe, dann müsst auch ihr einander die Füße waschen« (Joh 13,14). Ein respektvoller Umgang mit den Andersglaubenden ist die Konsequenz des Glaubens an Gottes Gegenwart in Jesus, dem Christus. Dann wird unser Glaube an Christus uns von den Andersglaubenden nicht trennen, sondern mit ihnen tief verbinden. Je tiefer wir im Christusbewusstsein Wurzeln schlagen, umso mehr können wir uns zu den Andersglaubenden hin öffnen. Glaube ermöglicht Dialog; Dialog vertieft den Glauben.

Oft wird die Frage gestellt, ob der missionarische Auftrag der Kirche im Zug des Dialogs zu kurz kommt. Der Frage taucht vor allem in den Kreisen auf, in denen ein traditionelles Missionsverständnis herrscht. Da geht es vor allem darum, mit der Heilsbotschaft *hin*zugehen zu anderen Menschen und sie ins Christentum *hinein*zutaufen. Dieser Eifer kommt nicht von den Worten Jesu, sondern vom Ausbreitungsdrang des Christentums in der Kolonialzeit. Die Heilsbotschaft des Evangeliums hat eine universelle Relevanz, und daher ist die Kirche vom Wesen her missionarisch. Eigentlich hat jede Religion eine universelle Botschaft. Jede authentische Gotteserfahrung ist für alle Menschen da, und daher sollen wir sie mit den anderen teilen. Wir haben den Auftrag, Christi Gegenwart tief in uns zu erfahren und diese Erfahrung glaubwürdig mit den anderen zu teilen.

Im heutigen dialogischen Zeitalter haben wir Zugang zu den Heilsquellen der anderen Religionen. Die großen heiligen Schriften sind bereits fast in alle Sprachen übersetzt worden. Daher kann man heute die eigene Glaubenserfahrung in den universellen Offenbarungsprozess einordnen und tiefer verstehen. Dialog ist die neue Sprache der Mission. Die Gnade der heutigen Zeit ist, dass wir die »andersglaubenden Menschen als mitpilgernde Schwestern und Brüder« (Papst Johannes Paul II.) betrachten können. Mission ist keine Einbahnstraße.

Die Konsequenz der globalisierten Welt heute ist eine ungeheure Mobilität der Völker. Über alle Grenzen der Nationen, Religionen und Kulturen hinweg kommen Menschen weltweit näher zueinander. Diese Entwicklung bedeutet für viele eine Entwurzelung aus der eigenen geistigen Heimat und bedrückende Einsamkeit. Bei vielen anderen wächst eine Angst vor Fremden, die als Bedrohung empfunden werden. Menschen suchen eigentlich neue Zugänge zu einer zeitgemäßen und weltoffenen geistigen Heimat. Leider meldet sich oft religiöser Fundamentalismus oder ethnischer Chauvinismus, der den Frieden in der Zivilgesellschaft gefährdet. Unnötige Vorurteile und Missverständnisse bilden Blockaden zwischen Menschen verschiedener religiöser Herkunft.

Der einzige Weg des Friedens in der Zukunft ist eine Kultur des respektvollen Umgangs mit den Andersglaubenden. Man kann sie nicht von oben erzwingen, sie muss von der Basis aus wachsen. Dialog geschieht nicht primär in Vorträgen und Seminaren, sondern im alltäglichen Umgang mit den Andersglaubenden in unserer Nachbarschaft, in unseren Wohnsiedlungen, in unserem Berufsbereich, auf den Straßen: überall, wo Menschen sich begegnen. Eine spontane, freundliche, respektvolle Art des Umgangs mit den Schwestern und Brüdern der anderen Religionsgemeinschaften ist die Grundlage einer Kultur der Harmonie. Dazu wäre es eine Hilfe, Freundeskreise mit den Nachbarn der anderen religiösen Herkunft zu bilden. In vielen asiatischen Ortskirchen gibt es Initiativen dazu seitens der christlichen Ortsgemeinden. Die Föderation der asiatischen katholischen Bischofskonferenzen (FABC) ermutigt diesen Prozess sehr. Sie sagte 1985: »Durch die Formation der nachbarschaftlichen Basisgruppen *(Basic Human Communities)* wird die Kirche in Asien glaubwürdig asiatisch.« Da die Gesellschaft in Europa zunehmend von der Vielfalt der Religionen und Kulturen geprägt wird, könnte dies auch für Europa ein Weg in die Zukunft sein. Es geht um Kreise von etwa 20 Familien oder Einzelnen aus verschiedenen Religionen. Sie kommen regelmäßig zusammen, um miteinander Brot zu teilen, Lebensfragen zu diskutieren, lokale Probleme zu besprechen, sich gemeinsam für den Frieden einzusetzen, miteinander Feste zu feiern und eventuell auch miteinander zu meditieren und die Schriften verschiedener Religionen zu lesen. Die Mitglieder werden mit einer herzlichen Gastfreundlichkeit zu den Familienfesten vor Ort eingeladen. Solche Zusammenkünfte beseitigen unnötige Vorurteile, die die Beziehungen belasten und den Frieden gefährden. Diese Initiativen an der Basis tragen wesentlich dazu bei, eine Kultur der interreligiösen Harmonie zu entwickeln. Insofern der Geist Gottes über alle Grenzen der Religionen hinweg wirkt, dürfen Christen mit großem Eifer und mit echter Freude solche Initiativen ergreifen. So wird die lokale Christengemeinde zu einer *Kirche der offenen Tür*, zu einem Raum, in dem die Gläubigen anderer Religionen in ihrer Eigenart respektiert und in der tiefen Einheit des Geistes geliebt werden.

In Europa gibt es bereits viele solche interreligiösen Freundeskreise. Oft geht die Initiative von der christlichen Ortsgemeinde aus oder von den lokalen islamischen Kreisen. Es wäre schön, wenn solche

Schritte zu einer neuen Kultur der Harmonie geistig vernetzt würden, damit die Erfahrungen ausgetauscht werden können und die Initiativen sich von bereits bestehenden Kreisen getragen fühlen. Diese gelungene Form der inter-religiösen Beziehung ist vielleicht der einzige Weg zu einer glaubwürdigen Präsenz der Christen in der zivilen Gesellschaft, zur Zukunft eines friedvollen Europas, zur Zukunft der Welt.

Spiritualität

Der leidende und neugestaltende Gott

Wenn wir uns fragen, wo Gott ist, dann blicken wir spontan nach oben, zu den unendlichen Himmelshöhen. Wir haben eine Art volkstümliche Vorstellung von einem allmächtigen, allwissenden Gott, dem Schöpfer des Weltalls. Die religiöse Psyche des Menschen ist grundsätzlich von diesem erhabenen Gottesbild geprägt. Im Gebet und in Kulthandlungen wird dieser Gott-vor-uns angesprochen und verehrt.

Der gekreuzigte Gott

Mit diesem erhabenen und schönen Gottesbild gehen wir auf den Kalvarienberg. Da hängt ein Mensch zwischen Himmel und Erde, anscheinend nirgendwo zu Hause. Die Erde hat ihn im Stich gelassen; seine Jünger sind von ihm weggelaufen. Auch der Himmel hat ihn verlassen, denn er schreit aus tiefster Einsamkeit, »Mein Gott, mein Gott, warum hast du mich verlassen?« (Mt 27,46). Zu diesem geschlagenen, geschundenen und gekreuzigten Menschen blicken wir hinauf, und im Glauben bekennen wir: Dies ist Gott-für-uns. Da brechen all unsere vertrauten, schönen Gottesbilder zusammen.

Das Kreuz zeigt nicht einen allmächtigen Gott,
sondern einen entmachteten Gott.
Das Kreuz zeigt nicht einen allwissenden Gott,
sondern einen Gott, der Verzweiflung und Angst durchlebt.

Das Kreuz zeigt nicht einen herrschenden Gott,
der in den Himmelshöhen thront, sondern einen dienenden Gott,
der den Menschen die Füße wäscht.
Das Kreuz zeigt nicht einen Gott, der in der Herzenskammer ruht,
sondern einen Gott, der unseren Leidensweg zu seinem eigenen
gemacht hat.
Das Kreuz zeigt nicht einen mächtigen Gott, der das Leiden dieser Welt
mit einem Machtwort wegzaubern kann, sondern einen Gott, der selbst
zum Opfer des Leidens geworden ist.
Das Kreuz zeigt nicht einen Gott, der über die Freiheit des Menschen
verfügt, sondern einen, der selbst von menschlicher Freiheit
verwundet ist.
Das Kreuz offenbart den leidenden Gott;
es öffnet die verborgene Wunde des göttlichen Herzens.

Leiden Gottes? Wunde Gottes? Unfassbar für den menschlichen Verstand! Eine Gottsuche, die sich nur auf den Verstand beruft, wird durch das Kreuz in Frage gestellt. Die Logik des rationalen Denkens kann nicht in die Tiefen Gottes hineinblicken. Da »die Welt durch ihre Weisheit Gott in seiner Weisheit nicht erkannte« (1 Kor 1,21), hat sich Gott durch den Gekreuzigten offenbart.

Vereinfachend gesprochen gibt es zwei Arten von Menschen, die Gott suchen: (I) Die *Weisen* stellen sich einen allwissenden Gott vor, der in sich gut abgerundet ist. Dagegen zeigt das Kreuz die »Torheit Gottes« (1 Kor 1,25). (II) Die *Frommen* glauben an einen allmächtigen Gott, von dem erwartet wird, dass er Wunder wirkt und das menschliche Leiden mit einem Machtwort beseitigt. Dagegen zeigt das Kreuz die »Schwachheit Gottes« (1 Kor 1,25). »Die göttliche Torheit ist weiser als die Menschen, und die göttliche Schwachheit ist stärker als die Menschen« (1 Kor 1,25). Dies ist die Gottesoffenbarung am Kreuz. Sie ist für die Weisen »eine Torheit« und für die

Frommen »ein Ärgernis« (1 Kor 1,23). Für uns aber ist sie »Gottes Kraft und Gottes Weisheit« (1 Kor 1,24).

Das Paradox der Gottesoffenbarung durch den gekreuzigten Christus können wir nicht einfach vom Verstand her erklären. Wir dürfen es aber von der Liebe her ahnen. Wenn wir sagen: »Gott ist Liebe«, »Gott liebt uns«, meinen wir nicht einen in sich ruhenden, sondern einen sich verschenkenden Gott. Die Selbstausgießung Gottes in Liebe macht Gott verwundbar. Lieben heißt vom Geliebten betroffen zu werden. In dieser Betroffenheit nimmt der Liebende Anteil am Leiden des anderen. Denken wir an eine einfache Lebenserfahrung: Plötzlich erhalten die Eltern den Telefonanruf, dass die kleine Tochter auf dem Schulweg von einem Auto angefahren wurde. Sie lassen alles liegen und eilen zu ihrem verunglückten Kind. Als Eltern sind sie vom Leiden des Kindes mitbetroffen. Liebe macht verwundbar.

Ein leidensunfähiger Mensch kann nicht lieben. Ein leidensunfähiger Gott kann nicht »die Liebe« genannt werden. Wenn Gott Liebe ist, dann muss er ein mitleidender Gott sein. Wenn es so viel Leiden in dieser Welt gibt – durch Armut und Krankheit, durch Hass und Neid, durch Ausbeutung und Unterdrückung –, können wir uns da einen Gott vorstellen, der von all dem unberührt bleibt? Ein solches Gottesbild kommt uns sehr grausam vor, und gerade mit diesem in der religiösen Psyche gewachsenen Gottesbild tun sich viele Menschen heute schwer. Dieser Gott hat scheinbar die *Allmacht*, um das Leid in der Welt zu beseitigen, aber er tut es nicht! Menschen suchen einen Gott, der in ihrer Leidensgeschichte mitgeht, sie in Liebe mitträgt und dadurch befreit. Ein solcher Gott musste die Leidensgeschichte der Menschen zu seiner eigenen gemacht haben. Diesen mitleidenden Gott (Hebr 5,8) hat das Kreuz gezeigt. Der gekreuzigte Jesus konnte vom Kreuz nicht machtvoll herabsteigen (Mt 27,40). Wie hätte er es tun können, wenn ständig Menschen am Kreuz hängen? Das Kreuz ist nicht einfach ein Geschehen der Vergangenheit; solange Menschen leiden und am Kreuz hängen, leidet Gott mit. Kreuzesgeschehen setzt sich fort, weil es ein Heilsereignis ist: das Sichtbarwerden der verborgenen Wunde im Göttlichen.

Woher kam die Wunde im Göttlichen? Um dies zu verstehen, muss man zur Erschaffung des Menschen gehen. Der Schöpfergott hat den Menschen als mit Freiheit begabtes Wesen geschaffen. Aber in die Umsetzung der Freiheit kam der *Sündenfall*. Es ist eine mythische Art, die existenzielle Entfremdung des Menschen zu deuten. Bei jeder Entscheidung gibt es eine Möglichkeit, vom wahren *Selbst*, das eigentlich im Einklang mit dem göttlichen Seinsgrund bleiben soll, abzufallen und dadurch die eigenen Wurzeln zu verlieren. Wenn man das *Ich* ins Zentrum stellt und sich daran festhält, entsteht diese Entwurzelung, die die Grundursache des Leidens ist. Dann ist auch Gott mitbetroffen, weil die Freiheit des Menschen die *Ohnmacht* Gottes ist. Dies verdeutlicht Jesus durch das Gleichnis des verwundeten Vaters (Lk 15,11–32). Der Vater liebte den jüngeren Sohn und respektierte dessen Freiheit. Lieben heißt, den anderen in dessen Freiheit annehmen und von der Freiheit des anderen eingeschränkt und eventuell verwundet werden. Als der Sohn in freier Entscheidung das Vaterhaus verließ, ließ er eine Wunde im Herzen des Vaters zurück. Als verwundeter Vater wartete er auf die Rückkehr des Sohnes. Mit diesem ergreifenden Bild weist Jesus darauf hin, dass Gott ein liebender und deswegen verwundeter Vater ist, der auf die Heimkehr aller Menschen in das göttliche Vaterhaus wartet. Solange es Leiden auf dieser Welt gibt, können wir nur von einem mitleidenden Gott sprechen, der uns ständig fragt: Habt ihr mich als den verwundeten Gott in eurer Mitte erkannt? Denn »ich war hungrig [...], ich war durstig [...], ich war obdachlos [...], ich war krank und im Gefängnis [...]« (Mt 25,35–36). In jedem leidenden Menschen begegnet uns Gott. Der gekreuzigte Christus lässt uns nicht an den verletzten Gestalten der

Menschen vorbei Gott begegnen. Am Kreuz haben wir die *Kenosis* Gottes, seine Selbstentäußerung erfahren. Wir glauben nicht an einem leidensunfähigen Gott, sondern an einem Gott, der mit uns in unseren Schwächen mitleidet (Hebr 4,15).

Der auferstandene Gott

Das Kreuz war nicht das Ende des Lebens Jesu; er hat den Tod besiegt und ist auferstanden. Welche Dimension des Göttlichen wird durch die Auferstehung Jesu offenbart? Auch die Botschaft der Auferstehung können wir nicht mit der Logik erfassen, sondern nur durch die Liebe erahnen.

Besinnen wir uns wieder auf die oben erwähnte Lebenserfahrung. Die Eltern bekommen die Nachricht vom Unfall der Tochter und sie eilen zu dem Ort. Wenn aber die Eltern auf der Straße sitzen und laut weinen, hilft es dem Kind nicht. Die Eltern würden so bald wie möglich das Kind ins Krankenhaus bringen, um sein Leben zu retten. Liebe nimmt Anteil am Leiden des Geliebten, aber ergreift auch Initiative, das Leiden zu beseitigen. Liebe erneuert, was gestört ist, und fügt zusammen, was zerbrochen ist. Liebe heilt Wunden und verbindet Herzen miteinander. Liebe ist schöpferisch, sie hat Imagination, sie sucht Wege des Helfens und Heilens.

Diese heilende, gestaltende Gegenwart hat Gott durch die Auferstehung Jesu offenbart. Gott ist *mit uns* nicht bloß als der leidende Gott, sondern auch als der neuschaffende Gott. Die heilende Kraft Gottes ist im auferstandenen Christus ausgegossen. Es ist nicht die Allmacht Gottes, denn der Allmächtige braucht die Menschen nicht. Aber der durch die Freiheit der Menschen entmachtete und mit den Menschen mitleidende Gott braucht die menschliche Mitwirkung, alles zu erneuern.

Geplagt von Ängsten und Schuldgefühlen, verlieren wir oft den Mut zum Leben; wir befinden uns in der *dunklen Nacht der Seele.* Aber die göttliche Gegenwart der Auferstehung strahlt auf uns und hilft uns anzunehmen als die, die längst von Gott bereits angenommen sind. In tiefer Einsamkeit und Verzweiflung neigen wir dazu zu resignieren, aber der auferstandene Christus verleiht uns seinen Geist, der uns aufrichtet. Überwältigt von den zerstörerischen Mächten in uns und um uns, befinden wir uns oft in Finsternis, aber das Licht der Auferstehung beleuchtet unsere Wege. Die Auferstehung Christi weist darauf hin, dass Gott die zerstörerische Macht von Sünde und Leid durchbricht und die Kraft des Bösen und die Angst vor dem Tod besiegt. Unsere Wunden werden geheilt und unsere entfremdete Natur wird mit der göttlichen Natur vereint.

In der Auferstehung Christi hat Gott uns die Zuversicht gegeben, dass am Ende »Gott alles in allem sein wird« (1 Kor 15,28). Gott führt alles zum Guten (Röm 8,28). Am Ende wird die ganze Schöpfung »in Christus erneuert« (Röm 8,21; Kol 1,20). Die Auferstehung ist nicht nur das, was in der Person Jesu Christi geschehen ist, sondern das, was sich in jedem Menschen und in der gesamten Schöpfung ereignet. Sie ist die Vorerfahrung und Verheißung der kosmischen Auferstehung. Im auferstandenen Christus ist die Heilszukunft angebrochen, auf die wir warten: »Das Alte ist vergangen, Neues ist geworden« (2 Kor 5,17).

Auferstehung Christi ist eine Gnade, aber auch eine Einladung, mit dem alles erneuernden Geist mitzuwirken und dadurch die neue Schöpfung in allen Bereichen des Lebens zu gestalten. Jede Form des schöpferischen Einsatzes bekommt dadurch einen göttlichen Sinnhorizont: Initiative für Frieden, Gerechtigkeit und ökologische Harmonie, Engagement in politischen, sozialen oder kulturellen Bereichen, wissenschaftliche Forschung oder künstlerische Tätigkeit, Dienst in Schulen und Krankenhäusern, die tägliche Arbeit zu Hause oder im Beruf. All das wird eine aktive Teilnahme des Menschen an dem vom göttlichen Geist getragenen Vorgang der kosmischen Auferstehung, vorausgesetzt, dass sich dies alles mit den Werten des Reiches Gottes entfaltet. Auferstehung offenbart die sakrale Dimension des Säkularen. Die Auferstehung Christi verwandelt *Theo*phanie in *Christo*phanie.

Kreuz und Auferstehung bilden das Kernstück des christlichen Glaubens. Sie zeigen uns einen Gott, der nicht droben steht, sondern mit uns geht: in unserem Leiden und in den schöpferischen Tätigkeiten. *Emmanuel*, Gott-mit-uns ist sein Name. Der leidende Gott öffnet unsere Augen, damit wir tief in die Augen eines leidenden Menschen hineinschauen und dort Gott erblicken. Der auferstandene Gott befähigt uns, die sakrale Tiefe des Säkularen zu erkennen und uns mit dem göttlichen Geist für die Neugestaltung der Welt einzusetzen. Durch Kreuz und Auferstehung hat Gott gezeigt, dass unsere Geschichte Gottes Geschichte ist. Gottes Gegenwart ist Schwingung. Die göttliche Gegenwart entfaltet sich durch unser Leiden und durch unseren Einsatz.

So ein Gottesbild stellt eine deutliche Kritik dar an der Neigung, Gottes Gegenwart bloß in der Innerlichkeit zu finden oder nur in den Himmelshöhen zu suchen; es widerspricht auch einer Theologie, die in einer Begriffswelt verharrt, und einer Religion, die festgefahrene Strukturen aufbaut. Der auferstandene Christus lädt uns ständig ein, »hinzuhören, was der Geist den Kirchen sagt« (Offb 2,29).

Zur Freiheit berufen – Der Übergang vom *Alten* zum *Neuen* als Schlüssel zur Paulusdeutung

Wenn ich in meinen Meditationskursen und Seminaren das Johannesevangelium darstelle, gibt es eine große Aufmerksamkeit und ein wohlwollendes Zuhören. Aber wenn ich zwischendurch Paulus zitiere, meldet sich oft eine Abneigung, ein kritisches Zuhören. Eine Teilnehmerin sagte: »Wenn ich beim Gottesdienst eine Lesung aus den Briefen von Paulus höre, fällt eine Klappe bei mir.« Viele mögen Paulus nicht. Er wird oft verantwortlich gemacht für Frauenfeindlichkeit und Männerherrschaft im Christentum, für Gesetzestreue und Festlegung der Strukturen und für den Übergang von Mystik zu Moral, vom Sein zum Tun im Glaubensleben.

Jeder Mensch ist ein Kind der jeweiligen Zeit und Kultur. Jeder Text entsteht in einem *Kon*text. Jeder Mensch denkt auf Grund der eigenen Biographie. So auch Offenbarungsträger wie Propheten und Weise. Gottes Wort erreicht die Herzen der Menschen durch die Worte von konkreten Menschen, durch Worte, die in den Strukturen der Sprache und Kultur Gestalt annehmen. Und wir Menschen verstehen und deuten das Wort Gottes im Rahmen unserer äußeren Kultur und entsprechend der inneren Prägung je individueller Psyche. Es gibt keine absolute Offenbarung. Jede Offenbarung ist in Relation zu Zeit und Raum zu lesen. Daher ist es wichtig, das Wort Gottes in Bezug auf den kulturellen *Sitz im Leben* zu deuten.

Dies gilt auch für die Paulusdeutung. Es ist daher verständlich, dass viele Christen Mühe haben, manche Aussagen von Paulus auf die heutige Situation zu übertragen, um deren zeitgemäße Relevanz zu sehen. Trotzdem sollten wir das Grundanliegen von Paulus ernst nehmen, denn ohne Paulus wäre das Christentum eine jüdische Sekte geblieben. Paulus hat die Gemeinde Jesu von den Grundhaltungen des pharisäischen Judentums befreit und die Gemeinschaft in Christus über alle Grenzen der Religionen und Kulturen hinaus geöffnet. Das Reich Gottes, das Jesus verkündete, sollte nicht auf ein bestimmtes Volk oder Land begrenzt bleiben, sondern es soll die Herzen aller Menschen erreichen und sie verwandeln. Es geht nicht um die Verbreitung einer vorstrukturierten Religion, wie das Christentum, sondern um die Entfaltung einer befreienden Spiritualität in der geistigen Gemeinschaft der Kirche. So sagte Paulus: »Es gibt nicht mehr Juden und Griechen, nicht Sklaven und Freie, nicht Mann und Frau; nein, wir sind alle *einer* in Christus« (Gal 3,28).

Diese über alle Grenzen der Religionen hinauswachsende Einheitserfahrung, diese Freude und Freiheit der Kinder Gottes, diese tiefe Erkenntnis, dass wir zum göttlichen Leben berufen sind, diese Einsicht, dass wir Christus als die heilende Gegenwart Gottes in uns und um uns erfahren – darum geht es eigentlich in der Verkündigung von Paulus. Paulus träumte von einer Gemeinschaft, die nicht in festen Strukturen stehenbleibt, sondern die mit den immer weiteren Horizonten des Geistes Gottes beweglich bleibt. »Zur Freiheit hat Christus euch befreit. Bleibt daher fest und lasst euch nicht von Neuem das Joch der Strukturen auflegen! Wenn ihr aber vom Geiste Christi geführt werdet, dann seid ihr frei« (Gal 5,1.18).

Die Wende

Wie ich oben angedeutet habe, soll jeder Text im *Kon*text gedeutet werden. So ist es sicher sinnvoll, Paulus im Lichte seiner Biografie anzuschauen. Auf dem Damaskusweg erlebte er eine gewaltige Wende seines Lebens. Die Begegnung mit Christus hat ihn total umgeworfen, nicht bloß vom Pferderücken zu Boden, sondern vom Gipfel einer sich hochmütig abgrenzenden Religiosität zum Tal einer alle Menschen heilenden Spiritualität. Es bedeutete aber auch eine Kehrtwende im Gottesbild: von der Verehrung einer allmächtigen, patriarchalischen Gottesfigur zur Erfahrung des entmachteten Gottes im gekreuzigten Christus. »Das Törichte an Gott, das Schwache an Gott« – darin hat Paulus Gott erkannt (1 Kor 1,22–25). Vor allem bedeutete es eine Wende von der Fixierung auf die geschichtliche Person *Jesu* der Vergangenheit zum Betroffensein durch den auferstandenen *Christus* der Gegenwart.

Kurz nach der inneren Wende zog sich Paulus in die Einsamkeit der arabischen Wüste zurück. Fast drei Jahre verbrachte er in Askese und Meditation, um dem tieferen Sinn der Damaskuserfahrung nachzuspüren und zu erkennen, zu welcher Freiheit der Glaube an Christus ihn befreit (Gal 1,17–18).

Das war eine Schulung durch den göttlichen Geist. Es gibt keinen Hinweis darauf, dass Paulus dem historischen Jesus begegnet wäre. Aber er war ergriffen vom auferstandenen Christus. Für ihn war Christus nicht einfach eine geschichtliche Person der Vergangenheit, sondern Gottes heilende Präsenz in der Gegenwart: Christus ist Gott-mit-uns, Gott-in-uns, Gottes heilende Gegenwart in und um uns. Christus ist das göttliche Leben in uns (Phil 1,21), das göttliche Licht um uns (Eph 5,14). Unser Leben entfaltet sich nicht *vor* Christus, sondern *in* Christus (Kol 3,3). Wir leben durch Christus

(Gal 2,20). Wie in einem Leib sind wir wie Glieder mit Christus, dem Haupt, tief verbunden (1 Kor 12,27). Mit Christus bilden wir eine geistige Einheit, eine göttliche Familie, in der wir Töchter / Söhne Gottes sind, Erben Gottes, Miterben Christi (Röm 8,16–17). Paulus wuchs im mystischen Christusbewusstsein.

Mit dieser Erfahrung kam Paulus dann in die Öffentlichkeit, zunächst etwas zögernd, aber dann mutig, mit einem klaren Sendungsbewusstsein: Gott hat mich dazu erwählt, dass ich den nicht-jüdischen Völkern die befreiende Botschaft Christi verkünde (Gal 2,9; Apg 22,21). Das Kernstück seiner Verkündigung war dies: »Wenn jemand in Christus ist, dann ist er / sie eine neue Schöpfung: Das Alte ist vergangen, Neues ist geworden« (2 Kor 5,17). Den Übergang vom Alten zum Neuen hat Paulus in seinem Leben erfahren, und dieser Prozess bleibt die tragende Struktur seiner gesamten Verkündigung. Wir können diesen Übergang, der sich in seinem Leben vollzogen hat, als Schlüssel nehmen, um seine Theologie zu deuten.

Der Übergang vom *Alten* zum *Neuen*

Was heißt *Übergang*? Was ist mit dem *Alten* und mit dem *Neuen* gemeint? Dazu sollten wir drei Dinge berücksichtigen:

1. Man darf nicht das *Alte* mit dem Judentum und das *Neue* mit dem Christentum gleichsetzen. Das hätte fatale Konsequenzen für den Antisemitismus. Paulus hatte natürlich eine Lebensphase der zwanghaften Religiosität in seinem pharisäischen Hintergrund. Und er bekennt: »Ich lebte als Pharisäer nach dem Gesetz und habe voll Eifer dem Gesetz nach gehandelt« (Phil 3,5–6). Durch die Begegnung mit Christus ist er von den Zwängen der vom Gesetz getriebenen Religiosität befreit. Aber Paulus wertet das Gesetz nicht ab. »Das Gesetz ist heilig, gerecht und gut«

(Röm 7,12), weil »es vom Geist Gottes bestimmt ist« (Röm 7,14). »In meinem Innern freue ich mich am Gesetz Gottes« (Röm 7, 22). Aber Paulus erkannte die Begrenztheit des Gesetzes und die Unzulänglichkeit der gesetzesbezogenen Religiosität. »Durch das Werk des Gesetzes wird niemand vor Gott gerecht werden« (Röm 3,20). Übergang vom *Alten* zum *Neuen* heißt also: der heute noch relevante Übergang von einer an Vorschriften orientierten und zwanghaften *Religiosität* zu einer vom Geist geführten und befreienden *Spiritualität.*

2. Wenn Paulus sagt: »Das Alte ist vergangen, Neues ist geworden«, meint er den Übergang »vom Leben nach dem Fleisch zum Leben nach dem Geist« (Röm 8,4). *Fleisch* ist ein Bild für die existenzielle Schwäche des Menschen, für die innere Neigung, an dem kleinen Ich festzuhalten. Mit dem Wort *Fleisch* meint er nicht den Leib, denn der Leib ist sakral: »Der Leib ist der Tempel des göttlichen Geistes«, sagt er (1 Kor 6,19). Mit *Fleisch* meint Paulus die Neigung des Menschen, sich von Gott abzuwenden. »Das Trachten des Fleisches führt zum Tod, denn wer vom Fleisch bestimmt ist, kann nicht zu Gott gelangen« (Röm 8,6.8). Im Menschen meldet sich immer wieder diese negative Neigung in den vielfältigen Formen von Habgier, die den Zugang zu Gott versperrt. In diese existenzielle Notlage bricht Gottes Kraft durch Christus herein. Das Gesetz des neuen Lebens in Christus hat uns frei gemacht vom Gesetz des Fleisches (Röm 8,2; 7,23). Der Geist Christi verwandelt unser Leben in das neue Leben in Christus. Dieser Übergang vom Alten zum Neuen bedeutet den Übergang von einem Leben, getrieben von Begierden und Habsucht, zu einem Leben, das geführt ist vom göttlichen Geist.

3. Dieser Übergang ist nicht einfach eine Sache der Vergangenheit. Es ist nicht etwas, das ein für alle Mal in unserem Leben ge-

schieht, damit wir beanspruchen können, dass wir doch ganz im neuen Sein wären. Paulus hat den inneren Konflikt deutlich eingesehen (Röm 7,19.23). Er musste bis zum Tod mit seinen Schattenseiten kämpfen. Der Übergang vom *Alten* zum *Neuen* ist ein ständiger Wandlungsprozess in jedem von uns. Die Neigung, an der Oberfläche des Lebens zu bleiben, im kleinen Ich zu verharren, am Gesetz festzuhalten und vom Fleisch getrieben zu werden, ist immer da (Röm 7,14–24), aber auch die Freiheit, die der Geist Christi schenkt, ist in uns wirksam (Röm 8,1–17). Unser Leben entfaltet sich in diesem geistigen Spannungsfeld. Dem Geist Raum zu geben, der in uns und um uns verwandelnd wirkt – dies sind die Gnade und der Auftrag, die das neue Leben in Christus ausmachen (Gal 5,18.25).

Die Hauptelemente des Überganges vom *Alten* zum *Neuen* können wir in ihrer Polarität in einem Schema (siehe nächste Seite) der Gegenüberstellung betrachten:

Der Ausgangspunkt für Paulus ist der universale Heilswille Gottes: »Gott will, dass alle Menschen zum Heil gelangen« (1 Tim 2,4). Dazu hat Gott jedem Menschen das innere Licht der Vernunft *(nous/buddhi)* gegeben, das heißt, im Gewissen kann jeder Mensch das Gute und das Böse unterscheiden und den Willen des Schöpfers erkennen. »Was man von Gott erkennen kann, ist ihnen offenbar. Seit der Erschaffung der Welt wird seine unsichtbare Wirklichkeit an den Werken der Schöpfung mit der Vernunft wahrgenommen, seine ewige Macht und Gottheit« (Röm 1,19–20). Gottes Wille ist allen Menschen »ins Herz geschrieben« (Röm 2,15).

Gott

↓

Heil

↓

Vernunft (Gewissen)

Das Alte		***Das Neue***
↓		↓
Propheten	⟶	Christus
↓		↓
Gesetz	⟶	Geist
↓		↓
»Fleisch«	⟶	»Fleisch«
↓		↓
Ohnmacht	⟶	Kraft
↓		↓
Sünde	⟶	Gnade
↓		↓
Zucht	⟶	Freiheit
↓		↓
Zwang	⟶	Glaube
↓		↓
Furcht	⟶	Liebe
↓		↓
Tod	⟶	Leben

Der *alte* Weg

Gott hat durch die **Propheten** und Weisen verschiedener Zeiten Menschen in allen Kulturen und Religionen angesprochen und seinen Heilswillen offenbart. Paulus meint vor allem Mose und die anderen Propheten Israels, die das Geoffenbarte in Form des **Gesetzes** rezipiert und vermittelt haben (Röm 2,17–18). Aber weder die Vernunftethik noch die Gesetzesreligiosität kann den Menschen letztlich zum Heil führen. Sie geben Orientierung, besitzen aber keine verwandelnde Kraft. Die Neigung des **Fleisches** gewinnt oft die Übermacht, sodass die Vernunft den Begierden nachgibt (Röm 1,21–24) und das Gesetz **ohnmächtig** erscheint (Röm 8,3). Paulus bekennt es mit ehrlichem Herzen: »Ich bin Fleisch, das heißt: verkauft an die Sünde. Denn ich begreife mein Handeln nicht: Ich tue nicht das, was ich will, sondern das, was ich hasse« (Röm 7,14–15). »Das Gesetz ist ohnmächtig durch das Fleisch, das unter der Macht der Sünde steht« (Röm 8, 3). Das Gesetz, obwohl es von Gott kommt (Röm 7,14), kann den Menschen von sich aus nicht zum Heil führen. »Durch das Werk des Gesetzes wird niemand vor Gott gerecht werden« (Röm 3,20).

Im Gegenteil, das Gesetz wird das Sündenbewusstsein erwecken. »Durch das Gesetz kommt man vielmehr zur Erkenntnis der **Sünde**« (Röm 3,20). »Durch das Gebot sollte die Sünde sich in ihrem ganzen Ausmaß als Sünde erweisen« (Röm 7,13). Mit dem Sündenbewusstsein erkennt man auch die eigene Ohnmacht. »Wenn ich das tue, was ich nicht will, dann bin nicht mehr ich es, der so handelt, sondern die in mir wohnende Sünde« (Röm 7,20). Woran erkennt man sie? Paulus erwähnt die **Früchte des Fleisches**: »Wer auf das Fleisch sät, wird vom Fleisch Verderben ernten. Die Werke des Fleisches sind: Unzucht, Unsittlichkeit, ausschweifendes Leben, Götzendienst, Zauberei, Feindschaften, Streit, Eifersucht, Jähzorn, Eigennutz, Zwistigkeiten, Spaltungen, Neid, Missgunst, maßloses Trinken und Essen und Ähnliches mehr« (Gal 6,8; 5,19–21). So gesehen hält das Gesetz die Menschen in Zucht, unter Kontrolle, in Unfreiheit. »Wir waren im Gefängnis des Gesetzes, und das Gesetz hat uns in **Zucht** gehalten« (Gal 3,23–24). »Ihr wart Sklaven der Sünde, die zum Tode führt« (Röm 6,16).

In diesem Zustand tut man die vom Gesetz vorgeschriebenen Werke mit innerem **Zwang** und aus **Furcht** vor der Verfehlung (Röm 8,15). Das alles führt letztlich zum *Tod*. Mit **Tod** meint Paulus nicht den körperlichen Tod, sondern das geistige Sterben, das heißt die Entfremdung von Gott: das Heil wird nicht erreicht. »Der Lohn der Sünde ist der Tod« (Röm 6,23). »Das Trachten des Fleisches führt zum Tod« (Röm 8,6). »Als das Gebot kam, wurde die Sünde lebendig. Ich starb und musste erfahren, dass dieses Gebot, das zum Leben führen sollte, den Tod bringt« (Röm 7,9–10). Auf diese Weise beschreibt Paulus die existenzielle Ohnmacht und Ausweglosigkeit des Menschen. Mit der gesetzestreuen und zwanghaften Religiosität – und das ist die, die Paulus in seiner Vergangenheit als Pharisäer gelebt hat – kommt man nicht zum Heil.

Der *neue* Weg

In diese existenzielle Notlage des Unheils bricht Gottes Kraft durch **Christus** herein. »Das Gesetz des Geistes und des Lebens in Christus hat uns frei gemacht vom Gesetz der Sünde und des Todes« (Röm 8,2). Jesus war nicht einfach ein Prophet als Träger und Verkünder des Wortes Gottes, sondern *er war das göttliche Wort selbst* in menschlicher Gestalt: der Selbstausdruck Gottes, die Selbst-Ausgießung der göttlichen Barmherzigkeit, das Abbild des göttlichen Wesens (Hebr 1,3). »Als die Zeit erfüllt war, sandte Gott seinen Sohn, geboren von einer Frau und dem Gesetz unterstellt, damit er die befreie, die unter dem Gesetz stehen, und damit wir die Kindschaft erlangen« (Gal 4,4–5). Durch Jesus teilt Gott nicht einfach seinen Willen mit, sondern er erscheint in unserer Mitte, in unserer existenziellen Schwachheit. Durch Christus hat uns Gott seinen **Geist** gegeben (Röm 5,5), den Geist, der uns von der Macht der Sünde befreit (Röm 8,2), aber auch von den Zwängen des Gesetzes. So gesehen erfüllt Christus das Grundanliegen des Gesetzes (Röm 10,4). »Wenn ihr euch vom Geist führen lasst, dann steht ihr nicht unter dem Gesetz« (Gal 5,18). Aber Christus ist auch in das **Fleisch** gekommen und hat die existenzielle Schwäche eines Menschen durchlebt. »Gott sandte seinen Sohn in der Gestalt des Fleisches, um an seinem Fleisch die Sünde zu beseitigen« (Röm 8,3).

Dadurch ist die alles neu gestaltende **Kraft** des Geistes in Erscheinung getreten, die die Ohnmacht des Fleisches besiegt. »Christus hat dem Tod die Macht genommen und das Licht des unvergänglichen Lebens gebracht« (2 Tim 1,10). »Wenn der Geist Christi in euch wohnt, wird Gott euren sterblichen Leib lebendig machen« (Röm 8,11). Die alle zum Heil führende Kraft des Geistes Christi in uns und um uns ist die **Gnade** Gottes. In diese Kraftsphäre des Geistes sind wir aufgenommen. »Ihr steht nicht unter dem Gesetz, sondern unter der Gnade« (Röm 6,14). »Wo die Sünde mächtig wurde, da ist die Gnade übergroß geworden« (Röm 5,20). Woran erkennt man diese gnadenhafte Existenz? Dazu erwähnt Paulus die **Früchte des Geistes**: »Wer auf den Geist sät, wird vom Geist ewiges Leben ernten. Die Früchte des Geistes sind: Liebe, Freude, Friede, Langmut, Freundlichkeit, Güte, Treue, Sanftmut, Selbstbeherrschung« (Gal 6,8; 5,22–23).

Damit befreit uns der Geist Christi von der Knechtschaft der Sünde (Röm 6,17–18, 8,2). »Zur **Freiheit** hat uns Christus befreit« (Gal 5,1). »Das Gesetz des Geistes und des Lebens in Christus Jesus hat dich frei gemacht vom Gesetz der Sünde und des Todes« (Röm 8,2). Wir werden als Töchter und Söhne Gottes angenommen und dadurch befreit und zu neuer Würde erhoben: »Ihr habt nicht einen Geist empfangen, der euch zu Sklaven macht, sondern ihr habt den Geist empfangen, der euch zu Töchtern / Söhnen Gottes macht, den Geist, in dem wir rufen, Abba, Vater« (Röm 8,15). Wir sind nicht mehr Sklaven, sondern »Erben Gottes, Miterben Christi« in der Familie Gottes (Röm 8,17). Wir dürfen also im **Glauben** und mit Freude handeln, das bedeutet, in **Liebe** leben. »Ihr seid zur Freiheit berufen. Nur nehmt die Freiheit nicht zum Vorwand für das Fleisch, sondern dient einander in Liebe« (Gal 5,13). Diese begnadete Existenz führt uns Menschen zum **Leben**, zum Leben im Göttlichen. »Die Gabe Gottes ist das ewige Leben in Christus« (Röm 6,23).

Leben in Christus

Die ganze Theologie des Paulus könnte man in einem Wort zusammenfassen: *in Christus* sein. 144mal verwendet Paulus diesen Ausdruck in seinen Schriften. Damit meint er das Hineinwachsen ins Christusbewusstsein: eine mystische Einheit mit Gott im auferstandenen Christus.

Unser Leben ist mit Christus verborgen. **(Kol 3,3)**
Wenn jemand in Christus ist, dann ist er eine neue Schöpfung;
das Alte ist vergangen, Neues ist geworden. **(2 Kor 5,17)**
Durch den Glauben wohne Christus in euren Herzen [...],
damit ihr in eurem Innern durch seinen Geist an Kraft und Stärke
zunehmt. **(Eph 3,16-17)**
Ihr habt Christus als Gewand angelegt. **(Gal 3,27)**
Wir werden in sein eigenes Bild verwandelt durch
seinen Geist. **(2 Kor 3,18)**
... damit wir Christus in seiner voll verwirklichten Gestalt
darstellen. **(Eph 4,13)**

Wer sich an den Herrn bindet, ist ein Geist mit ihm. **(1 Kor 6,17)**
Christus ist in euch. **(Röm 8,10)**
Ihr seid in Christus. **(Eph 1,4)**
Für mich ist Christus das Leben. **(Phil 1,21)**
... damit wir erleuchtet werden zur Erkenntnis des göttlichen Glanzes auf dem Antlitz Christi. **(2 Kor 4,6)**
Christus hat uns befreit. **(Gal 5,1)**
Wir sind Kinder Gottes [...] Erben Gottes und Miterben Christi. **(Röm 8,17)**
Ihr seid der Leib Christi, und jeder Einzelne ist ein Glied an ihm. **(1 Kor 12,27)**
Durch Christus seid ihr vom Leben erfüllt. **(Kol 2,10)**
Nicht mehr ich lebe, sondern Christus lebt in mir. **(Gal 2,20)**
So werdet ihr mehr und mehr von der ganzen Fülle Gottes erfüllt. **(Eph 3,19)**

Das vom Geist Christi getragene neue Leben entfaltet sich in Christus. Die geistige Eingliederung in das Leben Christi ist ein Prozess: »Wir werden in sein Bild verwandelt« (2 Kor 3,18). »[...] bis wir alle zur Einheit im Glauben und der Erkenntnis des Sohnes Gottes gelangen, zum vollkommenen Menschen, zur vollen Größe, die der Fülle Christi entspricht« (Eph 4,13). Augustinus nennt es Christuswerdung (*Christificatio*, PL 35,1929). Wir sind berufen, an der Herrlichkeit Christi teilzuhaben. »Ich warte darauf, dass Christus durch mich verherrlicht wird« (Phil 1,20). »Gott ist in unseren Herzen aufgeleuchtet, damit wir erleuchtet werden zur Erkenntnis des göttlichen Glanzes auf dem Antlitz Christi« (2 Kor 4,6). Dieser das ganze Leben umfassende und verwandelnde Prozess führt zum kosmischen Heilszustand: »Am Ende wird Gott alles in allem sein« (1 Kor 15,28). Es geht nicht nur um das Heil der Menschen; der ganze

Kosmos ist in diesen Prozess der *Christophanie* einbezogen: »Denn die ganze Schöpfung wartet sehnsüchtig auf das Offenbarwerden der Kinder Gottes. Die Schöpfung soll von der Sklaverei und Verlorenheit befreit werden zur Freiheit und Herrlichkeit der Kinder Gottes« (Röm 8,19.21). Paulus bezeichnet diesen Prozess als einen Geburtsvorgang (Röm 8,22). Das neue Sein in Christus nimmt in uns und um uns Gestalt an. »Alles wurde auf ihn hin geschaffen« (Kol 1,16). Die Auferstehung Christi ist die Verheißung und Vergewisserung der kosmischen Auferstehung.

In Christus sind wir zur Teilhabe am göttlichen Leben berufen. »Wer sich an Christus bindet, ist ein Geist mit Christus« (1 Kor 6,17). Mit Christus bilden wir einen einzigen Leib. Wir zusammen bilden den Leib Christi (Eph 4,12): »Wir sind der Leib Christi, und jeder Einzelne ist ein Glied an ihm« (1 Kor 12,27). So innig ist die Beziehung mit Christus im göttlichen Leben. Dieser Prozess wird in der christlichen Tradition als Vergöttlichung des Menschen *(Theosis)* verstanden. *Theosis* ist in der christlichen Wahrnehmung *Christosis.* »Christus hat sich in unsere Sprache gekleidet, damit er uns in seine Seinsweise kleiden kann. Er verleiht uns die Göttlichkeit, wir haben ihm das Menschsein gegeben« (Ephraim der Syrer, *Hymni de Fide*, 31, 5.7). Der Geist Christi verwandelt unser Leben in das göttliche Leben in Christus. So entfaltet sich Christus in uns, und wir wachsen auf Christus hin. Für Paulus ist das neue Leben in Christus in der Erkenntnis begründet, dass wir zur tiefsten Einheit mit Christus berufen sind. In der folgenden Segensformel des Epheserbriefs wird es deutlich ausgesprochen:

Durch den Glauben wohne Christus in eurem Herzen.
In der Liebe verwurzelt und auf sie gegründet,
sollt ihr zusammen mit allen Gläubigen dazu fähig sein,
die Länge und Breite, die Höhe und Tiefe zu ermessen,

und die Liebe Christi zu verstehen, die alle Erkenntnis übersteigt. So werdet ihr mehr und mehr von der ganzen Fülle Gottes erfüllt.
(Eph 3,17-19)

Relevanz von Paulus

Was bedeutet dies alles für uns heute? Ich möchte hier sieben Konsequenzen aufzeigen:

1. Unser **Gottesbild** benötigt eine mystische Wende. Irgendwie ist unsere christliche Psyche immer noch geprägt durch das Bild eines oben thronenden vermännlichten und allmächtigen Gottes. In der *Kenosis* Gottes in Jesus Christus offenbart sich nicht die Allmacht Gottes, sondern das Schwache an Gott, nicht die Weisheit Gottes, sondern das Törichte an Gott (1 Kor 1,25). In der Verkündigung Jesu und in der Deutung von Paulus erscheint ein Gott, der mit uns ist und mit uns geht, mit uns leidet und mit uns die neue Welt gestaltet. Gott ist mit uns, in uns; wir sind im Göttlichen. Unser Leben entfaltet sich nicht *vor* Gott, sondern *in* Gott. Unser Leben entfaltet sich als ein Prozess des Hineinwachsens in das göttliche Leben und als Wieder-Hinauswachsen in die Welt kraft der göttlichen Dynamik. Dem Geist Gottes in uns und um uns Raum geben – darum geht es im geistlichen Leben.
2. In diesem Prozess des Hineinwachsens in das göttliche Leben erfahren wir **Christus**. Der Glaube an Christus meint nicht einfach die Erinnerung an eine geschichtliche Person, sondern eine Hinwendung zum auferstandenen Christus in der Gegenwart. Unsere Beziehung zu Christus ist nicht die Verehrung einer Person der Vergangenheit, sondern die Erfahrung der Heilswirkung Gottes im Jetzt. Christus ist die göttliche Gegenwart in uns, *Immanuel*,

Gott-mit-uns. Unser Leben entfaltet sich nicht *vor* Christus, sondern *in* Christus. Christus ist Gottes heilende Gegenwart in uns und in der Schöpfung.

3. Das **Kirchenverständnis** benötigt auch einen Wandel. Paulus bezeichnet die Kirche als den Leib Christi, in dem wir, wie die Teile mit verschiedenen Funktionen, miteinander verbunden sind. Er sieht Kirche als Gemeinde in Christus, in der wir uns mit den verschiedenen Charismen gegenseitig unterstützen und begleiten. Alle zusammen bilden die Kirche als Leib Christi. In der Kirche sollte es keine Unterschiede geben zwischen Herren und Dienern, Einheimischen und Fremden, Mann und Frau, sagt Paulus (Gal 3,28). Kirche ist nicht primär eine Institution mit Amtsstrukturen, sondern eine geistige, das heißt vom Geist Christi getriebene Bewegung: eine Weggemeinschaft (Apg 9,2). *Wir sind Kirche.* So wird die Kirche als Raum der Freiheit der Kinder Gottes erfahren.

4. Unser **Lebensstil** sollte sich radikal ändern. Wahre innere Freiheit erleben wir nur, wenn wir bereit sind, einfacher zu leben. Solange das Leben von Konsumdrang und Besitzgier gesteuert wird, sind wir noch in der Habsucht gefangen. Dies macht uns innerlich unfrei und unglücklich: Wir befinden uns auf dem *alten* Weg. »Das Leben eines Menschen hängt nicht von seinem Vermögen ab, mag es noch so groß sein« (Lk 12,15). Das Loslassen des habgierigen Ich ist nur möglich, wenn eine gewisse Einfachheit das Leben prägt. Askese heißt nicht Leibfeindlichkeit, sondern den Leib als sakralen Raum achten. Einfachheit macht uns innerlich frei und fröhlich, weil wir mit wenigen Dingen zufriedener leben können. Askese führt zur inneren Freiheit und schafft dem Göttlichen in uns und um uns Raum zur Verwandlung. Ein einfacherer Lebensstil ist die einzige Lösung für die Umwelt- und Wirtschaftskrise, die die Zukunft der Menschheit bedroht.

5. Die Einstellung der Christen zu anderen **Religionen** verlangt eine enorme Weite. Wenn wir mit der durch Christus vermittelten Erfahrung des neuen begnadeten Seins zu den Andersglaubenden gehen, erkennen wir mit Staunen, dass sie bereits mit einer Gnadenerfahrung vom Geist Gottes geleitet sind. Sie haben *ihre* Heilswege und Erlösergestalten, *ihre* Symbole und Schriften. Wir Christen sollten großen Respekt für die Wirkung des göttlichen Geistes in den Herzen dieser Menschen haben, denn der Geist *weht, wo er will.* »Gott wohnt nicht in Tempeln, die von Menschenhand gemacht sind« (Apg 17,24). Der *neue Weg*, den wir Christen in Christus erkennen, ist nicht religionsbedingt. Daher dürfen wir uns von den authentischen Heilserfahrungen der anderen Religionen bereichern lassen, denn »alle, die sich von Gottes Geist leiten lassen, sind Gottes Kinder« (Röm 8,14).

6. Die Art der Glaubensvermittlung in **Theologie**, Verkündigung und Religionsunterricht braucht eine Neubesinnung. Glaube ist zunächst eine persönliche Erfahrung der Ergriffenheit durch den Geist Christi. Paulus hat sie erlebt, und darum konnte er sie glaubwürdig vermitteln. Wenn Glaube vorwiegend mit dem Verstand vermittelt wird, berührt er nicht das *Herz* und hat keine Verwandlungskraft im Leben. Theologie braucht Wurzeln in der Mystik; Verkündigung benötigt Glaubwürdigkeit; Religionsunterricht soll zur Verwandlung im Geist führen, nicht bloß Information vermitteln. Dann wird die christliche Glaubenserfahrung effektiv weitergegeben.

7. Unsere **Pastoral** braucht neue Perspektiven. All die organisatorischen Bemühungen um Umstrukturierung der Gemeinden und Umformulierung der theologischen Lehrsätze sind auf die Dauer fruchtlos, wenn wir nicht den Mut haben, Menschen abzuholen, wo sie gerade stehen. Geistige Begleitung von Einzelnen

und Gruppen, Hinführung zur mystischen Gotteserfahrung, Aufbau einer Kultur des Respekts für den anderen, besonders für die Entwurzelten und Ausgestoßenen, Sorge für die Integrität der Familie, Einsatz für Gerechtigkeit und für die Bewahrung der Schöpfung und vor allem eine Option für die Armen sollen in den Vordergrund der Pastoral treten.

Zum göttlichen Leben sind wir berufen – diese Einsicht soll uns Christen ein tieferes Selbstwertgefühl verleihen. Sie kann uns ermutigen, mit Liebe den anderen die Füße zu waschen. Das war der Umgang Jesu mit den Menschen, und das soll auch unsere Haltung sein. Dann wird etwas von der Freude und Freiheit spürbar, zu der Christus uns führt. Und so wird uns die begeisternde Botschaft von Paulus begleiten: »Zur Freiheit hat Christus uns befreit!« (Gal 5,1)

Die Mahlgemeinschaft Jesu – eint oder trennt sie uns?

Eine Frage, die oft in der Ökumene gestellt wird, bezieht sich auf den theologischen Sinn der sakralen Mahlgemeinschaft. In protestantischen Kreisen ist die Rede vom *Abendmahl*, in katholischen Kreisen von der *Eucharistie*. Die Frage wird ernst wenn es um Familien mit konfessionsverschiedenen Ehepaaren geht, oder im ökumenischen Gottesdienst. Den Katholiken ist es vom Sakramentenverständnis her offiziell verboten, am protestantischen Abendmahl teilzunehmen. Die Mahlgemeinschaft des Herrn wird ein Streitpunkt, obwohl sie in der Urkirche eine zentrale Erfahrung der Christen war.

Zu meinem Gedächtnis

Was meint Jesus mit dem Auftrag *Tut dies zu meinem Gedächtnis*? Wenn wir versuchen, diese Frage vom Amtsverständnis oder von der Dogmatik her anzugehen, stoßen wir auf geschichtliche Barrieren und emotionale Vorurteile. Wenn wir aber den *Sitz im Leben* der Mahlgemeinschaft Jesu betrachten, dann erkennen wir einen tieferen Sinn dieses Auftrags. Wir betrachten also den soziologischen und geistesgeschichtlichen Hintergrund.

Jesus lebte in einer gestuften Gesellschaft, in der zwischen *Reinen* und *Unreinen* unterschieden wurde. (Joachim Jeremias, Jerusalem in der Zeit Jesu, Vandenhoeck und Ruprecht, Göttingen 1962). Mit dem Nachweis der Blutreinheit in der Familienherkunft erhob eine

Reihe von Menschen den Anspruch, die Oberschicht der Reinen zu bilden. Für diese religiöse und kulturelle Aristokratie waren Berufe wie Lehrer, Priester, Richter und Gemeindeleiter reserviert. Die Unreinen bildeten die große Mehrheit des Volkes; sie lebten in den niedrigeren Schichten der Gesellschaft: Zöllner, Hirten, Weber, Barbiere, Metzger, Eseltreiber, Kamelführer, Kupferschmelzer und so weiter. Man betrachtete ihre Tätigkeiten als schmutzige Werke. Außerdem hielt man von Geburt an Blinde, Taube, Gelähmte, geistig Behinderte oder Leprakranke für unrein, weil man meinte, dass sie die Last der Sünde tragen würden. Es war den Reinen verboten, mit den Unreinen in Kontakt zu kommen. Undenkbar war es zum Beispiel, dass Pharisäer und Schriftgelehrte ganz selbstverständlich mit Zöllnern und Sündern verkehrten (siehe Lk 19,7; 7,39; 15,28; Mk 1,41; 5,11). Der Bruch in der gesellschaftlichen Struktur war am deutlichsten spürbar in der Mahlgemeinschaft. Die Reinen würden nicht gemeinsam mit den Unreinen Mahl halten. Mit einem anderen Menschen Brot brechen hieß, den anderen als gleichwertig und geschwisterlich zu betrachten. Das war in der damaligen gestuften hierarchischen Gesellschaft nicht möglich.

Gegen diese ungleiche Struktur hat Jesus seine »Mahlgemeinschaft mit den Zöllnern und Sündern« (Mt 9,10) gesetzt. Jesus lud die ausgestoßenen und für unrein gehaltenen Menschen zu sich und brach das Brot mit ihnen. Er sagte zu ihnen: »Selig seid ihr Armen, euch gehört das Reich Gottes« (Lk 6,20). Die Pharisäer und Schriftgelehrten der Oberschicht empörten sich darüber und nahmen Abstand von der Mahlgemeinschaft Jesu (Lk 5,30; 15,2). Ihnen machte Jesus deutlich: »Zöllner und Dirnen gelangen eher in das Reich Gottes als ihr« (Mt 21,31). »Viele werden von Osten und Westen kommen und im Himmelreich zum Mahl sitzen; die aber, für die das Reich bestimmt war, werden hinausgestoßen in die tiefste Finsternis« (Mt 8,11). Mit den Ausgestoßenen das Brot zu teilen war ein wichtiger

Bestandteil des Lebens Jesu (Mt 9,11; Mk 2,15; Lk 15,2; Lk 14,22; Mt 20,8; Lk 14,13). Die *unreine* Sünderin fasste den Mut, zur *reinen* Gesellschaft im Hause Simons hineinzugehen mit der Zuversicht, dass Jesus sie nicht zurückweisen würde, weil sie ihn vielleicht im Umgang mit den *Unreinen* gesehen hatte (Lk 7,37f). Die Ehebrecherin fühlte sich sicher bei Jesus, weil sie wusste, dass er sie nicht im Stich lassen wird (Joh 8,3). Im Gleichnis vom barmherzigen Vater vertritt der ältere Sohn die pharisäische Mentalität in seiner Weigerung, den Bruder anzunehmen (Lk 15,28).

Die Mahlgemeinschaft Jesu mit den Zöllnern und Sündern entfaltete sich langsam als eine Menschen verbindende und befreiende Bewegung von unten. Die Armen bekamen dadurch ein neues Selbstwertgefühl und ein befreiendes Gottesverständnis. Für die Oberschicht bedeutete es eine Bedrohung. Sie erkannte in der Praxis Jesu einen Zündstoff, der explosive Konsequenzen hervorbringen könnte. Wenn die *Pyramiden*gesellschaft durch eine von Jesus angekündigte egalitäre *Kreis*gemeinschaft ersetzt werden sollte, würde die Oberschicht ihre Machtpositionen verlieren. Kein Wunder, dass die Machthaber sich trafen und entschieden, dass es besser sei, wenn einer stirbt, als dass die gesamte sozio-religiöse Struktur zugrunde geht (Joh 11,50). Also haben sie Jesus ans Kreuz geschlagen. Der Kreuzestod ist in gewissem Sinne der Preis, den Jesus für seine Mahlgemeinschaft bezahlt hat.

Aber Jesus wollte, dass die Sache weitergeht, dass die Art der Mahlgemeinschaft trotz seines Weggehens fortgesetzt wird. Er gab seinen Jüngern die Gewissheit, dass er eigentlich nicht weggeht, sondern immer *präsent* ist, wenn Menschen in seinem Sinne das Brot miteinander brechen und das Leben teilen. Deshalb brach er beim letzten Abendmahl mit den Jüngern das Brot und gab ihnen den Auftrag: »Tut dies zu meinem Gedächtnis« (Lk 22,19). Mit Blick auf die Lebenspraxis Jesu könnte man sagen: Abendmahl/Eucharistie ist die

Fortsetzung der Mahlgemeinschaft Jesu mit den Ausgestoßenen. Die Mahlgemeinschaft ist die Urgestalt der Kirche. Ihr befreiendes Potenzial hat die Urgemeinde bei ihren Zusammenkünften erleben dürfen (Apg 2,46; 1 Kor 11,33).

Welchen Auftrag wollte uns Jesus damit geben? Vielleicht würde er es so formulieren: »Ihr wisst, warum ich gehen musste. Mit den Armen und Unreinen haben wir immer Mahl gehalten. Sie konnten dadurch spüren, dass sie vor Gott wertvolle Menschen sind, und vom Vater geliebt. Für die Bewahrer der alten Ordnung war das untragbar, und deswegen wollen sie mich loshaben. Ihr aber sollt die Menschen verbindende und befreiende Bewegung fortsetzen. *Tut dies zu meinem Gedächtnis.* Seid gewiss: Wenn ihr im Sinne unserer Mahlgemeinschaft zusammenkommt und das Brot miteinander brecht, bin ich *leibhaft* in eurer Mitte gegenwärtig.« Um diesen Sinn seines Grundanliegens deutlich zu machen, hat Jesus wie ein Diener den Jüngern die Füße gewaschen (Joh 13,5). Der Sinn des Auftrags wird klarer, wenn wir die Worte Jesu an Petrus hören: Wenn du mir nicht erlaubst, deine Füße zu waschen, »hast du keine Gemeinschaft mit mir« (Joh 13,8).

Es wird oft gesagt, dass Abendmahl/Eucharistie den Anfang im Abschiedsmahl Jesu mit den Jüngern hat. Warum aber war Jesus gezwungen, in so jungen Jahren schon Abschied zu nehmen? Beim Versuch einer Antwort fällt der Blick auf die vielen Mahlgemeinschaften, die er mit den Armen und Ausgestoßenen gehalten hat. Wenn wir das dort erkennbare Anliegen nicht wahrnehmen und aufnehmen, gehen wir an der Sache vorbei. Was die Eucharistie erfahren lassen soll, hat Paulus erkannt: »Es gibt nicht mehr Juden und Griechen, nicht Sklaven und Freie, nicht Mann und Frau; denn ihr alle seid *einer* in Christus Jesus« (Gal 3,28).

Mit den Armen

Wenn wir im Sinne Jesu Abendmahl/Eucharistie feiern wollen, dann müssen wir dieses Uranliegen Jesu und den Entstehungs*ort* der Mahlgemeinschaft des Herrn berücksichtigen. Dann kann Abendmahl/Eucharistie kein Anlass für eine Trennung zwischen Menschen sein. Die Mahlgemeinschaft Jesu verbindet Menschen über alle Grenzen hinweg. Sie verbindet uns mit allen Menschen, die für Gott kostbar sind, besonders mit den Armen und Ausgestoßenen. Wenn Christen diese Blickrichtung verlieren, besteht die Gefahr, dass die Eucharistie zu einer rituellen Praxis wird und das Abendmahl zu einer exklusiven Gemeinschaftsfeier. In den Vordergrund rücken dann die Fragen bezüglich Amt und Zulassung, die Frauenfrage sowie Konfessionen und Riten. Sie beziehen sich viel mehr auf emotionale und geschichtliche Faktoren als auf die theologische Perspektive. Wir müssen den konfessionell gebundenen Theologen Zeit und Raum lassen, solche Fragen zu klären.

Aber inzwischen sollte es für Christen möglich sein, im Sinne Jesu miteinander und mit den Armen und Suchenden das Brot zu brechen als Fortsetzung der Mahlgemeinschaft Jesu über alle Grenzen hinweg. Dies könnte in unauffälligen Formen in vielen Kreisen an der Basis stattfinden: in der Familie oder Nachbarschaft, im Berufsbereich oder in den Schulen. Miteinander Brot zu teilen ist ein glaubwürdiges Zeichen, das Leben zu teilen. Es geht hier nicht um ein Ritual – man darf es nicht als *Sakrament* bezeichnen –, sondern um eine Lebenshaltung der gegenseitigen Achtung und Annahme. Es geht aber auch nicht nur um ein geselliges Beisammensein, sondern um eine Erfahrung der tiefen Gemeinschaft in Christus. Wichtig ist, dass es im Sinne Jesu geschieht, damit wir seine Präsenz in unserer Mitte intensiv spüren können: seine Gnade, aber auch seine

Einladung. Dazu können geeignete Formen in reifer Freiheit entworfen werden, die Stille und Gebet beinhalten, Schriftlesung und Austausch mit einschließen. Es ist keine Alternative zur Eucharistie / Abendmahl, aber eine Form, die uns mit dem Uranliegen Jesu verbindet. Hier könnten die Trennmauern der Konfessionen und Religionen abgebaut werden, die wir über die Jahrhunderte aufgestellt haben, und es entsteht ein glaubwürdiges Zeichen unserer Verbundenheit im Geiste Gottes.

Wenn im Sinne Jesu Mahlgemeinschaft gehalten wird, sollen die Armen der heutigen Zeit liebevoll dazu eingeladen werden. Ihre Gegenwart könnte uns aufrütteln und aus unserem Sicherheitsgefüge hinaustreiben. Dann werden wir erkennen, wie wir von den Armen evangelisiert werden. Die Mahlgemeinschaft Jesu entstand unter den Armen, und darum ist jede Form des gemeinsamen Mahls, das die Armen ausklammert, unglaubwürdig und unchristlich. Durch die Armen und Entwurzelten spricht uns der Geist Christi heute an, und diese Botschaft sollten wir ernst nehmen. Ein solches Geschehen könnte ein gewaltiges Zeichen einer auf der Botschaft Jesu basierten Gegenkultur zum heutigen Konsumdenken setzen.

Einladen können wir auch die Schwestern und Brüder anderer Religionen. Aus der Praxis der Mahlgemeinschaft hat Jesus niemanden ausgeschlossen. Er hat die Reinheitsvorschriften überwunden und alle Schranken beseitigt. Jeder Mensch wird geachtet und geliebt. Die Liebe Gottes, die Menschen über alle Grenzen hinweg verbindet, wird so spürbar. Jede und jeder darf sich von Gott akzeptiert und geschätzt fühlen. Diese Grundhaltung ist heute im Umgang mit den Andersglaubenden zentral: Wir alle sind mit-pilgernde Schwestern und Brüder. »Die Dinge, die wir gemeinsam haben, sind so zahlreich und wichtig, dass es möglich ist, einen Weg entspannten, geordneten und friedlichen Zusammenlebens zu finden, indem man die Unterschiede akzeptiert und sich freut, als Kinder eines einzigen Gottes

Geschwister zu sein« (Papst Franziskus, *Fratelli tutti*, 279). Interreligiöse Mahlgemeinschaft könnte das glaubwürdige Zeichen einer neuen Kultur der Harmonie sein. Hier werden wir befähigt, für den Geist offen zu bleiben, der die Mauern niederreißt, die wir auf Grund von Kultur und Religion aufstellen. So werden wir ein *Segen* füreinander sein.

Erde als Leib Christi

In diesem Zusammenhang könnte man fragen: Warum hat Jesus beim Abschiedsmahl Brot genommen und gesagt: Das ist mein Leib? (Lk 22,19). Was ist das Brot? Woher kommt das Brot? Eigentlich ist Brot ein Stück verwandelte Erde. Die Erde gebiert die Körner; sie werden zum Brot verwandelt, und das Brot verwandelt sich zu unserem Leib. Auf diesem Weg der täglichen Nahrung öffnet sich die Präsenz Christi: Erde wird zu den Körnern, sie werden zum Brot, Brot zum Leib Christi und weiter zu unserem Leib.

In der katholischen Tradition wird dieser Vorgang der Verwandlung *Eucharistie* genannt und als *Sakrament* betrachtet. Sakrament ist das, was etwas sakral macht *(sacrum-facere)*. In der Eucharistie erleben wir die Sakralität der Erde. Eucharistie verbindet uns Menschen nicht bloß miteinander und mit Christus, sondern auch mit der Erde. Die in der Erde verborgene Gegenwart Christi öffnet sich in diesem Geschehen. Es wird gesagt, dass alles durch den göttlichen *Logos* erschaffen wurde und dass der Logos in Jesus Fleisch wurde (Joh 1,1–4.14). Der göttliche Logos pulsiert in jedem Atom, vibriert in jeder Lebenszelle, schwingt in der gesamten Schöpfung als Lebens- und Lichtprinzip (Joh 1,4). Die Erde ist daher der Leib des Logos, Leib Christi. Eucharistie ermöglicht, diese göttliche Dimension der Erde – und der Schöpfung – erfahrbar zu machen. Was wir im verwandelten Brot erfahren, ist die Selbst-Erschließung der in der

Erde verborgenen Gegenwart Christi. Eucharistie ist das Sakrament der Erde.

Darüber hinaus verleiht die Eucharistie der menschlichen Arbeit bei der Gestaltung der Erde einen sakralen Sinn. Die harte Arbeit der Bauern, die aus der Erde Getreide und Früchte für menschliche Nahrung erzeugen, bekommt dadurch eine sakrale Sinntiefe. Der Bauer ist wirklich Priester der Erde. Arbeit, die mit dieser sakralen Einstellung getan wird, würde dann bedeuten: Materie wird durch menschliche Arbeit zum Leib Christi verwandelt. Die Verwandlung des Brots zum *Leib* Christi ist Zeichen und Zusage der ganzheitlichen Verwandlung der Schöpfung in das neue Sein, das im auferstandenen Christus verleiblicht wurde. Dadurch bekommt auch jede Art des Einsatzes für die Bewahrung der Schöpfung und für die Verwandlung der Materie in Richtung Lebenshaltung und Nachhaltigkeit eine sakrale Dimension. Es bedeutet aber auch die Verantwortung, dem verwandelnden Geist in uns und um uns Raum zu geben. In Christus ist Gott für uns Brot geworden, damit wir füreinander Brot werden können. Die Erzeugnisse von Mutter Erde sind Nahrung für alle Menschen, denn die Erde ist unsere gemeinsame Heimat und der Nährboden. Durch Christus ist Gott erdverbundener geworden, damit wir miteinander die Erde pflegen können.

Die Erde ist das Sakrament der Gegenwart des Göttlichen unter uns. Die Erde ist eine sakrale Realität, die sehr viel Achtung und Andacht verlangt. Jede Art des habgierigen Umgangs mit ihr und jede Form der rücksichtslosen Ausbeutung der Erde sind dem Heilsplan Gottes zuwider. Ein nur auf Profit ausgerichtetes Wirtschaftssystem und eine nur am Konsum orientierte Lebenshaltung töten die Erde, die uns anvertraut ist. Wer die Erde vergiftet, vergiftet sich und die ganze Menschheit. Wer die Erde missachtet, bedroht die Zukunft der Erde und so auch die der Menschheit. Wer die Erde schützt, sorgt für die Zukunft der Schöpfung.

Ich schließe diese Reflexionen mit einem Wort von Teilhard de Chardin, der aus einer mystischen Liebe zur Erde in *La Messe sur la terre* schrieb: »Über alles Leben, das unter uns keimen, wachsen, blühen und reifen wird, sagt Christus: *Dies ist mein Leib*. Über die Tränen, die heute noch fallen, über das unschuldige Blut, das vergossen wird, sagt Christus: *Dies ist mein Blut*« (Pierre Teilhard der Chardin, *The Heart of Matter*, London 1978, 123).

Das gewordene Christentum und die werdende Kirche

Ein anglikanischer Pastor wollte Mahatma Gandhi zum Christentum bekehren. Trotz langer Belehrung war es ihm nicht gelungen. Am Ende sagte ihm Gandhi: »Herr Pastor, ich bin stolz, Ihnen sagen zu dürfen, dass ich als Jünger Jesu leben will – aber ich möchte kein Christ werden.«

Christ sein oder Jünger Jesu sein?

Christ zu *sein* als Mitglied einer organisierten Religion ist etwas anderes, als Jünger Jesu zu *werden*. Das Erste ist ein sozialer, religiöser Status, das Zweite ist ein geistlicher Vorgang, ein lebenslanger Verwandlungsprozess, eine begnadete Existenzweise. Wir könnten sagen: Wir sind Christen. Aber wie weit können wir beanspruchen, ein wahrer Jünger Jesu zu sein, wenn wir auf unseren Lebensstil schauen?

Es gibt eine Grundpolarität zwischen Christ-Sein und Jünger-Jesu-Sein, zwischen Christentum und Kirche. Werfen wir einen etwas genaueren – vielleicht überraschenden – Blick auf die Begriffe *Christentum* und *Kirche*. Christentum ist bereits da als eine Religion; Kirche aber entfaltet sich durch uns. Unter *Christentum* verstehe ich die geschichtlich gewordene Religion mit all ihren Strukturen, Institutionen, Traditionen, Gesetzen und Riten. Mit *Kirche* meine ich die Gemeinschaft der Jünger Jesu, die in einem geistigen Werdegang ist. Die strukturelle Gestalt bezeichne ich hier als Christentum und die geistige Dynamik als Kirche. Mit Kirche meine ich nicht die Institution Kirche, das Gebäude Kirche, die konfessionelle Kirche wie die katholische oder evangelische Kirche. Das alles gehört eigentlich zum gewordenen Christentum als einer etablierten Religion. So sprechen wir von den Weltreligionen wie Buddhismus, Hinduismus, Judentum, Christentum oder Islam. Kirche ist jedoch eine werdende spirituelle Wirklichkeit, der mystische Leib Christi, in dem die Gläubigen tief miteinander verbunden sind. Was die Kirche zur Heilsgemeinschaft macht, ist nicht die Institution, sondern der Geist. »Wir sind ein Leib in Christus, als Einzelne aber sind wir Glieder, die zueinander gehören« (Röm 12,5).

Vielleicht ist man in der normalen Umgangssprache im Westen gewohnt, umgekehrt zu formulieren: Kirche als die Institution und Christentum im Sinne der Nachfolge Christi. So gesehen stelle ich das Begriffspaar Christentum und Kirche auf den Kopf. Diese aus Asien kommende Denkart verlangt einiges Umdenken, könnte aber hilfreich sein, um einige spirituelle Entwicklungen neu zu verstehen und manche pastoralen Probleme anders zu bewältigen. Papst Franziskus spricht in seinem Apostolischen Schreiben »*Evangelii Gaudium*« von der Spannung zwischen der stabilisierenden Tendenz des Christentums und der dynamischen Aufbruchsstimmung, die die Kirche gestalten soll.

Kirche ist das Sakrament des Reiches Gottes. Der Geist Gottes gestaltet alles neu, bringt alles zu neuem Sein. Dies bezeichnete Jesus als Reich Gottes. Er verkündete das Reich Gottes als den geistigen Prozess der Verwandlung des gesamten Seins in das göttliche Sein: »Die Zeit ist erfüllt, und das Reich Gottes ist nahe; kehrt um und glaubt an das Evangelium« (Mk 1,15). Die Einladung zur *Umkehr* wird oft moralisch gedeutet, aber sie ist eigentlich ein mystischer Ansatz. Das griechische Wort *meta-noeite* heißt über den *nous* (die intuitive Wahrnehmungsfähigkeit in uns) hinauszuschauen, mit dem inneren

Auge zu sehen, in die göttliche Tiefe der Gegenwart zu blicken. Die Kirchenväter bezeichneten dies als *Theorea*, als *Contemplatio*: alles mit einem begnadeten, göttlichen Auge betrachten. Dann erkennen wir, wie das Reich Gottes *nahe* gekommen ist, wie es sich in uns und um uns entfaltet, wie der Geist Gottes alles neu werden lässt. Geführt von diesem Geist, gestalten wir Kirche. Reich Gottes ist der *geist*ige Antrieb, Kirche ist die daraus wachsende Weggemeinschaft und das Christentum ist eine dadurch entstehende gesellschaftliche Gestalt. So ist Reich Gottes mehr als Kirche; Kirche ist mehr als das Christentum.

Kirche als charismatische Gemeinschaft

Christentum ist eine Religion; Kirche aber ist ein spiritueller Prozess. Religion erzeugt Leistung, Spiritualität aber verlangt eine empfangende Haltung. Religion besteht aus Werken, Spiritualität entfaltet sich aus Gnade. Christentum ist die geschichtlich, gesellschaftlich, kulturell gewordene religiöse Größe. Kirche ist die werdende Gnadengemeinschaft, von der Jesus träumte. Als Christen *sind* wir Mitglieder des Christentums, aber wir *werden* zur Kirche, indem wir die Gemeinschaft der Jünger Jesu immer neu verwirklichen und glaubwürdig leben. Es soll für uns eine Freude sein, die Kirche als Gemeinschaft Jesu zu verwirklichen, denn *wir sind Kirche*.

Ich möchte nicht Christentum und Kirche auseinanderreißen und zwischen beiden Trennmauern aufstellen. Aber ich möchte klarmachen, dass die Kirche mehr ist als das Christentum, dass die werdende Kirche immer eine Anfrage für das gewordene Christentum darstellt. Beide sind *distincti non separati*, verschieden, aber nicht getrennt. Es gibt eine dialektische Beziehung zwischen Christentum und Kirche. Dialektik heißt hier: Kirche wird ständig dem Christentum ein *Ja* oder ein *Nein* sagen, nicht einfach von außen her, sondern von innen; nicht einfach in Bezug auf Strukturveränderung, sondern vielmehr in Beziehung auf unseren eigenen Lebensstil als Jünger Jesu.

Das Christentum ist eine Institution mit festen Strukturen und Traditionen. Kirche aber ist eine Pilgergemeinschaft, ein »Volk unterwegs« (II. Vatikanisches Konzil). Wir gehören dem Christentum an, aber Kirche *wird* durch uns. Von unserer religiösen Sozialisation her gehören wir dem Christentum an, aber durch die dem Evangelium entsprechende Lebensweise verwirklichen wir die Kirche. Mit dem II. Vatikanischen Konzil brach ein neues Kirchenverständnis in das Christentum ein. Rückblickend auf den Konzilsprozess sagt Papst Franziskus: »Mauern, die die Kirche allzu lange in einer privilegierten Festung eingeschlossen hatten, wurden eingerissen, und die Zeit war gekommen, um das Evangelium auf neue Weise zu verkünden. Eine neue Etappe der immer anstehenden Evangelisierung hatte begonnen« *(Misericordiae Vultus).*

Was bedeutet das Wort Kirche? Die neutestamentliche Bezeichnung für die Gemeinschaft der Jünger Jesu ist *Ekklesia*, das heißt »die Heraus-gerufene« *(ek-kaleo).* Daraus leiten sich Worte wie *ecclesia* (lateinisch), *l'église* (französisch), *iglesia* (spanisch) und so weiter ab. Der deutsche Begriff *Kirche* und der englische *Church* beziehen sich auf *Kyriake,* das heißt »dem Herrn zugehörig«. Das Wort *Kirche* bedeutet also: die Christus, dem Herrn zugehörige Gemeinschaft. Es ist eine dynamische Beschreibung. »Wir wollen uns, von der Liebe geleitet, an die Wahrheit halten und auf Christus hin wachsen *(auxesomen).* Jeder trägt den Leib mit der Kraft, die ihm zugemessen ist. So wächst der Leib und wird in Liebe aufgebaut« (Eph 4,15–16). Es gibt in der Apostelgeschichte eine Bezeichnung der Kirche als Gemeinschaft des Weges / auf dem Wege (*oi tes odou*, Apg 9,2). All diese Bezeichnungen weisen auf die Dynamik der *Ekklesiogenese*: Wir sind Kirche, indem wir Kirche *werden*, indem wir sie in uns und um uns immer neu gestalten.

Im Christentum gibt es, wie in jeder etablierten Religion, die Neigung, die Vergangenheit in die Zukunft zu tragen: Zurück zur Zukunft! Kirche sein aber bedeutet, der Inspiration des Heiligen Geistes volle Achtsamkeit zu schenken, der Dynamik des Hier und Jetzt Raum zu geben. In der Gestaltung des Christentums beschäftigen wir uns mit der Planung der Zukunft auf Grund des religiösen Erbes der Vergangenheit. In der Dynamik der Kirche aber horchen wir auf den Geist, der aus der göttlichen Tiefe der Gegenwart heraus uns verwandelt. Das Christentum ist unvermeidlich von Zeit und Raum bestimmt, Kirche aber entfaltet sich aus dem Gespür für das *Ewige im Jetzt*. Das Christentum ist eng an örtliche Traditionen gebunden, Kirche aber hat die Grundfreiheit allumfassend *(kath-holon)* zu sein.

Dem Christentum ist das geschichtliche Erbe sehr wichtig; darum schaut man sozusagen ständig zurück, in die Vergangenheit, in die Tradition, und sucht darin die Bezugspunkte. Bei jeder Entscheidung fragt man sich: Wie war es damals? In der Kirche aber bleibt man der Gegenwart des Geistes Gottes gegenwärtig, wach und achtsam. Bei jeder Entscheidung fragt man sich: »Was sagt der Geist den Gemeinden heute?« (Offb 2,29). »Wir können nicht in der Nostalgie von Strukturen und Gewohnheiten verhaftet bleiben, die in der heutigen Welt keine Überbringer von Leben mehr sind« (Papst Franziskus, *Evangelii Gaudium*, 108).

Durch die heutige Umstrukturierung der Gemeinden könnte man das priester-zentrierte System des Christentums vielleicht noch ein paar Jahre am Leben halten; aber es ist keine Lösung auf Dauer. Der Auftrag der Kirche liegt eigentlich in der Förderung des aktiven Einsatzes aller Gläubigen in allen Bereichen, damit das Glaubensleben an der Basis Glaubwürdigkeit und Beweglichkeit gewinnt. Unterscheidung, Anerkennung und Förderung der Geistesgaben bei den Gläubigen ist eine epochale Aufgabe. Sie bildet den *articulus stantis vel cadentis ecclesiae*: das, womit Kirche steht oder fällt. Paulus verdeutlicht es: »Es gibt verschiedene Charismen, aber nur den einen Geist; es gibt verschiedene Dienste, aber nur den einen Herrn. Alles bewirkt ein- und derselbe Geist; einem jedem teilt er seine besondere Gabe zu, wie er will« (1 Kor 12,4–6.11).

Die besondere Gnade der heutigen Zeit ist, dass »das Bewusstsein der Identität und des Auftrags der Laien in der Kirche wächst« (Papst Franziskus, *Evangelii Gaudium*, 102). »Das Feingefühl und die Intuition der Frauen«, vor allem »die besondere weibliche Aufmerksamkeit gegenüber den anderen« sind Schätze, durch die »die Räume für eine wirksame weibliche Gegenwart in der Kirche noch erweitert werden sollen« (*Evangelii Gaudium*, 103). Eigentlich leben wir in einer begnadeten Zeit der Kirchengeschichte. Wir brauchen nur den Mut und die Offenheit, die vielfältigen Wirkungen des Geistes in uns und um uns zu erkennen und dementsprechend Kirche zu gestalten. »Verfallen wir nicht in die Gleichgültigkeit, die erniedrigt, in die Gewohnheit, die das Gemüt betäubt und die verhindert, etwas Neues zu entdecken, in den Zynismus, der zerstört« (Papst Franziskus, *Misericordiae Vultus*).

Gesellschaft und Gemeinschaft

Das Christentum bezieht sich auf die Gesellschaft *(societas)*, Kirche aber entfaltet sich als eine Gemeinschaft *(communitas)*. Das Christentum ist zum großen Teil soziologisch gestaltet. Kirche wird geistig geformt. Für das Christentum ist das religiöse Erbe wichtig. Für Kirche ist die spirituelle Dynamik prägend. Diese Polarität zwischen Religion und Spiritualität können wir bei Paulus finden, wo er die Polarität zwischen Gesetz und Geist aufzeigt. »Ihr steht nicht unter dem Gesetz, wenn ihr euch vom Geist führen lasst« (Gal 5,18).

Im Vorgang der Entfaltung des Christentums melden sich Ämter und Strukturen, Dogmen und Gesetze, Riten und Sitten zu Wort;

dies ist eine unvermeidliche soziologische Angelegenheit, die oft eine theologische Rechtfertigung erhält. Kirche aber ist der geistige Prozess, bei dem die Geistesgaben das Glaubensleben der Einzelnen und der Gemeinde befruchten. Dem verwandelnden Geist Raum zu geben – darin besteht die Kreativität in der Entfaltung der Kirche. »Wenn ihr euch vom Geist Christi führen lasst, dann seid ihr frei« (Gal 5,18). Diese Freiheit fördert eine innere Beweglichkeit und Kreativität: Beweglichkeit bedeutet, dass wir »in eine ständige Haltung des Aufbruchs versetzt werden« (Papst Franziskus, *Evangelii Gaudium*, 27); Kreativität verlangt einen »beständigen Aufbruch zu den Peripherien, zu den neuen sozio-kulturellen Umfeldern« (*Evangelii Gaudium*, 30), »wo die neuen Geschichten und Paradigmen entstehen« (*Evangelii Gaudium*, 74).

Die Spannung zwischen Struktur und Geist ist seit der Zeit der Urgemeinden ein unvermeidlicher Faktor des Werdegangs der Kirche. Und diese Spannung muss man aushalten können. Das Institutionelle hat die Grundneigung, sich rückwärts schauend an den geschichtlichen Strukturen zu orientieren. Die charismatische Dynamik aber bleibt achtsam auf den Geist Christi in der Gegenwart. Ewigkeit ist die göttliche Tiefe der Gegenwart.

Zwischen dem gewordenen Christentum und der werdenden Kirche gibt es eine dialektische Beziehung. Jede Gemeinschaft braucht das Getragensein durch eine Gesellschaft. Jeder Mensch braucht für seine Entfaltung die Grundbezüge zu Gesellschaft und Geschichte. Kein Mensch ist eine Insel auf dieser Erde, jeder ist ein Teil vom Ganzen. Wir sind getragen und geformt durch ein kulturelles und religiöses Erbe. Trotz ambivalenter Faktoren bietet das Christentum den Gläubigen ein Zugehörigkeitsgefühl, ein soziales Ambiente. Es ist wie eine Sprache mit eigenen grammatikalischen Strukturen und Regeln. Das Sprechen-Können ist eine Begabung des Menschen, aber die Sprache ist auch etwas Verhängnisvolles, etwas Einengendes für den schöpferischen Geist. Das Denken drückt sich aus in Worten, aber es entfaltet sich über die Worte hinaus. Der Geist gießt sich in der Sprache aus, aber sprengt die Buchstaben. »Der Buchstabe tötet, der Geist aber macht lebendig« (2 Kor 3,6).

Religiosität und Spiritualität

Das Christentum mit seinem Erbe bietet den Rahmen für das geistliche Leben, den Boden für den Auftrag der Kirche. Aber Kirche als eine werdende Realität wächst über das Gewordene hinaus. Kirche als spirituelle Wirklichkeit ist eine kritische Instanz in der Religion, die das Christentum ausmacht. Religion besteht aus der Feststellung der Dualität, Spiritualität aber wächst aus der Erfahrung der Einheit. Das Christentum als Religion entwickelt eine Theo*logie*, um das Erbe begrifflich zu erklären; Kirche aber entfaltet sich aus der Theo*sophie*, die sich aus einer kontemplativen Wahrnehmung der Gegenwart des Geistes entfaltet. Theologische Sprache ist unvermeidlich gegenstandsbezogen; theosophische Einsichten sind von der Mystik geprägt. Mystik ist die Wurzeldimension der Religion. Kirche als die mystische Dynamik des göttlichen Geistes befruchtet das Christentum und fordert es auf, über sich hinauszuwachsen. Dies ist das Grundprinzip der *Ekklesiogenese*.

Das wird im Gespräch Jesu mit Nikodemus deutlich (Joh 3,1–8): Nikodemus fühlte sich ganz geborgen in seiner gewordenen Religiosität. Aber Jesus forderte ihn zu einer tieferen Spiritualität auf, zu einer neuen Geburt: »Du sollst neu geboren werden: Der Geist weht, wo er will. So ist es mit jedem, der aus dem Geist neu geboren wird.« Dem alles transzendierenden, alles verwandelnden großen Geist Raum zu geben – darum geht es im geistlichen Leben. Jesus verdeutlicht dieses Grundanliegen auch beim Gespräch mit der Frau am Jakobusbrunnen: Auf die *religiöse* Frage: »Wo kann ich Gott wahrlich anbeten?«, gab Jesus eine *spirituelle* Antwort: Die Zeit ist gekommen, da die wahre Anbetung weder in Jerusalem noch in Sychar geschieht, sondern im Geist und in der Wahrheit, das heißt in der bedingungslosen Offenheit (griech. *aletheia*) und Treue (hebr. *aemaet*) dem Geist Gottes gegenüber (vgl. Joh 4,23f).

Für diesen verwandelnden und die Horizonte erweiternden Geist immer offen zu bleiben und das Leben dementsprechend zu gestalten – darum geht es im spirituellen Wachstumsprozess, der die Kirche in eine fortlaufende Aufbruchsstimmung versetzt. Die Strukturen können eine Hilfe sein, um die Geistesgaben zu erkennen, zu unterscheiden und zu fördern; aber sie können auch zu Blockaden werden, wenn sie auf das Gewordene fixiert bleiben. »Die Seelsorge verlangt, das bequeme pastorale Kriterium des *Es wurde immer so gemacht* aufzugeben. Ich lade alle ein, wagemutig und kreativ zu sein in dieser Aufgabe, die Ziele, die Strukturen, den Stil und die Methoden der eigenen Gemeinden zu überdenken« (Papst Franziskus, *Evangelii Gaudium*, 33). Menschen machen Rückschritte, wenn sie in der Vergangenheit stecken bleiben. Die gesellschaftlich gewordenen Strukturen jeder Religion beinhalten eine gewisse Ambivalenz. Die Geistesgaben in der Kirche jedoch machen die alles erneuernde Gegenwart des Geistes spürbar.

Das Christentum versucht, wie jede andere Religion, mit all seinen strukturellen Elementen sich den gegebenen politischen und gesellschaftlichen Umständen anzupassen. So wurde es zum Teil geformt durch die Gesetze des Römischen Reiches, durch die Strukturen des mittelalterlichen Feudalismus, durch die Interessen des expansionistischen Kolonialismus und durch die Werte des heutigen Kapitalismus. Kirche als die werdende Gemeinschaft der Jünger Jesu aber stellt ständig den politischen und gesellschaftlichen Prozess unter den Anspruch der Botschaft Jesu. In diesem Sinne stellt Papst Franziskus kritische Anfragen an »die absolute Autonomie der Märkte und der Finanzspekulation«, die die heutige Welt regieren und zur Verarmung der Völker führen (*Evangelii Gaudium*, 202). »Die Wirtschaft der Ausschließung und der Disparität der Einkommen tötet. Heute spielt sich alles nach den Kriterien der Konkurrenzfähigkeit und nach dem Gesetz des Stärkeren ab, wo der Mächtigere den Schwächeren vernichtet. Als Folge dieser Situation sehen sich große Massen der Bevölkerung ausgeschlossen und an den Rand gedrängt: ohne Arbeit, ohne Aussichten, ohne Ausweg. Der Mensch an sich wird wie ein Konsumgut betrachtet, das man gebrauchen und dann wegwerfen kann. Die Ausgeschlossenen sind nicht ›Ausgebeutete‹, sondern Müll, *Abfall*!« (*Evangelii Gaudium*, 53).

Kirche kann sich nie dem Zeitgeist anpassen, weil der Geist Christi die heteronomen Strukturen sprengt. Jesus machte es klar: »Ihr wisst, dass die Herrschenden und die Mächtigen dieser Welt ihre Macht über die Menschen erzwingen; bei euch aber soll es nicht so sein, sondern wer bei euch groß sein will, der soll euer Diener sein, und wer bei euch der Erste sein will, der soll der Sklave aller sein« (Mk 10,42–44). Das *Reich Gottes* hinterfragt jede religiöse oder politische Gestalt auf ihren Bezug zum Geist Gottes. Kirche ist eine prophetische Instanz, die die Werte der heutigen Konsumgesellschaft ständig in Frage stellt, und eine mystische Realität, die den Zugang zur Einheit mit dem Göttlichen ermöglicht. Die Strukturen des Christentums haben oft prophetische Kritik bekämpft und mystische Erfahrung verdrängt. Es ist dringend nötig, dass die Kirche den prophetischen Auftrag wachruft und die mystische Substanz belebt. Das Christentum neigt zur Anpassung an den Zeitgeist; in der Kirche aber werden die Menschen resonanzfähiger für die Schwingung des Geistes Gottes. Im Christentum herrscht die Tendenz, an den gewordenen Sicherheitsstrukturen festzuhalten; in der Kirche lebt man in einer Aufbruchsstimmung im Blick auf die immer weiteren Horizonte des göttlichen Geistes.

Die Weltkirche

Die griechische Denkart, das römische Recht und der europäische Lebensstil haben das Christentum stark geprägt. Gerade in den asiatischen und afrikanischen Gemeinden wirkt sich die Kolonialgestalt des Christentums sehr befremdend aus. Kirche aber nimmt in der lebendigen Begegnung mit Kulturen und Religionen neue Formen an. »Wir können nicht verlangen, dass alle Völker aller Kontinente in ihrem Ausdruck des christlichen Glaubens die Modalitäten nachahmen, die die europäischen Völker zu einem bestimmten Zeitpunkt der Geschichte angenommen haben« (Papst Franziskus, *Evangelii Gaudium*, 118). Es gibt weltweit an der Basis viele neue und mutige Ansätze, die Botschaft Jesu im Leben umzusetzen. Bei den Gläubigen wächst zunehmend eine reife Freiheit dafür, ein neues Verantwortungsbewusstsein. Darin kann man die Wirkung des göttlichen Geistes erkennen. Es geht hier nicht um Anpassung: Jesus und seine Jünger konnten sich nicht den gegebenen Strukturen der damaligen Religiosität anpassen (Lk 15,1–2), weil sie von Spiritualität getrieben waren (Lk 4,1.18). Man denke an die starke Kritik Jesu an der starren Gesetztreue der Pharisäer und am Hochmut der Sadduzäer. In gewissem Sinne war Jesus ein *Aussteiger* (Lk 11,37–54). Dies ist der Auftrag der Kirche Jesu. Dies ist auch unser Schicksal, wenn wir uns ernsthaft auf die Sache Jesu einlassen. Papst Franziskus bekennt es: »Mir ist eine *verbeulte* Kirche, die verletzt und beschmutzt ist, weil sie auf die Straßen hinausgegangen ist, lieber als eine Kirche, die aufgrund ihrer Verschlossenheit und ihrer Bequemlichkeit, die sie an vermeintliche Sicherheiten klammern lässt, krank ist« (*Evangelii Gaudium*, 49).

In diesen Ausführungen möchte ich nicht das Christentum gegen die Kirche ausspielen. Darum geht es nicht. Es gibt eine dialektische

Wechselbeziehung zwischen Christentum und Kirche. Christentum ist die äußere Gestalt, Kirche ist der innere Gehalt. Christentum ist die religiöse Größe, Kirche ist die geistige Dynamik. Man könnte fragen: Braucht Kirche das Christentum? Es ist wie die Frage: Braucht das Denken eine Sprache, um sich auszudrücken? Eine Sprache ist nicht etwas, was wir als Einzelne schaffen, sondern eine kulturelle Gegebenheit mit all den grammatikalischen Strukturen. So nimmt jede Religion, auch das Christentum, in den Begrenzungen der Kultur Gestalt an. Es gibt keine absolute Religion – wir müssen die kulturelle Begrenzung des Christentums bejahen und gleichzeitig ständig darüber hinaus in die geistige Tiefe der Kirche schauen.

Wie Leib und Seele sind Christentum und Kirche miteinander verbunden. Da das Christentum sich in den Zweideutigkeiten des soziologischen und geschichtlichen Prozesses entfaltet, ist es nötig, ständig für die geistigen Schwingungen der Kirche achtsam zu bleiben. Es gibt nicht entweder Christentum oder Kirche. Es gibt nicht entweder Sprache oder Denken. Es gibt nicht entweder Leib oder Seele. Kirche drückt sich im Christentum aus in einer ambivalenten Form. Als leibhafte und soziale Wesen brauchen wir Menschen religiöse Symbole und Riten, Denkformen und Gesetze. Sie bilden eine fragmentarische Ausdrucksform des Geistes, dabei sollten sie ständig auf den je größeren Geist aufmerksam machen. Christentum ist die kulturbedingte Gestalt der Kirche. Kirche ist der geistige Antrieb des Christentums.

Christentum wird oft zum soziologischen Boden, auf dem Menschen sich an die herrschenden Wirtschaftswerte und Kulturströme anpassen. Kirche ist dagegen der geistige Raum, wo Menschen innerlich aussteigen, anders leben und der befreienden Botschaft Jesu entsprechend alternative Lebensformen entwickeln. Es gibt dafür erfreuliche Zeichen auch in den säkularisierten Gesellschaften des Westens: einfachere Lebensformen, Einsatz für Frieden, Solidarität für Gerechtigkeit, Projekte zur Bewahrung der Schöpfung, Aufnahme der Asylanten, Bemühungen zum Schutz des Lebens, Sorge für die Benachteiligten, Vertiefung des spirituellen Lebens durch die Mystik, Meditationskreise und Beratungsgespräche, Besinnung auf Pilgerwegen, Dialog der Religionen und so weiter. In solchen Initiativen dürfen wir die Zeichen des Reiches Gottes erkennen. Aber oft entfalten sie sich am Rand des Christentums oder außerhalb. Sollte nicht die Ortskirche ein Boden sein, wo diese Initiativen anerkannt und ermutigt, unterstützt und gefördert werden?

Kirche über Grenzen hinaus

Kirche als die dynamische Gemeinschaft der Jünger Jesu kann nicht mit einer konkreten Religion oder Kultur identifiziert werden. Kirche ist nicht einfach Christentum. Kirche ist mehr als das Christentum. Kirche verwirklicht sich im Christentum, aber auch trotz des Christentums und sogar außerhalb des Christentums. Bereits vor Jahrhunderten sprach Augustinus von der »Kirche seit Abel« (*ecclesia ab Abel*, PL 36,733). Justin der Märtyrer sagte im 2. Jahrhundert: »Die großen Weisen und Philosophen wie Sokrates und Heraklit und alle, die nach dem Logos Gottes lebten, gehören zur Heilsgemeinschaft der Kirche« (PG 6,398). Kirche ist das *Sakrament des Reiches Gottes*, das überall Gestalt annimmt. Kirche ist der geistige Raum, in dem der Geist Gottes das Leben der Menschen in das göttliche Leben verwandelt, das spirituelle Milieu, in dem das Leben nach der Botschaft Jesu immer neu gestaltet wird. »Das Alte ist vergangen, Neues ist geworden« (2 Kor 5,17).

Mitglied des Christentums zu sein ist ein Status. In der Kirche zu sein ist eine Gnade, aber auch eine Verantwortung, wach zu bleiben. Den eigenen Lebensstil ständig von der Botschaft Jesu hinterfragen zu lassen, sich immer neu an Jesus zu orientieren, dem verwandelnden Geist Raum zu geben – das alles verlangt Achtsamkeit und Askese, einen einfacheren Lebensstil mit innerer Freiheit und geistiger Disziplin, Einsatz für Gerechtigkeit, Option für die Armen und vor allem eine Grundhaltung der Barmherzigkeit. So werden wir als Einzelne zu *Jüngern Jesu*, als Gemeinschaft zur *Kirche Jesu*. So entfaltet sich die dynamische Kirche in uns und durch uns, trotz unserer Grenzen und über uns Christen hinaus.

Das Christentum als ein religiöses Gefüge kennt konfessionelle Abgrenzungen und hierarchische Abstufungen. Kirche als eine geistige Wirklichkeit aber kennt keine politischen, kulturellen oder religiösen Grenzen und Stufen. Kirche als Weggemeinschaft Jesu ist eine Grenzen überwindende geistige Wirklichkeit. Sie entfaltet sich in die immer weiteren Horizonte des Geistes, *der weht, wo er will*. Für uns als Jünger Jesu gibt es kein Inland oder Ausland auf dieser Erde. In der Gemeinschaft Jesu, wie Paulus verkündet, »gibt es nicht mehr Juden und Griechen, nicht Sklaven und Freie, nicht Mann und Frau; denn wir alle sind *ein Leib* in Christus Jesus« (Gal 3,28).

Auf Grund des Unterschieds zwischen Christentum und Kirche dürfen wir uns mit Freude immer wieder sagen: Wir sind Kirche, wir bilden Kirche, wir werden zur Kirche Jesu. Das gewordene Christentum mit all seinen Licht- und Schattenseiten ist unsere Geschichte und dazu stehen wir. Aber Kirche nimmt in der Gegenwart Gestalt an, in den Familien, in den Ortsgemeinden, an den Arbeitsplätzen, überall, wo das Leben pulsiert oder leidet. Der Geist Christi ruft uns heraus, in die göttliche Tiefe der Gegenwart zu blicken und daraus die Zukunft zu gestalten. Es ist eine Gnade, in der Kirche zu sein, und eine Freude, Kirche zu gestalten. Die ambivalenten Strukturen und die Skandalgeschichten des Christentums dürfen uns letztlich nicht entmutigen, denn der *Mut zum Sein* in der Kirche kommt vom Geist Christi.

Eine gelungene Form der Wiederbelebung der Kirche vor Ort ist die Bildung kleiner christlicher Gemeinschaften. In vielen lateinamerikanischen und asiatischen Ortskirchen ist diese Form in den letzten Jahrzehnten mit großem Erfolg ins Leben gerufen worden. In einem übersichtlichen, kleinen, nachbarschaftlichen Kreis erleben die Gläubigen geistige Beheimatung und gemeinsame Verantwortung. Formen wie Agapefeiern mit geistigem Austausch, gemeinsames Gebet, »Exerzitien im Alltag«, das Feiern von Festen, »Bibel-Teilen«, kritische Reflexion über die Glaubenspraxis, Studium der spirituellen Klassiker, theologische Fortbildung, Lebensorientierungsprogramme, Familienberatung und Einsatz für Versöhnung und Gerechtigkeit befruchten das kirchliche Leben an der Basis. In der heutigen Zeit, in der viele Menschen eine bedrückende Vereinsamung erleben, bieten die kleinen christlichen Gemeinschaften an der Basis einen Raum, in dem sich die Menschen im Glaubensleben geborgen und von den anderen getragen fühlen können. Christlichen Glauben können wir glaubwürdig nur dann leben, wenn wir von den Schwestern und Brüdern der Ortsgemeinde begleitet sind. Die Botschaft Jesu ist auf Liebe gegründet, und sie verwirklicht sich in der Gemeinschaft.

Im europäischen Lebensumfeld, das zunehmend religionspluralistisch wird, ist es eine epochale Aufgabe, mit Mitgliedern anderer Religionsgemeinschaften zusammen feste Freundeskreise zu bilden. In vielen asiatischen Ortskirchen gibt es dazu die Form der *Basic Human Communities*. Auch in Europa gibt es solche Initiativen. Es geht um Kreise von etwa 20 Familien oder Einzelnen aus verschiedenen Religionen. Sie kommen regelmäßig zusammen, um miteinander über Lebensfragen zu reflektieren, lokale Probleme zu besprechen, gemeinsame Einsätze für den Frieden zu planen, Feste zu feiern und eventuell auch miteinander zu meditieren und die Schriften der Religionen zu lesen. Die Mitglieder werden mit einer herzlichen Gastfreundlichkeit zu Familienfesten eingeladen. Die Kinder fühlen sich bei allen zu Hause. Solche Zusammenkünfte beseitigen unnötige

Vorurteile, die die Beziehungen belasten und den Frieden gefährden. Diese Initiativen an der Basis tragen wesentlich dazu bei, eine Kultur der inter-religiösen Harmonie zu entwickeln.

Der Geist Gottes ist es, der über alle Grenzen der Religionen hinweg *das neue Sein* schafft, deshalb dürfen Christen mit großem Eifer und echter Freude solche Initiativen ergreifen. So wird die lokale Christengemeinde zu einer »Kirche der offenen Tür«, zu einem Raum, in dem die Gläubigen anderer Religionen sich in ihrer Eigenart respektiert und in der tiefen Einheit der Spiritualität angenommen fühlen. »Gott will die Zukunft der Menschheit zu einer geschwisterlichen Pilgerfahrt werden lassen, in der Gläubige verschiedener Religionen sich *gegenseitig* begleiten« (Papst Johannes Paul II., Assisi, 1986).

Anhang

Verwendete Abkürzungen

Kirchenväter

PG	Patrologia Graeca, J.-P. Migne (Hg.), Paris, 1857–1866.
PL	Patrologia Latina, J.-P. Migne (Hg.), Paris, 1844–1864.

Upanishaden

Bh. Gita	Bhagavad Gita
Ait. Up.	Aitarēya Upanishad
Brih. Up.	Brihadāranyaka Upanishad
Chand. Up.	Chāndōgya Upanishad
Dhyan. UP.	Dhyanabindu Upanishad
Garbha Up.	Garbha Upanishad
Hamsa Up.	Hamsa Upanishad
Isa Up.	Iśa Upanishad
Kath. Up.	Kathōpanishad
Kena Up.	Kēna Upanishad
Mahan. Up.	Mahanarayana Upanishad
Maitri Up.	Maitri Upanishad
Mand. Up.	Māndukya Upanishad
Mund. Up.	Mundaka Upanishad
Praśna Up.	Praśna Upanishad
Swet. Up.	Swētāśwatara Upanishad
Tait. Up.	Taittirīya Upanishad

Bibliografie

Augustinus: *Bekenntnisse*, übersetzt von Otto F. Lachmann, Köln 1960.

Bäumer, Bettina (Hrsg.): *Upanishaden. Die Heiligen Schriften Indiens meditieren* © 1997, Kösel-Verlag, München, in der Penguin Random House Verlagsgruppe GmbH. Der Abdruck der Texte erfolgt mit freundlicher Genehmigung des Verlages.

Douglas-Klotz, Neil: *Prayers of the Cosmos*, New York 1990.

Franziskus (Papst): *Evangelii Gaudium*, hrsg. vom Sekretariat der Deutschen Bischofskonferenz, Bonn 2013.

Franziskus (Papst): *Misericordiae Vultus*, hrsg. vom Sekretariat der Deutschen Bischofskonferenz, Bonn 2015.

Franziskus (Papst): *Fratelli Tutti*, hg. vom Sekretariat der Deutschen Bischofskonferenz, Bonn 2020.

Jeremias, Joachim, *Jerusalem in der Zeit Jesu*, Göttingen 1962.

Kämpchen, Martin und Puthiadam, Ignatius: *Endlos ist die Zeit in deinen Händen. Mit den Hindus beten*, Kevelaer 1978. Der Abdruck der Texte erfolgt mit freundlicher Genehmigung des Autors.

Khoury, Adel Theodor, Hagemann, Ludwig und Heine, Peter: *Islam-Lexikon. Geschichte – Ideen – Gestalten*, Freiburg im Breisgau 1991.

Mieth, Dietmar: *Meister Eckhart. Einheit im Sein und Wirken*, München 1986.

Mieth, Dietmar: *Meister Eckhart. Einheit* mit Gott © Patmos Verlag. Verlagsgruppe Patmos in der Schwabenverlag AG, Ostfildern, 3. Auflage 2020 – *www.verlagsgruppe-patmos.de* – Der Abdruck der Texte erfolgt mit freundlicher Genehmigung des Verlages.

Painadath, Sebastian: *Wir alle sind Pilger. Gebete der Welt* © 2010, Kösel-Verlag, München, in der Penguin Random House Verlagsgruppe GmbH. Der Abdruck der Texte erfolgt mit freundlicher Genehmigung des Verlages.

Painadath, Sebastian und Pudukadan, Rose: *Das Herz in Schwingung bringen. Jesus-Gebet mit Mantras und Melodien*, Münsterschwarzach, 2. Auflage 2019.

Painadath, Sebastian: *Erkenne deine göttliche Natur. 55 Meditationen*, Münsterschwarzach 2016.

Painadath, Sebastian: *Einschwingen in das Göttliche. 100 Meditationen*, Münsterschwarzach 2021.

Quint, Josef: *Meister Eckhart. Deutsche Predigten und Traktate* © 1979, Carl Hanser Verlag Gmbh & Co. KG, München. Der Abdruck der Texte erfolgt mit freundlicher Genehmigung des Verlages.

Ruhbach, Gerhard und Sudbrack, Josef (Hg.): *Christliche Mystik, Texte aus zwei Jahrtausenden*, München 1989.

Strauch, Philipp, *Paradisus animae intelligentis*, Berlin 1919.

Teilhard de Chardin, Pierre: *The Heart of Matter*, London 1978.

Teresa von Ávila: *Die innere Burg*, übersetzt von Fritz Vogelgsang, Zürich 1979.

Sebastian Painadath

Einschwingen in das Göttliche

100 Meditationen

240 Seiten, broschiert, 17,5 x 22,0 cm
ISBN 978-3-7365-0364-9

Menschen können das Göttliche in sich selbst entdecken und verstehen, dass sie im Innersten eins sind mit Gott. Das Buch zeigt Wege, im Verstehen, in der Meditation und im praktischen Tun das eigene Herz dafür zu öffnen. Mit Anleitungen und verständlichen Übungsworten sowie vertiefenden Texten heiliger Schriften aus der östlichen und westlichen Mystik

Sebastian Painadath

Erkenne deine göttliche Natur

55 Meditationen

160 Seiten, broschiert, 17,5 x 22,0 cm
ISBN 978-3-7365-0025-9

55 Vorschläge zur meditativen Selbst- und Gotteserfahrung. Mit Anleitungen, verständlichen Übungen sowie vertiefenden Texten heiliger Schriften aus der östlichen und westlichen Mystik.

Sebastian Painadath

Das Sonnengebet

Ein Übungsbuch zum Tagesbeginn

83 Seiten, broschiert, 17,5 x 22,0 cm
ISBN 978-3-7365-0079-2

Sebastian Painadath führt in das leibbezogene Sonnengebet aus dem Hinduismus und dem Yoga ein und eröffnet hierzu einen einfachen und praxisnahen Zugang. Alle Gebärden werden aus christlicher, hinduistischer und islamischer Tradition erschlossen. Praxisimpulse wollen zu Erfahrungen mit dem Sonnengebet ermutigen.

Sebastian Painadath
Rose Pudukadan

Das Herz in Schwingung bringen

Jesus-Gebet mit Mantras und Melodien

136 Seiten, broschiert, mit CD
ISBN 978-3-89680-946-9

Die andächtige Wiederholung des Namens Jesu schenkt vielen Menschen Kraft und Ruhe. Das Buch verbindet die westliche Tradition des Jesus-Gebets mit dem Singen von Mantras aus der indischen Tradition. Ein ausführlicher Übungsteil und eine CD mit gesungenen Mantras leiten zur eigenen Praxis an.

Sebastian Painadath
Gerondissa Diadora
Anselm Grün (Hrsg.)

Die Kraft des Gebets

169 Seiten, gebunden, 14,5 x 22,0 cm
ISBN 978-3-89680-848-6

Viele Menschen sind auf der Suche nach einer stärkenden Zwiesprache mit Gott, manchmal auch abseits der ausgetretenen kirchlichen Wege. Doch wie können wir beten? Wie können wir die Nähe zum Göttlichen finden? Die Autoren dieses Buches haben sich zu Pfingsten 2013 mit vielen Interessierten in der Abtei Münsterschwarzach über Religionen und Konfessionen hinaus der Vielfalt des Gebets gewidmet. Entstanden ist daraus ein theologisch fundiertes Buch, das dazu einlädt, sich selbst auf den Weg des Gebets zu machen.

www.vier-tuerme.de